唐朝往事系列

耿元骊 主编

元和中兴
朝廷的短暂振作

许超雄 著

辽宁人民出版社

© 许超雄　2025

图书在版编目（CIP）数据

元和中兴：朝廷的短暂振作 / 许超雄著 . — 沈阳：辽宁人民出版社，2025.1
（唐朝往事系列 / 耿元骊主编）
ISBN 978-7-205-11065-9

Ⅰ . ①元… Ⅱ . ①许… Ⅲ . ①中国历史—唐代—通俗读物 Ⅳ . ① K242.09

中国国家版本馆 CIP 数据核字（2024）第 059528 号

出版发行：辽宁人民出版社
　　　　　地址：沈阳市和平区十一纬路 25 号　邮编：110003
　　　　　电话：024-23284191（发行部）　024-23284304（办公室）
　　　　　http://www.lnpph.com.cn
印　　刷：天津光之彩印刷有限公司
幅面尺寸：145mm×210mm
印　　张：10
字　　数：179 千字
出版时间：2025 年 1 月第 1 版
印刷时间：2025 年 1 月第 1 次印刷
责任编辑：赵维宁
封面设计：乐　翁
版式设计：一诺设计
责任校对：吴艳杰
书　　号：ISBN 978-7-205-11065-9
定　　价：78.00 元

总　序

盛唐：中华文明的辉煌时代

唐朝有自己独特的气质。当我们提起唐朝，经过长达千年集体记忆形塑，大概每一个华人都会立刻呈现一幅宏大画卷萦绕脑海，泱泱大国典范形象勃现眼前，甚至还会莫名有一种自豪感油然而生。三百年波澜壮阔（实289年），四千位杰出人物（两《唐书》有姓名者约数），五千万烝民百姓（开元载簿约数，累计过亿），共同在欧亚大陆东端上演了一出雄浑壮丽、辉煌灿烂的人间大剧。

唐朝在中国历史上有着巍然的地位。它海纳百川，汲取万方长处；自信宏达，几无狭隘自闭之风。日本学者外山军治以域外之眼，推崇隋唐时代是"世界性的帝国"，自有其独到眼光。唐代在数百年乱世基础上，在经历多次民族大融合之后，引入周边各族之精英及其文化，融合再造生机勃勃的新一代文化，从而使

元和中兴：朝廷的短暂振作

以华夏文明为中心的中原文明再次焕发出生机与活力。唐朝，也成为中华文明辉煌的时代。如果在朝代之间进行比赛，唐代在大多数项目上都能取得前几名，"唐"也与"汉"共同成为中华代称。

唐朝有着空前辽阔的疆域。其开疆拓土之勇猛气概与精细作业之高超能力，一时无双。皇帝的"天可汗"称号，使唐成为周边各区域政权名义共主。这是一个大有为的豪迈时代，自张骞通西域以来，再次大规模稳定沟通西域，所谓"是时中国盛强，自安远门西尽唐境凡万二千里，间阎相望，桑麻翳野"。在南方则形成了稳定通畅的广州通海夷道，大概是同时代世界上最远的航路。杜环、杨良瑶在中亚游历，促进了东西方海路沟通，大批波斯、大食商人来到广州，唐代和中亚、西方直接往来越来越密切，唐帝国是世界舞台上的优胜者。

大唐独有气质、巍然历史地位、空前辽阔疆域，共同形成了"盛唐气象"。"盛唐气象"也从最初描绘诗文格调的形容词，逐渐转变为唐代整个社会风范的代名词。"盛唐"逐步成为描绘唐朝基本面貌最常用词语，一个典范概括。唐朝各个方面，都呈现出进取有为和气质昂扬的面貌，无论是精神、文化还是生活上，都展现了独特时代风貌，其格局气势恢宏，境界深远，深深体现

总　序　盛唐：中华文明的辉煌时代

在盛唐精神、文化、生活等各个方面。

盛唐的精神

大唐精神体现在何处？首先是开放的心态，其次是大规模的制度建设。没有开放心态，就不会建成这些制度。唐朝有传统时代最开放的万丈雄心，不自卑，也不保守，更没有"文化本位主义"的抱残守缺。上层统治群体胡人血统很深，胡汉通婚情况很普遍，社会氛围基本不强调排外。唐高祖母独孤氏，太宗母窦氏、皇后长孙氏，这些都是鲜卑人。"胡客留长安久者，或四十余年"，来华的日本人很多在唐娶妻生子，大食国李彦、朝鲜半岛崔致远等，都考中进士，日本人阿倍仲麻吕进士及第后还当过官员。华夷观念上，没有鲜明对抗。唐朝人不自限天地，也不坐井观天。

在制度建设方面，唐朝延续了隋朝之初创，多方面建立了模板标杆，后代仿而行之，千年而未改，是盛唐精神最佳外在表现。在中央行政体制上，建立了完善的三省六部制，其体制健全，运行相对其他制度较为顺畅。结束了家国一体、门阀政治局面，以皇帝为核心，建立官僚政治制度，以严密官僚体系，分门别类推动行政运作，这个基本框架和运行模式历经改良在后世得到了长期沿用。在法律上，唐代创建了律令格式体系，形成了中

元和中兴：朝廷的短暂振作

华法系。特别是唐律，不仅仅在中国，在东亚历史上都有着重要地位，得到了长期沿用。在科举体制上，进一步完善科举模式，也得到了长期沿用。科举公平考试最受益者无疑是寒素出身者，推动并加快了社会阶层流动速度。在礼制这个社会等级秩序最鲜明标志物的建设上，唐代也有着最大贡献，形成了最早的国家礼典，在东亚文化体系当中影响巨大。

盛唐时期昂扬向上，走在各方面都开创事功的道路上，能出现贞观之治、开元盛世新局面，也就不足为奇。虽然安史之乱打破了原有局势，但是它并没有颠覆已经形成的大格局，所以唐朝仍能继续维系百年以上。

盛唐的文化

唐朝是文化的时代，各种艺术形式都让人有如臻化境之感。大唐是诗之国度，唐诗是诗之顶峰，唐诗至今仍是我们中国人日常最爱古典文化，谁不能脱口而出一两句唐诗呢！唐诗厚重与灵巧并重，对现实、人生总是充满着昂扬奋发的精气神，所体现出的时代精神是那么刚健、自豪！读李白诗，不由得让人有意气风发之感。读杜甫诗，不由得起家国之深思。才气纵横如李白，勤思苦练如杜甫，是唐诗当中最亮的双子星。读边塞诗，似亲行塞上，悲壮深沉。读田园诗，则宁静致远，平和悠适。即使安史之

总　序　盛唐：中华文明的辉煌时代

乱以后，大唐仍然有元稹、白居易、韩愈、柳宗元等诸多诗文大家。韩、柳更是开启古文运动，兴起一代文体新风。无论是诗还是文，大唐诗人都已长领风骚千年之久。即使到了白话文广泛通行的今日，唐诗、古文又有哪个华夏子孙不读之一二呢？

而绘画、书法、舞蹈与音乐、史学等都在中国历史上具有重要意义，是前此千年的总结，又是后此千年的开创。吴道子是唐代最有名的天才画家，"吴带当风"，被称颂为"气韵生动"，自成一派；而山水画也开始兴起，出现了文人画，两派画风都深深影响了宋朝人审美趣味，流风余韵至今日。书法在本质上已经脱离了记录符号，其实也是一种绘画，是绘画和文字本身含义的结合体。唐代书法大盛，书法理论自成一格。前期尊崇王羲之书法，盛唐之后形成了张旭草书新体，书风飘逸；又形成了颜真卿楷书，端庄正大，成为至今通行常用字体，其影响可谓远矣。舞蹈与音乐更是传统时代的顶峰，太宗时形成"十部乐"，广泛引入了域外曲调。盛唐时代，更是从玄宗到乐工，都精于音律，《秦王破阵乐》《霓裳羽衣曲》大名流传至今。唐代史学承前启后，《隋书·经籍志》确定了史部领先子、集的地位，一直沿用到《四库全书》。纪传体成为正史唯一体裁，也是在唐代得以确立，"二十四史"由唐朝修成有8部之多。设史馆，修实录，撰

元和中兴：朝廷的短暂振作

国史，成为持续千年的国家规定动作，影响之大，自不必言。

文化是盛唐精神的最佳展示，是大唐时代风貌的具象化展示，表达了全社会的心理和情绪。

盛唐的生活

盛唐时代经济富庶，生活安定，杜甫有一首脍炙人口之史诗可为证："忆昔开元全盛日，小邑犹藏万家室。稻米流脂粟米白，公私仓廪俱丰实。"这就是唐代经济社会繁盛的形象化表述。盛唐时代，"天下大稔，流散者咸归乡里，……东至于海，南及五岭，皆外户不闭，行旅不赍粮，取给于道路"，几乎是到当时为止农业经济条件下，所能取得的最高峰。南方特别是江南得到了广泛开发，开元、天宝之时，长江三角洲开发已经取得了显著成绩，工商业更加发达，经济水平在全国取得了领先性地位。

盛唐时代，也是宗教繁荣时代。高宗建大慈恩寺，请玄奘译经。武则天更是深度利用佛教，在全国广建大云寺，推动了佛教大发展。玄宗尊崇密宗，行灌顶仪式，成为佛弟子。除唐武宗灭佛之外，唐代其他皇帝基本是扶持利用佛教。在中国历史上，唐代是佛教全盛时代，整个社会笼罩在佛教影子之下。唐朝也崇信道教，高祖自称老子后裔，高度推崇道教，借道教提高李氏地位，建设了一大批道教宫观。太宗规定道士地位在僧人之前，高

总　序　盛唐：中华文明的辉煌时代

宗追封老子，睿宗两个女儿出家入道。玄宗对老子思想高度赞赏，尊《老子》为《道德真经》，并亲自为其注释，颁行全国。

在唐代社会生活中，婚姻、丧葬、教育、养老是最重要的内容。盛唐时代，婚姻仍然非常看重门第，观察对方家族的社会名望和地位，对等才能让子女结合，基本实行一夫一妻多妾制。丧礼是社会关系确认重要标志，唐代有厚葬之风。在丧葬仪式方面，朝廷出台了官方规定，形成了系统化、程序化仪式。教育在盛唐时代也被高度关注，中央设立六学二馆，地方上设置了郡学和县学，开元时期全国各州县普遍设学。唐朝强调以"孝"治国，唐玄宗亲自为《孝经》作注，提高了老人地位，对老人提供各种礼节性待遇。

盛唐时代，虽然围绕最高权力争夺不断，但是百姓生活尚称安乐。然而，"渔阳鼙鼓动地来，惊破霓裳羽衣曲"，大唐转折来得也很猛烈，安史之乱对盛唐造成了重大伤害。另外，在我们对大唐赞叹有加的同时，不得不说，唐代短板也很多，特别是原创思想开拓性不足，微有遗憾。在传统时代唐朝所具有的开放性足以为傲，但是对其相对的封闭性也要有明确认识，值得思考。唐朝社会精英可以对外开放，但是普通百姓必须遵守牢笼规则，遍布长安的高墙和里坊就是佐证。大唐女性，看起来可以袒胸露

元和中兴：朝廷的短暂振作

乳，气质昂扬，独立自主，但只是少部分贵族妇女。大部分普通女性，还是生活在枷锁之中，虽然还没有裹脚这种身体残害，但是被禁锢的附属品命运还是传统时代所常见。

总之，唐朝个性鲜明，"大一统"最终成为定局。在唐朝之前，只有汉朝在一个较长时期内落实了大一统。隋朝虽然恢复了大一统体制，但是流星般的命运让它没有时间稳固大一统。唐朝立国稳定，最终把大一统定局为中华政体的深层底蕴结构，从此，大一统有了稳定轨道和天然正义性，延续千年，成为中华民族社会心理的共同基本。

如此唐朝，谁又不爱，谁又不想了解呢？然而时代变迁，让每个人都从史籍读起，显然不可能。虽然坊间关于唐代的读物已有不少，其中品质高超者也为数甚多，但是在文史百花园当中，自当要百花齐放，因此即使关于唐朝的普及性读物已经汗牛充栋，我们还是要在这著述之海当中，继续增加一些新鲜气息，与读者共赏唐朝之美！我们曾表达过，孟浩然"人事有代谢，往来成古今"最能代表我们的心声。没有人，没有事，也就没有历史。见人，见事，方见历史。所以，我们愿意努力在更多维度上为读者提供思考和探寻唐代历史的基础，与已经完成的"宋朝往事"略有不同，在人和事两方面基础上，增加了典制内容。大唐

总　序　盛唐：中华文明的辉煌时代

三百年历程，人事繁杂，典制丰富。我们采中国传统史学模式当中的纪事本末、列传、典制体裁之意，并略有调整，选十事、五人、五专题进行定向描绘，各书文字流畅，线索清晰，分析准确精当，且可快速读完。希望读者能和我们一起从更多维度观察唐、了解唐、思考唐，回首"唐朝往事"。

公元617年，留守晋阳（今山西太原）的唐国公李渊起兵，拉开了大唐王朝序幕，攻势如破竹，一年不到就改换了天地。虽然正史当中塑造了一个平庸的李渊形象，但是实情是没有李渊的方略和能力，就不会建成大唐。玄武门之变，兄弟刀兵相见，血流成河；父子反目，无奈老皇退位。从玄武门之变到出现贞观之治，二十多年时光，选贤任能、开疆拓土、建章立制，李世民留给世界一段值得长期探讨、反复思考的"贞观"长歌。太宗才人武媚，与高宗李治一场姐弟恋，却开创了大唐一段新故事。武周霸业，建神都洛阳，成就武则天唯一女皇。神龙元年（705），李武势力默认，朝臣积极推动，"五王"主导政变成功，女皇被迫退位，重新成为李家儿媳。此后十年间，四次政变，四次皇位更迭，大唐核心圈就没有停止过刀光剑影，但是尚未伤到帝国根本。玄宗稳定了政局，"贞观之风，一朝复振"，再开新局，开放又自由，包容又豁达，恢宏壮丽的极盛大唐就体现在开元时代。

元和中兴：朝廷的短暂振作

"开元盛世"四字，至今脍炙人口。

盛极而衰，自然之理。盛世接着就是天宝危机，酿成安史之乱。这场大变乱，改变了中国历史走向，时间长，范围广，破坏大，影响深。战乱过后，元气大伤。河朔藩镇只是名义上屈服，导致朝廷也只能屯兵防备。彼此呼应，武人势力极度膨胀，群雄争霸，朝廷无力。唐宪宗元和时代，重新形成了短暂振兴局面，这也是唯一一位能控制藩镇的皇帝，再次构建了由中央统领的政治秩序。元和中兴也成为继开元盛世后，大唐王朝最后一次短暂辉煌。宪宗身后，朝廷局势一天不如一天，穆宗、敬宗毫无能力，醉生梦死。文宗时代，具体操办政务运行的朝臣，以李德裕、牛僧孺各自为首的政治集团党争不断，势同水火，"去河北贼易，去朝中朋党难"。宦官权重，杀二帝，立七君，势力凌驾皇权之上。导致皇帝也难以忍受，文宗试图利用"甘露之变"诛杀宦官，但是皇帝亲自发动政变向身边人夺权功败垂成，朝臣一扫而光，大唐也就踏上了不归路。

大唐功勋卓著的名人辈出，自不能逐一详细介绍，只好有所选择。狄仁杰，我们心目中的"神探"，实是辅周复唐大功臣，两次为相，为君分忧，为民解难。特别是劝说武则天迎回李显，又提拔张柬之等复唐主力人物。生前得到同时代人赞誉，死后获

总　序　盛唐：中华文明的辉煌时代

得了后世敬仰。郭子仪在战乱中显露英雄本色，平安史，击仆固，退回纥，是力挽狂澜的武将代表。长期位极人臣，生活在权力核心地带，谨慎经营，屹立不倒，"完名高节，福禄永终"，可谓文武双全，政治智慧超群。上官婉儿是唐朝著名女性代表，有着出色的文字能力，是可以撰拟诏敕的"巾帼宰相"，还可以参与军国权谋，但命运多舛，未有善终。近年来墓志出土，形成了一波婉儿话题。韩愈，千古文宗第一人。谏迎佛骨，显示了韩愈风骨。一代文化巨人，"匹夫而为百世师，一言而为天下法"，努力振兴儒学，文起八代之衰，推动"古文"运动，千年之后，仍然能够感受到他的影响。陆羽，唐代文人的代表，撰写了世界上第一部茶叶专著——《茶经》，号为"茶圣"，影响千年，成为古今中外吟咏不已、怀念不止的人物。

　　大唐创业垂统，建章立制。三省六部，成为中国古代官僚行政的典范。三省六部是决策机构，九寺五监是执行机构。虽然三省屡经变迁，但是所确立的中枢体制模式，却是千年如一。六部分科管理行政，其行政原理至今还在运行。九寺五监，今日"参公""事业"单位名目仍可见其遗意。唐代法律完善，律令格式体系齐备，是中华古典法系的杰出代表，对东亚影响可谓广泛。大唐生活，千姿百态。衣食住行，是维系每个大唐人生存的基

元和中兴：朝廷的短暂振作

本，婚丧学老，是每个大唐人成长所必有的经历。八件大事，又都和等级制度挂钩，是观察唐朝日常的最佳窗口。古都长安，是东亚中心，也是当时"世界"之都，是经济中心，是文化交流中心，是思想和学术的高地。巍巍长安，是盛唐气象直接承载体，长安风华引领着世界风潮，展示着盛唐文明所达到的高度。吐鲁番地处丝绸之路要地，是中外文明交汇融通之处。多元人口组成，多元文化集结地，是大唐开拓西域的关键节点，具有重要的军政和战略地位。凡此种种，理当书之。

以上，就是"唐朝往事"的总体设计。我们希望以明晰的框架，建设具有整体感的书系。既有主线，又可分立；有清晰流畅语言，有足够的事实信息，也有核心脉络可以掌握。提供给读者既不烧脑又不低俗的"讲史"，以学术为基础，但是又不是满满脚注的学究文。专业学者用相对轻松的笔调来记录和阐释，提供一点不一样的阅读感受。这个目标能否实现还很难说，但是我们正在向此努力。我们21人以一年时光，共同打造的20部小书，请读者诸君阅后评判！

感谢鲍丹琼（陕西师范大学）、侯晓晨（新疆大学）、靳小龙（厦门大学）、李航（洛阳师范学院）、李瑞华（西北大学）、李效杰（鲁东大学）、李永（福建师范大学）、刘喆（北京师范大学）、

总　序　盛唐：中华文明的辉煌时代

罗亮（中山大学）、雒晓辉（中国社会科学院古代史研究所）、孟献志（首都经济贸易大学）、孙宁（山西师范大学）、王培峰（山东师范大学）、许超雄（上海师范大学）、原康（淮北师范大学）、张春兰（河北大学）、张明（陕西师范大学）、赵龙（上海师范大学）、赵耀文（重庆大学）、朱成实（上海电机学院）等学界友朋（按姓名拼音为序）接受邀请，给予大力支持，参加"唐朝往事"的撰写工作，更要感谢他们能在一年多的时间内不停忍受我的絮叨和催促，谢谢大家！感谢辽宁人民出版社蔡伟先生及其所带领的编辑团队，是他们的耐心细致，才使得本书以这样优美的状态呈现出来。

现在，亲爱的读者，请您展卷领略"唐朝往事"，与我们一起走进大唐，思考大唐！

耿元骊

2024年3月26日于唐之汴州

目录

总　序　盛唐：中华文明的辉煌时代　　001

引　子　　001

第一章　中道崩殂：代德二帝的姑息　　007
　　一、河北胡化与河朔藩镇　　008
　　二、挑战权威的强藩悍将　　016
　　三、德宗削藩与"奉天之难"　　025
　　四、姑息之政下的朝藩关系　　040

第二章　重构规则：西川浙西的动荡　　050
　　一、贞元时期的西川和浙西　　051
　　二、藩镇的误判与宪宗的决心　　059
　　三、西川、浙西之役的过程　　069
　　四、政治新秩序的初步构建　　081

元和中兴：朝廷的短暂振作

第三章　盘根错节：两河藩镇的盘算　　　　089
　　一、德棣二州归属与河朔的顽抗　　　090
　　二、田弘正的选择与魏博的归附　　　100
　　三、作为河朔藩镇的易定和横海　　　109
　　四、宣武韩弘的资本与政治态度　　　118

第四章　威令复振：中兴事业的完成　　　　129
　　一、鏖战河北与恐怖袭击　　　130
　　二、财政危机下的坚守　　　147
　　三、李愬的奇迹与《平淮西碑》　　　165
　　四、河朔藩镇的归附　　　182

目 录

第五章　君臣道合：元和君臣的奋进　　202

　一、治乱经验与君臣关系　　203

　二、元和时期的宰相群体　　212

　三、李巽、裴垍的财政改革　　223

　四、元和中兴的政治隐喻　　232

第六章　再失河朔：梦断兴复一场空　　242

　一、宪宗暴毙之谜　　243

　二、长庆销兵与河朔再叛　　253

　三、回到"河朔故事"　　264

　四、后元和时代的藩镇　　274

结束语　　285

后　记　　298

引　子

　　天宝十五载（756），唐玄宗李隆基灰溜溜地带着他心爱的杨贵妃及后宫皇子公主离开了长安城。就在不久前，安禄山，那个深受皇帝宠爱，据说还是贵妃的干儿子，竟然公开造反了。他带着麾下军队及同罗、奚、契丹、室韦等部落共计十五万人，号称二十万，声称要讨伐宰相杨国忠，帮皇帝清除身边的奸臣。叛军一路南下河南，兵锋直指西边的长安城。还沉浸在盛世中的玄宗君臣，怎么会想到安禄山这个看似憨厚的胖子竟然要造反呢？令人无奈的是，天下久经太平，面对突发的战乱，一下子手足无措了。就这样，朝廷临时拼凑再加上部分西北边军组成的杂牌军，

元和中兴：朝廷的短暂振作

在安禄山的精锐部队面前不堪一击，官军一败再败。灵宝一役，名将哥舒翰大败，安禄山的军队打进了关中的门户潼关，下一步就是长安了。

玄宗西逃至一个叫马嵬坡的地方，手下的禁军将领就不干了。在陈玄礼的带领下，禁军杀死了杨国忠及其家属，又逼玄宗处死了杨贵妃。陈玄礼是玄宗青年时期的好友，当年还是临淄王的李隆基同年轻的禁军将领陈玄礼一道，满怀着一腔热血，愣是把高高在上的韦后与太平公主拉下了政治舞台，开启了革除积弊，缔造开元盛世的序幕。此后四十余年的漫长岁月，陈玄礼一直守护在这位战友身边，见证了大唐的万方来朝，百姓富足，歌舞升平。盛世如此，陈玄礼应该与有荣焉吧。可是后来，那个进取的三郎变了，姚崇、宋璟再也没有出现，张说、张九龄离开了，李林甫、杨国忠上台了。好大喜功、奢靡享乐、任用奸佞……这些用来描述昏庸之君的词汇都可以在晚年的玄宗身上得到印证。安禄山的叛乱打碎了陈玄礼毕生所执着的理想，他痛恨李隆基的不争气，痛恨杨国忠的奸佞，痛恨杨贵妃的魅惑，痛恨那些让大唐陷入水深火热的乱臣贼子。

李隆基老了，面对汹涌而来的叛军，再也没了年轻时的锐气。他只能跑，跑到西南的蜀中之地，日夜思念他的玉环。李亨，这个一直被压抑的太子，此刻终于等来了机会。马嵬兵变

引　子

后,李亨径直告别了父皇,带着儿子与手下人马北上准备召集兵马收复长安,平定叛乱。在朔方军的驻地灵州,李亨直接绕过玄宗,登基为帝,改元至德,大唐也从天宝十五载改为至德元载。在蜀中的玄宗成了太上皇,他的时代已经过去,荣耀与愧疚伴随着这位皇帝度过了人生最后的六年时光。

玄宗时代的离去,并未给大唐王朝带来重新振作的机会。肃宗、代宗父子历经八年,才平定了这场影响大唐国运的叛乱。上元二年(761),大才子元结有感于长安、洛阳收复,安史叛军兵力日蹙,朝廷平定叛乱的局势越发明朗,欣喜地写下《大唐中兴颂》。在这篇饱含激情的颂文中,元结非常激动地写道:"地辟天开,蠲除祅灾,瑞庆大来。凶徒逆俦,涵濡天休,死生堪羞。功劳位尊,忠烈名存,泽流子孙。盛德之兴,山高日升,万福是膺。"叛贼被消灭,他们将遗臭万年,而那些功勋卓著的忠烈之臣,他们的光辉将泽被子孙后代。盛德将兴,如山之高,如太阳横挂在高空,我大唐万年不朽。大历六年(771)元结特意邀请书法大家颜真卿书写这篇颂文,并将之镌刻在湖南浯溪崖壁上。

元结亲眼见证了天宝时期的盛世景象,当初他也跟李白、杜甫一样,想在这个辉煌的时代有一番作为,然而范阳燃起的战火让这个充满自信、骄傲的时代失去了光芒。两京收复,安史父子的覆灭,让那些沉溺于往日辉煌的人们仿佛看到了太平的希望。

元和中兴：朝廷的短暂振作

中兴，再次回到那个让我们骄傲的盛世，元结们梦想着。

可是，安禄山虽亡，但安禄山的徒子徒孙还在。中兴实现了吗？没有。因为藩镇，这个本来是为了保卫天子的存在，却异化成了威胁长安朝廷的怪物。河朔，安禄山、史思明的崛起之地，成了藩镇割据的渊薮，长安朝廷的后半生都将在与河朔的爱恨纠缠中度过。

在长达将近一个半世纪的纠葛中，大唐的第十二位皇帝，唐宪宗李纯，是一个特殊的存在，因为他缔造了一个可以称得上中兴的时代。安史之乱后的大唐王朝在他的带领下，迎来了短暂的振兴。他是唐代后期唯一一个让所有藩镇都乖乖听话的皇帝，也是把元结等人的梦想带到最接近现实的人物。元和中兴也成为继开元盛世后，大唐王朝最后一次的辉煌。

唐宪宗李纯生于大历十三年（778），彼时正值曾祖父代宗李豫在位期间，一年以后祖父德宗李适即位，作为德宗长子的父亲李诵（即后来的唐顺宗）被立为太子。四年后，年仅六岁的李纯经历了人生的第一次危机。一群叛军打进了长安城，祖父、父亲带着年幼的李纯逃出长安城，来到一个叫作奉天的地方。到了奉天后，又是一帮军人气势汹汹地在奉天城外叫嚣，火光冲天，兵器声响不绝于耳。奉天城内，很多人都吃不饱穿不暖，虽然后来李纯回到了长安，再也没有这种苦痛的体会，但这段毕生难忘的

引　子

经历深深刺痛了这位皇帝的内心。他决心一定要打造一个太平盛世!

当然,祖父德宗对这位长孙寄予了厚望,宠爱有加,六七岁的李纯也表现出了惊人的聪慧。有一次,德宗把李纯抱在大腿上,问道:"在我怀里的是谁家的孩子?"本来德宗也只是逗逗孙子,可谁想这个小孙子却语出惊人:"我是第三天子。"李纯的祖父德宗是皇帝,身为太子的父亲是未来的皇帝,作为太子长子的李纯自然就是仅次于祖、父的第三天子了。小小年纪就说出这种话,德宗是既惊讶又喜爱。俗话说,从小看大,李纯自小就如此聪慧,长大后让人想想都觉得充满了期待。彼时德宗这位全程经历了安史之乱及战后藩镇格局的皇帝,正苦于削平藩镇跋扈而不得,不禁对这位"第三天子"寄予了很大的希望。

长大后的李纯也没有让祖父失望,经过十五年的奋斗,最终实现了朝廷权威的重振,洗雪了祖宗的耻辱,让大唐的号令响遍每个角落:

元和元年(806),诛杀西川刘辟、夏绥杨惠琳;二年平定浙西李锜;三年山南东道于𬱟主动入朝;五年擒泽潞卢从史,张茂昭献上易、定二州,举家归朝;七年魏博田弘正以魏、博、相、卫、澶、贝六州归附朝廷;十二年斩杀淮西吴元济,平定蔡、申、光三州;十三年,横海程权献上沧、景二州,成德王承宗献

元和中兴：朝廷的短暂振作

上德、棣二州并遵守朝廷号令；十四年，淄青李师道被杀，收复郓、曹、濮、淄、青、齐、登、莱、兖、海、沂、密十二州，同年宣武韩弘入朝，并放弃汴、宋、亳、颍四州。

"自广德以来，垂六十年，藩镇跋扈河南、北三十余州，自除官吏，不供贡赋，至是尽遵朝廷约束。"

第一章
中道崩殂：代德二帝的姑息

安史之乱后的大唐王朝，总是给人一种被藩镇小弟轮番吊打，却又无可奈何的窝囊形象。这种强调藩镇跋扈，反抗朝廷，祸乱天下的论调，多跟宋人的倾向有关。宋人正是鉴于唐末五代藩镇割据的历史教训，将藩镇当作祸乱李唐天下的罪魁祸首之一，予以猛烈批判。藩镇权力过大，不管是否有不轨企图，在朝廷眼里就是一种威胁。后来，深谙"枪杆子里面出政权"的赵宋官家就基于"卧榻之侧，岂能容他人酣睡"的理念，把藩镇兵权、财权都给收了。可换成李唐就不行了，经常受制于藩镇，不仅朝廷的意志难以贯彻，反过来还要被这帮小弟威胁。打不过小

元和中兴：朝廷的短暂振作

弟，为求息事宁人，朝廷只能与藩镇妥协。如果认为这就是唐代后期政治的面貌，那似乎太小看长安朝廷了。因为自公元763年安史之乱平定后，至906年朱温取代李唐，唐王朝依然续了143年的命，占了李唐王朝289年的一半。如果安史之乱后的长安朝廷没点儿本事，恐怕难以苟延残喘这长时间。面对藩镇的跋扈难制，步步紧逼，长安朝廷并不是彻底地躺平，一味妥协，而是在危机中挣扎，一次次试图振作。唐宪宗以前的代宗和德宗都曾试图解决藩镇跋扈割据的问题，只可惜并没有取得明显的成功。在一次次失败面前，唐朝廷只能通过向藩镇一次次妥协，作出姑息之态，来求得局势的稳定。

一、河北胡化与河朔藩镇

唐代藩镇中最具性格且最为人所知的，当属河朔藩镇。河朔藩镇是唐朝廷在平定安史之乱过程中，招降安史叛军，承认其在河北的势力而设置的，一般指魏博、成德、范阳（又称幽州）三镇，但在元和削藩以前，淮西、淄青、横海、易定也属于河朔藩镇。这些藩镇表面上承认长安朝廷的正统地位，却不遵守朝廷颁布的法令，官爵的封赏、军队的管理、租赋的使用及刑罚都自行其是，完全是一种独立于朝廷统治之外的状态。而当朝廷想要在

第一章　中道崩殂：代德二帝的姑息

这些藩镇附近修筑城池、增加军队时，河朔藩镇就向朝廷发泄不满，认为这是对他们的不信任。在此情况下，朝廷为了避免冲突，往往停止修城、增兵的行为。然而颇为讽刺的是，河朔藩镇在境内则不停地增筑堡垒、训练军队，长安朝廷只能眼巴巴地看着，无可奈何。

因此，宋代的史学家称河朔藩镇"虽在中国名蕃臣，而实如蛮貊异域焉"。"蕃臣"，即藩屏之臣，指保卫天子的诸侯。"蛮貊异域"在中国的传统文化中往往指未受文明教化的蛮荒之地，一般是蛮夷所居住的区域，这样的表述显然带有强烈的种族和文化内涵。河朔藩镇本来应该保卫大唐天子，可实质上却变成了不听天子号令，不在王道教化下的异域。这种论述的背后涉及唐代河北地区的一个现象——胡化。

中国历史的发展主流是少数民族接受汉文化影响，在大杂居、小聚居的格局下，不断接受中原文化洗礼，并融入中华民族的过程。由于中华文化是以汉文化为主体，这个过程一般称作汉化。不过，文化交流是双向的，有汉化就有可能存在胡化。尽管胡化在唐代甚至中国历史发展过程中并不是主流，但在河北地区，由于特殊的历史原因，胡化在一定区域内形成了一定的影响。

河北胡化问题最早由陈寅恪提出，他认为河北藩镇是一个独立的团体,其政治、军事、财政等与长安中央政府实际上没有隶属关系,河北民间社会也没有深受汉族文化的影响,更确切地说,不以周公、孔子的学说以及科举入仕作为安身立命的归宿。因此,唐代安史之乱后的历史,凡是涉及河朔与其他藩镇、与中央政府的相关问题,其核心实属种族文化的关系。

河北的"胡化"与河北地区聚集了大量胡人有关。河北地区北部为农业与游牧区的交接地带,生活着契丹、奚等少数民族。此外,来自西域的粟特人(史籍中称为昭武九姓)沿着"丝绸之路",逐渐由西往东,遍布在唐朝的北部边境。唐王朝为了加强对包括粟特人在内的胡人的管理,在北部边境设置了许多羁縻府州,并以都护府统辖。其中位于河套平原南部银、夏地区的"六胡州"是粟特胡人的集中区域。唐王朝北部还存着在突厥势力,活动区域从西域延伸到河北地区。尽管唐太宗、高宗时期,东、西突厥汗国被唐廷所灭,但此后突厥势力仍是唐王朝北部边境的巨大威胁。在突厥的军事威胁下,"六胡州"的胡人进一步东迁到了河北地区。

于是,在安史之乱爆发前,河北地区北部汇聚了大量的胡人部落。安禄山的母亲姓阿史德,属于突厥人,而他的生父姓康,是粟特人,属于昭武九姓之一,来自西域的康国。后来安禄山母亲嫁给了同为粟特人的安延偃,安禄山因此跟了养父的姓氏。安禄山的好友史思明出身于昭武九姓之一的史国。安、史二人由于通晓六蕃语言,年轻时在河北营州一带担任互市牙郎。当时中原王朝在边境地区与少数民族进行商贸往来,安禄山与史思明充当了交易的中间人。

来自安史军队的河朔藩镇建立者也多有胡人身份。成德镇的第一任节度使李宝臣为居住在范阳城旁的奚族。后来代替李宝臣家族掌控成德的王武俊,原先也是在安史叛军阵营中,出身于契丹皆怒部落。李宝臣的另一个大将张孝忠也是奚人,后来成为易定镇的首任节度使,曾祖父和祖父为乙失活部落酋帅,其部落在开元时归附唐朝。范阳镇节度使李怀仙为柳城胡人,其家族世代效力于契丹,后来投靠唐朝,守卫营州。

除了将领外,安禄山军队中也有大量胡人士兵。其中最为有名的当属"曳落河"。"曳落河",即胡语"壮士"之意。这些"曳落河"由同罗、奚、契丹降者八千余人组成,他们构成了安禄山军队的主力,骁勇善战,以一当百。天宝十四载(755)安禄山公开造反,短时间内攻陷河南,一路披靡攻入潼关,占据长安,"曳落河"凭借强悍的战斗力发挥了重要作用。

李宝臣、李怀仙等蕃将活动于范阳营州一带,营州胡构成了安禄山军队的核心力量。近来有学者指出,营州胡是河北胡化的起点,其组成以破散部落和归降蕃部为主。随着安禄山公开反叛，位于河北北部的营州胡南下，在长达八年的战争中，逐渐渗透到整个河北。史书常以"羯胡乱常""逆胡猖狂"描述安禄山叛乱，特别强调了胡人的种族色彩。

河北胡化表现出河朔藩镇对唐朝廷的独立性，表面看是政治认同的问题，但这种认同植根于种族文化。以儒家文化为代表的汉文化强调文教，与之相对应的就是胡人的尚武之风。出身于部落的胡人蕃将，最擅长的能力是弯弓骑马。河朔藩镇的蕃将如李宝臣、王武俊、李怀仙等，都以善于骑射闻名，且多为军中骁勇果敢的战士。

长期生活于河朔的汉人，也容易受到胡人生活习惯、思维范式以及文化风俗的影响。晚唐大诗人杜牧曾提到一个家族长期生活在河北，深受胡化影响。范阳有个卢秀才，自天宝以后，三代人在范阳、成德二镇为官，几十年后的卢秀才都不知道古代有人叫周公、孔夫子，只以击球喝酒、骑马射箭作为爱好，言谈举止间无非就是有关战斗的话题。这种尚攻战而不崇文教的性格，倒是与李宝臣等人相像。卢秀才的文化特质在当时的河朔地区显然不是特例，这种尚武之风是河北藩镇军士的普遍特点。

卢秀才不知周公、孔子倒有些夸张，不过河朔的有些汉人将领在受到胡风胡化影响的同时，也接受了诗书文化的熏陶。比如魏博节度使田承嗣的侄子田兴（后改名田弘正）从小就读儒书，

第一章　中道崩殂：代德二帝的姑息

成为节度使后还在魏博建起了书楼，藏书有万余卷，可见汉文化程度较深。而且，田兴除了喜欢读书外，也精通兵法，善于骑射，英勇无畏。类似的情况也发生在幽州的刘氏子弟身上。幽州节度使刘怦的儿子刘澭喜好读书，同时又精通武艺，轻财爱士，颇有江湖侠士之风。田承嗣、刘怦家族并不是胡人，但由于长期生活在河北，显然还是无法避免河朔尚武之风的影响。

在这种尚武之风的影响下，河北地区的人民多以军旅为要务，而轻仁义教化。河朔藩镇以武犯禁，不服朝廷法度，甚至胁迫朝廷就是很自然的事了。这就是河北胡化的逻辑。

不过，宋人把河朔藩镇比作"蛮貊异域"，与其说是出于文化上的夷夏之辨，不如说是将政治问题归结为文化问题。卢秀才虽然连圣人周公、孔子都不认识，但田兴却还能读儒书，说明河北地区还是有人识得孔老夫子的。唐武宗时期幽州的节度使张仲武为范阳土著，却通《左氏春秋》，这可比卢秀才强多了。要知道《左氏春秋》特别强调等级秩序、名分大义，深处胡化"重灾区"范阳的张仲武对《左氏春秋》有相当的了解，这可就不像是"蛮貊异域"了。

就当时河朔藩镇的情况来看，田兴和张仲武算是比较另类了。但河北地区的文化积淀还是很深厚的，诗书传统仍然很有基础。当时河北也出现了一些著名的文士。如张建章家族祖孙三代

元和中兴：朝廷的短暂振作

都在河北任职，张建章本人受到幽州节度使李载义赏识，成为幽州的地方官员，后来入朝奏对，受到唐宣宗的高度评价。他本人爱好经史，家中有书楼，藏书万卷，拥有很高的文化素养，撰写的《渤海记》一书"当代传之"，具有很大的影响力。又如五代时期历仕四朝十帝的冯道就出生于幽州，祖上为耕读世家。冯道小时候就好学习，擅长文章写作，对衣食没有很多的要求，在奉养双亲之外，唯一的爱好就是读书，非常契合儒家所强调的君子之行。张建章、冯道这样拥有深厚诗书积淀的河北士人跟卢秀才相比，就完全是另外一副面孔了。

元和年间田兴上台后向朝廷上书，提到河北地区在安史之乱后"悉化戎墟"。从字面看，"戎墟"指被胡戎踩躏后的废墟，不过这个词在产生和发展中有着更多的文化内涵。"戎墟"之典出于《左传》，包含有夷夏之辨和正统之别的含义。河朔藩镇不服朝廷号令，自行赏罚，税收不上供朝廷，拥兵自重，独立于朝廷的王化之外，田兴把河北描述成"戎墟"更多是想强调政治上的认同问题。

河朔藩镇的建立者多有胡人背景，他们将尚武之气从河北地区北部带到整个河北地区，很大程度上影响了河北地区尚攻战而不崇文教的性格。但河北的另一面是，文教的传承仍在继续，只是在武人，尤其是胡人身份占据主导的胡风胡化下，河北文教被

第一章　中道崩殂：代德二帝的姑息

掩盖在"戎墟"之中。

古人往往有夷狄之辨，认为夷狄未受王道正统教化，在文化上属于未开化的群体。河北蕃将胡兵虽少数人有一定的汉文化素养，但总体来说，河北的胡人受到汉文化的影响较小。他们在政治和文化上对长安朝廷并没有很强的亲近感，自然很难对身为天下正主的李唐皇帝产生强烈的政治认同感和忠诚心。

因此，河朔藩镇在文化气质上与长安朝廷强调文治的特点是格格不入的。构成河朔藩镇的主干是脱胎于安史叛军的胡人蕃将，加之河朔藩镇跋扈难制，抗拒长安朝廷的政令，河朔地区自然会被冠以带有强烈的夷夏之辨和种族文化色彩的胡化标签。胡化既是个种族文化问题，也是个政治问题。

不过，即便是深受胡化的河朔藩镇，经过一百余年的发展，也逐渐受到诗书熏陶，唐末五代的河朔将领也拥有较高的汉文化素养。唐末五代的魏博节度使罗绍威对儒术非常尊崇，积极招揽文人，家中藏书也有万卷，经常跟宾客僚佐畅谈诗词歌赋。当时钱塘人罗隐以诗名闻天下，罗绍威派人送礼物给罗隐，尊称罗隐为叔父，罗隐也将自己的诗歌寄给罗绍威。由于罗隐号称"江东生"，为了表达对罗隐的仰慕，罗绍威还把自己所写的诗作编为《偷江东集》，意为是学习罗隐的诗作而来。这完全颠覆了沉迷于骑马射箭、斗酒比武的胡化形象。

河朔的统治者为了维系家族的地位，注重子弟的培养。除了弯弓射箭等武艺的训练外，河朔藩镇也注重子弟的文化教育。儒家经典《春秋》是河朔藩镇子弟学习的重要内容之一。在文武并重的培养观念下，河朔的节度使具有较高的汉文化素养就不奇怪了。当然，与文化中心长安繁华富丽、生活奢靡的作风不同，朴实厚重的风尚在河朔地区有着深厚的影响力。这种文化上的差异，也使得长安与河北之间存在着很大的隔阂，甚至影响了时人对河朔的评价。

二、挑战权威的强藩悍将

藩镇格局下，各镇节度使（观察使）手握重兵，掌握着地方财赋，部分藩镇甚至拥有了足以挑战朝廷的实力，形成了所谓的强藩悍将。河朔藩镇自然是强藩悍将最具典型的代表。

大历八年（773），相卫节度使薛嵩去世，相卫内部围绕节度使之位发生内乱，薛嵩之弟薛崿企图胁迫朝廷授予其节度使之职，可朝廷从外镇空降华州刺史李承昭为相卫节度使。大历十年（775），在李承昭任命下达后，相卫牙将裴志清阴谋作乱驱逐薛崿，薛崿不得已率领手下投奔邻居魏博，这就为田承嗣干涉相卫提供了机会。田承嗣本有吞并相卫的野心，于是让使者煽动相州

第一章　中道崩殂：代德二帝的姑息

的军人和官吏作乱，并派出军队前去袭击相卫的地盘，谎称是为了救援受到叛乱影响的相州。唐代宗为了防止事态恶化，派出宦官孙知古前去魏博宣慰，希望田承嗣能够固守自己的疆域，不要越界。但田承嗣显然不买账，坚决不奉诏，进一步进攻相卫镇下辖的洺州、卫州。为了吓唬朝廷，田承嗣还逼着孙知古"巡视"魏博占领的磁州和相州，让手下的魏博将士以胡人"割耳劙面"（即割耳朵、以刀划面）的习俗，来向朝廷表达想要田承嗣成为相州主帅的意愿。在这种杀气腾腾的操作下，孙知古都被吓得不敢对田承嗣说出一句责备的话。

也差不多在这个时候，田承嗣公然给逆贼安禄山、史思明立祠堂，将四人称为"四圣"。唐代皇帝称"圣人"，安、史父子都曾称帝，但在李唐看来属于僭伪之朝，"四圣"之称显然是不把大唐天子当回事了。朝廷为了不生事端，百般讨好魏博，甚至授予田承嗣宰相头衔。但朝廷越是忍让，田承嗣越是骄横。相卫事件已经严重挑战朝廷的底线，代宗也无法忍受田承嗣把朝廷当猴耍。于是在大历十年（775）四月，代宗终于下诏书，贬田承嗣为永州刺史，并下令魏博附近的河东、成德、幽州、淄青等节度使进军，企图逼迫田承嗣去永州赴任。

面对朝廷的步步紧逼，老狐狸田承嗣又耍起了手段。他放低姿态，巧妙地讨好淄青节度使李正己、成德李宝臣，消除了二镇

元和中兴：朝廷的短暂振作

对魏博的军事威胁。由于李正己、李宝臣同出河朔，且都有拥兵自重的企图，故与田承嗣有着共同的利益，他们自然不愿意让朝廷坐收渔翁之利。此时，魏博内部也因朝廷下诏进讨引发动荡，田承嗣见局势不妙，立马转换面孔，向朝廷上表谢罪，并做出请求入朝的姿态。田承嗣的亲密"盟友"李正己也多次替魏博上表求情。朝廷不得已，只能赦免田承嗣，也不要求入朝。至于被田承嗣吞并的相、卫、磁、洺四州，朝廷也没有办法让他吐出来。田承嗣成了最大赢家。

既然朝廷这个柿子这么好捏，田承嗣自然想接着多占点便宜。一年以后，汴州将领李灵曜叛乱，朝廷征召邻镇讨伐。田承嗣没有听从朝廷命令去平叛，反而派出侄子田悦带着五千士兵救援李灵曜。这次田承嗣却搬起石头砸了自己的脚，田悦损兵折将，大败而回。朝廷抓住机会，又一次下诏讨伐魏博。田承嗣又玩起了上表谢罪、请求入朝的把戏。代宗对此无可奈何。之所以无可奈何，是因为朝廷知道，田承嗣不会真的入朝，只是做个样子。从上一次的经验看，朝廷如果还要坚持讨伐，势必要动用魏博附近的成德、幽州、淄青等藩镇的军队。但他们都有着自己的盘算，不会甘心帮助朝廷把同属河朔藩镇的田承嗣消灭。朝廷无法有效调动忠于自己的军事力量平定跋扈的魏博，只能在表面上做做样子，对于田承嗣的行为无可奈何。

第一章　中道崩殂：代德二帝的姑息

除了河朔藩镇外，也有强藩倔强难制。前面提到的汴州李灵曜在作为临时代理的留后田神玉死后，诛杀了兵马使兼濮州刺史孟鉴，并勾结魏博田承嗣作为外援。朝廷任命永平节度使李勉为汴宋八州留后，而李灵曜仅被任命为濮州刺史。李灵曜意图控制汴宋八州，拒不奉诏。朝廷没办法，只能派出宣慰使者，任命其为八州留后。但李灵曜还想得寸进尺，仿效河朔藩镇，自己任命八州的刺史，这下朝廷就不能接受了。于是，朝廷下诏征讨汴州，田悦的援军被参与平乱的马燧和李忠臣击溃，李灵曜也最终被杀。

李灵曜、田承嗣等位于河南、河北，还不至于直接威胁到长安。但位于关内的华州刺史周智光之乱，则让长安的皇帝寝食难安。周智光与河朔藩镇不同，他与朝廷中的权贵宦官鱼朝恩关系密切，同时又在吐蕃攻入长安的过程中有护驾的功劳。鱼朝恩屡次在代宗面前推荐并提拔周智光，因此周智光做到了华州刺史、同华二州节度使及潼关防御使，成为镇守关中东大门的重要将领。照理来说，周智光应该忠心皇帝，不至于抗拒朝廷。然而，只要手上有兵，管你皇帝算老几。

周智光镇守华州时正值吐蕃军队大举进攻关内，而彼时朝廷猝不及防，关内兵力空虚，所能调动的军事力量有限。在这种特殊情况下，周智光对于朝廷而言就具有了重要的作用。永泰元年

元和中兴：朝廷的短暂振作

（765），唐军的叛将仆固怀恩勾结吐蕃、回纥、党项羌、浑、奴剌等十余万人分三道进攻关中地区，位于东线的周智光在澄城大破敌军，俘获敌军大量驼马军资，并一路往北追敌至鄜州。本来这应该是为国杀敌的英雄事迹，可是接下来却变成了报私仇的内斗。

周智光与鄜州刺史杜冕有仇，杜冕家人当时在坊州。周智光不管敌我，先是杀了坊州刺史张麟，杜冕家人八十人也被残忍杀害，又焚烧了坊州三千处民宅。朝廷听闻后，征召周智光，不听。朝廷又把杜冕调往梁州，希望周智光能够听从朝廷的召唤，依然不听。周智光还招聚了数万亡命之徒，放任这些人大肆劫掠百姓。更恶劣的是，他还把陕州的监军张志斌和前任虢州刺史庞充也杀害了。由于同华距离长安朝廷太近，代宗不敢采取强硬手段激怒周智光，没有公开其罪行，反而派出宦官余元仙授予其尚书左仆射的头衔。

照理周智光受到朝廷这么大的恩惠，应该有所满足了吧？可是他还得寸进尺地对着皇帝的使者说道："我有大功，皇上竟然不给我宰相头衔。况且同、华二州地方太狭小，连脚都伸不了，如果再加上陕、虢、商、鄜、坊五州，那才好啊。"又吓唬说："我手下的这些士兵个个能拉得动二百斤的弓，有万夫不当之勇。挟天子以令诸侯，除了我还有谁能做得到。"赤裸裸地向朝廷要

第一章 中道崩殂：代德二帝的姑息

官要地盘，并且还想学曹操胁迫天子，这完全就是十恶不赦之罪了。

如此大逆不道之言，代宗不能忍，但又不好像对付河朔藩镇那样直接下诏讨伐。于是，大历二年（767），代宗秘密下诏给朔方节度使郭子仪，从同州东面的河中进行征讨。在郭子仪平叛的声势下，同州内部发生军乱，周智光部将李汉惠向郭子仪投降，周智光也被生擒。朝廷贬周智光为澧州刺史，不久被帐下军士杀害。为了制裁周智光的罪行，朝廷把周智光父子的首级挂在长安皇城南街上示众，还在太清宫、太庙及唐代七位先皇陵墓进行了祭祀仪式，以宣告叛乱平定。

皇帝总算出了口恶气，猖狂过头总是没好果子吃。周智光越猖狂，朝廷事后报复得越狠。只是不同于两河藩镇，周智光没有河朔藩镇的实力，且周围被朔方军及朝廷势力包围，自然无法一直强横下去。

当时关中还存在着以朔方军为核心的藩镇力量，这些藩镇被称为西北御边型藩镇。他们在防御吐蕃的东进攻势，保卫首都长安，奠定关中方面发挥了重要作用。西北御边型藩镇表现出对长安朝廷的恭顺态度，被认为是与河朔藩镇完全不同的性格。但就算是朝廷的"乖宝宝"也有不听话的时候。

朔方军在平定安史之乱中有着"再造社稷"的功勋，此后又

元和中兴：朝廷的短暂振作

成为防御吐蕃、保卫关中的支柱力量。在这个过程中，朔方军中逐渐形成了一批功勋卓著却跋扈难制的宿将，最为典型的是仆固怀恩。仆固怀恩出身于铁勒族仆骨部，麾下有一支以胡人为核心的劲卒，战斗力强悍，故多有战功。也正因此，仆固怀恩及手下的蕃军跋扈难制，多有不法行为。后来，仆固怀恩作为朔方主帅，平定了安史之乱，路经河东，被河东节度使辛云京等构陷谋反，一怒之下直接进攻太原城，公开造反。后来仆固怀恩逃亡到朔方的根据地灵州，勾结吐蕃、回鹘等进攻关中地区，兵锋直指长安。另一个朔方将领李怀光，在节度使郭子仪入朝述职时，阴谋发动叛乱，企图取代郭子仪控制朔方军。到了德宗时期，李怀光更是公开发动叛乱，逼着皇帝不得不再一次逃亡。像仆固怀恩、李怀光这种跋扈的将领在朔方军中有不少，连功勋卓著的郭子仪也不得不对李怀光等人的不法行为多加宽容。

西北御边型藩镇中的泾原镇（又带有"四镇北廷行营"军号）节度使马璘在吐蕃入寇骚扰之下，被国家倚重，因此朝廷多次对其封官赐爵，赏赐多到数也数不清。马璘在京城营造宅院，极其宏伟壮丽，亭榭楼台，奢侈到了极点。当时人将武将毫无节制营造的建筑称为"木妖"，马璘宅院被当作典型，其规制已经超过了国家规定大臣所允许的范围，严重违反了朝廷的制度。马璘还凭借自己手握重兵的优势，怂恿手下将士向朝廷上表，授予

第一章 中道崩殂：代德二帝的姑息

自己宰相头衔。朝廷也不好回绝，授予马璘左仆射。左仆射在唐代后期虽不是宰相，但品级很高，一般仅授予功勋卓著的元老大臣。朝廷也算是给足了马璘面子。

在南方地区，也存在着挑战朝廷的强藩悍将。代宗时期的剑南曾一度陷入军阀混战的局面。宝应元年（762），朝廷以严武为西川节度使，剑南兵马使徐知道造反，抗拒严武，后被平定。严武死后，蜀中又陷入了新一轮的混乱。朝廷派遣的节度使郭英乂骄奢淫逸，不恤将士，引发军乱。普州刺史韩澄杀郭英乂后，将其首级献给西山都知兵马使崔旰（后改名崔宁）。于是邛州牙将柏茂琳、泸州牙将杨子琳、剑州牙将李昌巙，各自举兵讨伐崔旰。崔旰打败了山南西道节度使张献诚，山南西道节度使的旌节也成了崔旰的战利品。朝廷新任命的剑南西川节度使杜鸿渐无力控制蜀中局面，又鉴于张献诚兵败，只能与崔旰求和，上表朝廷许以西川之位。此后，崔旰占据西川十余年，直到德宗即位后剑南西川节度使才由朝廷派遣的张延赏接任。

山南东道也先后有来瑱及梁崇义跋扈的事例。来瑱在平定安史之乱中作战英勇，敢打攻坚战，故被称为"来嚼铁"，后来被朝廷派到山南东道。上元三年（后改为宝应元年，762），肃宗下诏召来瑱入京，来瑱暗中命令属下的将吏、州牧、县宰上表朝廷挽留。朝廷仍不想放弃，准备将来瑱调往淮西。但来瑱又玩起了

元和中兴：朝廷的短暂振作

老把戏，让手下将吏上表挽留，最后朝廷不得已还是让他留在山南东道。但朝廷通过支持来瑱下属的襄樊防御史裴茙来胁迫来瑱接受替代，可惜裴茙兵败被杀。不知道是否是因为意识到自己做过了头，来瑱在裴茙被杀后不久主动入朝，最终被新即位的代宗杀害。来瑱被杀后，梁崇义通过军事手段控制了襄州，朝廷不得已授予节度使。而梁崇义与田承嗣、李正己、薛嵩、李宝臣等河朔藩镇相勾结，拥兵两万，不行入朝觐见之礼。德宗即位后，梁崇义公开抗拒朝命，起兵反叛，最终为淮西节度使李希烈所灭。

江淮地区也不安宁。宋州刺史刘展"刚愎自用"，为人倔强固执，手握雄兵，强行按照自己的意志行事，多有不听朝廷号令的行为。上元元年（760），朝廷担心刘展图谋不轨，于是将其调往江淮地区，统领淮南东、江南西、浙西三道。可是，刘展在前往广陵的路上与当地的李峘、邓景山发生冲突，接连攻陷了广陵、濠、楚、润、升、宣、洪等州，一路南下打到杭州。刘展之乱虽被平定，但江淮地区却遭受了荼毒。

安史之乱后，各地节度使凭借手上的军队通过各种方式抗拒或挑战朝廷的政令。强兵悍将不仅出现在河朔地区，更是分布于全国范围内，只是河朔地区更加突出，反抗朝廷也更加明显。长安朝廷也不愿看到藩镇抗拒朝命，也曾有下诏用兵之举，但难以有效指挥平叛力量，多数时候只能选择让步妥协，因为参与平叛的都是各藩镇的军队。藩镇在一定程度上都有着一些共同的利益，他们自然不愿意朝廷能够成功平定叛乱，因此相互勾结，联合起来挑战朝廷的权威，或明或暗地抗拒朝廷的诏命。

三、德宗削藩与"奉天之难"

大历十四年（779），田承嗣与代宗相继病逝，代宗至死也未能把"田承嗣"们按在朝廷的法度面前摩擦。父能忍，子不能，野心勃勃的太子李适誓要用朝廷的铁锤狠狠地打击河朔的这股黑恶势力，扑灭河朔割据的火苗。于是，一场轰轰烈烈的削藩运动就此展开。

唐德宗李适生于天宝元年（742），生在盛世里，长于乱世中，目睹了安史之乱的整个过程。宝应元年（762），代宗即位后，他被任命为天下兵马大元帅，率领军队对安史叛军发起最后一击，最终平定了这场历时八年，深刻影响大唐国运的战乱。作为大唐皇位的继承人，他又目睹了安史乱后藩镇割据，朝廷权威不振的局面，对于这种屈辱有着切身之痛。三十七岁的李适不想像父亲那样被"田承嗣"们戏耍，朝廷要有尊严，皇帝要有权威。

德宗即位后，为了彰显新朝气象，采取了一系列改革措施。

元和中兴：朝廷的短暂振作

他带头躬行节俭，禁绝了地方上的各种祥瑞，并把外国进献的四十二头大象放归山野，又放归了朝廷园林中的犬豹等奇珍动物，宫女数百人允许出宫回到家中。又和好吐蕃，与之签订盟约，赢得了安定的外部环境。在宰相崔祐甫的辅佐下，德宗勤政不倦，毫无懈怠，整个国家焕发生机，大家都认为天下太平指日可待。

这么一番作为可就震慑了淄青节度使李正己。他连忙表示要向皇帝献上三十万缗钱，德宗将这三十万缗赐予淄青将士，以此显示天子的胸怀，朝廷不重财货。整个朝野都能感受到，风向要变了。

大历十四年（779），德宗把朔方节度使郭子仪的兵权一分为三，同时尊称郭子仪为"尚父"，并加官晋爵。郭子仪是忠臣，代宗时期多次遭到政治迫害还能够坦然自若，全身而退，自然了解其中的轻重。不过，朔方军内部的将领就未必能够这么服帖了。继承朔方军主力部分的邠宁节度使李怀光在上任后，就把朔方军中的死对头们杀了个干净。不过，这只是个小插曲，彼时朔方军未出现大的动荡。

长安附近的泾原镇就很不听话，公开跟朝廷对着干。本来泾原在当时节度使段秀实管理下一切稳定，宰相杨炎想搞点政绩，用原宰相元载的策略，想在原州修建城墙以防御吐蕃，段秀实表

第一章 中道崩殂：代德二帝的姑息

示反对。看着段秀实不听话，杨炎就把他调到朝中担任司农卿，让邠宁节度使李怀光兼领泾原，然后带着军队去原州修城。这下就激怒了泾原士卒。唐军之前已经弃守原州，当地环境恶劣，驻军条件很不好，再加上李怀光治军严峻，刚杀了朔方军中的死敌，泾原将士感到惶恐不安，生怕哪天被李怀光给砍了。泾原别驾刘文喜正好利用此种心理，据守泾州，不受朝廷的诏书，并提出要么让段秀实回来，再不行就凤翔节度使朱泚。德宗想着只要能修筑原州城，换朱泚也无妨，于是就让朱泚兼领泾原。可刘文喜又不受诏，想效仿河朔藩镇胁迫朝廷授予节度使旌节，直接公开反叛，还向吐蕃求援。

这下德宗就不干了，果断下令朱泚、李怀光征讨，还派出神策禁军二千人前去助战。当然正值五月，天气炎热，粮饷征发转运都比较困难，朝廷中请求赦免刘文喜的声音络绎不绝，毕竟代宗时期有不少这种先例。可是德宗态度很果决，直接指出："刘文喜不除，我这皇帝怎么号令天下啊！"为了显示决心，德宗减少御膳，将省出来的粮食供给军士。最终，刘文喜被杀，叛乱平定。

刘文喜只是小试牛刀，但已经显示了德宗企图改变藩镇游戏规则的决心和信心。下一个目标——河朔藩镇，德宗火力全开，最终导致了"奉天之难"。"奉天之难"又名"二帝四王之乱"，包括"四镇之乱"和"泾原兵变"。这次事件对唐代藩镇格局产生了重要影响。

建中二年（781），成德节度使李宝臣死了，他的儿子李惟岳想要承袭父亲的节度使之位。按照河朔藩镇的规矩，这是顺理成章的事，因为大历十四年（779）田承嗣死后，成德节度使之位就传给了指定接班人，即田承嗣的侄子田悦，而朝廷也下诏书承认了田悦的官位。可是面对李惟岳的企图，德宗果断予以拒绝。

这件事触及河朔藩镇，因为他们有着共同的利益，即要保证河朔节度使之位在家族子孙内传承。这个联盟在代宗时期就已经形成，甚至还有非河朔的藩镇，主要成员有魏博节度使田承嗣、淄青节度使李正己、山南东道节度使梁崇义以及成德节度使李宝臣。李宝臣死了，德宗吊着李惟岳的留后头衔，就是不授予节度使。留后意味着只是临时代办，还不是名正言顺，随时可能被取代。再加上德宗刚刚平定了刘文喜叛乱，全天下都知道皇帝不允许以武力胁迫朝廷授予节度使。与其坐以待毙，不如团结起来拼一把。于是，田悦、李正己、李惟岳最终选择联兵拒命。此时，为了分化藩镇联盟，减少朝廷压力，德宗给山南东道的梁崇义加宰相头衔，给其妻子儿子加封赏，并赐铁券，还派出御史张著手持皇帝手诏前去游说梁入朝。有来瑱的结局在前，梁崇义对朝廷自然不会放心，入朝就意味着手上没了兵，没了底气，变成了笼

第一章　中道崩殂：代德二帝的姑息

中之鸟，是死是活还不是皇帝说了算。于是，梁崇义也公开抗拒朝命。

至建中二年（781），战端已开，朝廷讨伐的藩镇有魏博、成德、淄青、山南东道。当时朝廷从关中，向西至蜀、南到江淮、闽越，北至太原，都征调了军队前去平乱。可以说，已经有种全国大动员的规模了。朝廷讨伐叛镇的战争虽然声势浩大，但也有软肋，那就是钱。兵马未动粮草先行，战争打的还是经济实力。照理来说，朝廷再怎么弱，也还是天下之主，而且唐朝廷控制的地区总实力强于这几个叛乱的藩镇。可问题在于，这几个藩镇控制了漕运交通要道，这就让朝廷的日子不好过了。

在唐代后期藩镇割据的背景下，长安朝廷无法从河南、河北地区有效获得财政收入，因此位于南方的江淮地区就成为朝廷财赋最重要的来源，按照陈寅恪的说法就是"仅恃东南八道财赋之供给"。东南八道的财赋要运到北方，大致有两条路线。一条是沿京杭大运河北上，另一条则从汉江北上从关中南部进入。前一条需要路过徐州、汴州等要地，后者相当于贯穿山南东、西两道。问题的关键在于，李正己在代宗时期就占据了徐州，此时派兵扼守在徐州的埇桥、涡口等航运要道，江淮地区的千余艘运输船只停在涡口不敢向前。而梁崇义则扼守襄阳，切断了汉江一线的运输。

元和中兴：朝廷的短暂振作

在这种情况下，朝廷无法有效调动江淮地区的物资平叛。可德宗为了激励士气，花起钱来大手大脚。当时无论是中央禁军还是藩镇军队，只要是参与朝廷的平叛战争，军事补给由中央的财政主管机构——度支供给。德宗更是给予了参战部队三倍的数额，由于这些军队要离开原驻地，故称"出界粮"。当然，这些参战部队除了朝廷的死忠粉外，多数不会出死命。他们跨出辖区就找个地方驻扎下来，停滞不前，声称参与作战，白拿朝廷的三倍"出界粮"。据当时理财官员估算，朝廷每月花费百余万缗，国库已经支撑不了几个月。可朝廷的用兵并没有取得理想的效果，李惟岳、田悦虽然打了几场败仗，但还没被消灭。朝廷只能不断往前线运兵，军费缺口也越来越大。

国库要没钱了，怎么办？困难再大，只要皇帝一声令下，大臣总要绞尽脑汁想出主意。只不过，他们想出的主意从事后来看，就变成了馊主意。太常博士韦都宾、陈京建议向富商借钱。负责军费供应的判度支杜佑坚决执行皇帝旨意，把长安城里富商的货物盘查清算了一遍，觉得有所隐瞒的，就大刑伺候，结果搞得这些商人苦不堪言，甚至有上吊自杀的。即便这么折腾，也只搞到八十余万缗，一个月的军费也还不到。于是又开始收僦柜质钱。僦柜，就是典当，民间以物品典当换取钱财，等有钱后加上利息再去赎回。凡是僦柜里储蓄了钱帛粟麦，都要"借"给朝廷

第一章 中道崩殂：代德二帝的姑息

四分之一，其实是变相的搜刮。可是僦柜质钱也只收了二百万缗，依然杯水车薪。

估计是杜佑的工作干得不好，德宗任命赵赞为新的判度支，杜佑被打发到苏州做刺史去了。理财"大师"赵赞继续贯彻德宗努力搞钱的方针政策，提出了征收间架税、除陌钱。间架税，即房产税，房屋分上、中、下三等，上屋征收二千钱，中屋一千，下屋五百。如果有隐瞒房产的，一经发现，杖打六十，告发者赏钱五十缗。除陌钱，相当于交易税，凡是买卖交易及公私支付财物，官府每缗（即一千钱）抽取五十钱。以物易物的，也要折合成钱交纳相应比例的税。逃税数额一百钱者，杖打六十，罚钱二千，并赏告发者十缗，钱由偷税者承担。不用说，这两个杀手锏一出，长安城里又是鸡犬不宁了。之前还只是祸害到富商，现在都殃及每家每户了。

说了这么多，似乎少了谁。没错，另外两个河朔藩镇——幽州和淮西还没出场呢。淮西虽说也是安史军队成员，但这部分在叛乱初期就脱离安禄山南下，后参与了朝廷的平叛战争，又积极派军保卫长安，抵抗吐蕃的攻势。尽管淮西内部也像河朔藩镇多有争夺节度使的军乱，朝廷也都对既有现状予以认可，但总体来说，淮西在朝廷眼里还算是比较恭顺的。当然也只是看起来而已。

元和中兴：朝廷的短暂振作

淮西与山南东道相邻，德宗便以淮西节度使李希烈为汉南、汉北兵马招讨使，率领兵马讨伐梁崇义，并很快平定了山南东道。李希烈原为节度使李忠臣养子，宰相杨炎认为李希烈未立功就已经倔强不法，李希烈驱逐李忠臣并取而代之，若让他平定梁崇义立下功劳，就更难以控制了。德宗当时还一心想着平叛，并未考虑到后来如何，结果后来李希烈真的公开造反称帝，性质比河朔三镇还恶劣。

河朔三镇的幽州较为特殊。当时幽州为朱滔所控制，他的兄长朱泚在朱希彩被杀后，被军士拥立为节度使。但朱氏兄弟出身低微，被视为"田舍汉"，遭到邻镇将帅的鄙夷和孤立。再加上幽州内部内乱频频，保不齐哪天兄弟俩就成为下一个朱希彩了。面对孤立无援的局面，朱氏兄弟主动向朝廷表达忠心，朱泚甚至亲自带兵前往关中地区抗御吐蕃。但就在朱泚进入关中后，朱滔乘机清除了朱泚的势力，成为幽州的实际控制者，而朱泚就只能留在朝中，这也为后面朱泚叛乱埋下了伏笔。

在李惟岳、田悦、李正己叛乱之初，朱滔的立场还是偏向朝廷的。当然，无利不起早，如果没有好处，朱滔自然不会卖力给朝廷打工，而且还是要命的工作。因为德宗下令，如果朱滔攻下李惟岳的城镇，就归幽州所有。这种打着天子旗号攻城略地的做法，简直就是名利双收啊。所以，朱滔对付李惟岳特别卖力，大

第一章 中道崩殂：代德二帝的姑息

破成德军于束鹿，一口气攻下了深州。在朝廷大军的军事压力下，成德内部发生了动乱。李惟岳手下大将王武俊把李惟岳抓起来，向朝廷投降。而魏博田悦也接连遭受大败。同时，淄青的李正己病逝，其子李纳想继承节度使之位，被德宗拒绝。成德已经归附，魏博接连挫败，再加上梁崇义被杀，削藩局势朝着有利于朝廷一面发展。

照理王武俊、朱滔等立下大功，朝廷应该按照之前的约定，将成德之地分给他们，可是德宗皇帝此时耍起了小聪明。建中三年（782），德宗任命张孝忠为易、定、沧三州节度使，王武俊为恒冀都团练使，康日知为深赵都团练使，德、棣二州则隶属于朱滔。都团练使级别比节度使低，张、王、康三人的任命实际上是把原来的成德镇一分为三。这引起王武俊的不满，德宗事先曾下诏，若能擒杀李惟岳，以惟岳的官爵土地相授。可朝廷不仅没给节度使，还把深赵给了另一个降将康日知。朱滔也不爽，深州是他辛辛苦苦打下来的，按照之前的约定，应该归幽州，可朝廷没给他深州，却划了还在田悦手上的德、棣二州给他。这明摆着告诉朱滔：德、棣给你了，但给不给就要看田悦的意思了，有本事你自己去抢过来啊。这个安排充分反映了朝廷的盘算，既想削弱藩镇的实力，又想他们自相残杀。这样的安排无疑激化了矛盾，最终导致了王武俊、朱滔与田悦、李纳站成一线。

元和中兴：朝廷的短暂振作

四镇不满朝廷的处置，最终结成了河朔联盟，誓死捍卫河朔各镇的共同利益。建中三年（782）十一月，四人效仿战国，称王而不改年号，朱滔称冀王，田悦称魏王，王武俊称赵王，李纳称齐王，按照诸侯国的礼仪歃血为盟。其实这个安排倒也反映了河朔藩镇心理。他们对于自己的定位是诸侯国，无心于自立新的朝代，只想像春秋诸侯那样拥有世袭统治的权利。这个定位也有助于他们在与朝廷的周旋中留有一定的空间，毕竟尊奉天子的名分还没有被否定。

可是淮西的李希烈就做过头了。李希烈在平定梁崇义叛乱后，朝廷又想利用淮西去对淄青进行用兵。前次帮着朝廷打梁崇义，朝廷却连襄州都不肯给，李希烈又不是傻子，他明白让他去打淄青，就是要两镇两败俱伤，朝廷乘机可从中渔利。于是，李希烈便联合河北四镇，自己也称建兴王、天下都元帅。称王之外，李希烈还自认为是天下兵马的统帅，这可就不仅仅是诸侯的野心了。

朝廷还存侥幸心理，想着派出重臣前去宣慰淮西。宰相卢杞为了排斥异己，竟然提出让颜真卿出使淮西。颜真卿何许人也？颜真卿出身名门，其家族在南北朝时期就拥有很高的社会地位和影响力。更为重要的是，安禄山叛乱南下后，颜杲卿、颜真卿兄弟是最早在河北地区进行顽强抵抗叛军的大唐官员，颜杲卿甚至

第一章　中道崩殂：代德二帝的姑息

壮烈牺牲在安禄山的屠刀之下，颜真卿兵败勉强逃脱。可以说，颜氏一门为大唐抛头颅洒热血，颜真卿更是以忠正刚直名闻天下。

颜真卿到淮西后，李希烈压根不把这位四朝元老放在眼里，甚至更加猖狂，派出军队进攻淮西周边州县，把荆南节度使张伯仪打得全军覆没。朝廷不得已，下令李勉为淮西招讨使，哥舒曜为副使。没想到的是，李希烈把李勉大军打得落花流水，围困哥舒曜于襄城，并占据汴州，逼着李勉逃到宋州。在一系列的胜利下，李希烈自我感觉越来越好，野心也逐渐膨胀。

在帝国的统治中心关中，危机也降临到这位皇帝身上——泾原兵毫无征兆地造反，打进了长安城。此次事件在历史上被称为"泾原兵变"。兵变的发生并不是偶然，多多少少可以认为是德宗自己作死。为了平定关东地区的藩镇叛乱，德宗不停地往前线派兵。从建中二年（781）开始，关中派往关东的军队至少有十万，大历年间关中有大约三十万军队，也就是说德宗把将近三分之一的兵力派往了关外。当时朔方节度使李怀光、神策将李晟和曲环，带领的都是精锐部队。朝廷把直属的神策禁军派出去打仗，造成了长安都城兵力空虚的局面。当时的翰林学士陆贽就担心关中兵力空虚，万一有贼臣或外寇窥探，朝廷就危险了。所幸当时大唐还在与吐蕃进行和谈，吐蕃无意发动进攻。可陆贽的担心最

元和中兴：朝廷的短暂振作

终还是应验了——内部的贼臣造反了。

建中四年（783）十月，德宗征发长安以西的泾原镇士兵前往救援被李希烈围困的襄城。泾原军至京师时，正值大雨滂沱，本来想朝廷能好吃好喝招待一下，抚慰将士奔波的疲惫。可没想到朝廷的赏赐连影子都没看见，分的饭食还难吃得要死，一点儿味道都没有。泾原将士不能忍，他们听闻德宗的琼林、大盈二库满是财宝，于是公开造反，誓要把皇帝的宝库给抢过来。叛军打进长安城，德宗听闻后赶紧带着贵妃、皇子等，怀揣着玉玺，狼狈地跑出长安城，一路跑到了长安西北的奉天。

攻入长安的泾原士兵，大肆劫掠了一番，狠狠地发泄了一通。可当愤怒退去，一个现实的问题摆在面前——既然造反了，总得推个老大吧。带兵的节度使姚令言却不愿意干，反而推荐了朱泚。之所以选择朱泚是因为他官位高，且被德宗猜忌罢免了兵权，正好对朝廷有怨言。同时，朱泚曾经短期担任泾原节度使，在刘文喜叛乱后安抚泾州士众，赢得了泾原军士的好感。这么好的机会找上门，朱泚自然不愿放过，刚刚走出潼关前往襄城的朱泚旧部张廷芝、段诚谏等听闻朱泚占据长安后，掉头投到前任领导的怀抱。在一众前呼后拥下，朱泚在长安称帝，自称大秦皇帝，改元应天。

天无二日，民无二主。有了大秦皇帝，自然容不得大唐天子

第一章 中道崩殂：代德二帝的姑息

了。于是朱泚率军猛攻德宗所在的奉天城，意图早日把德宗皇帝消灭。德宗一方面死守，另一方面紧急招募各地勤王军。在关东战场的李怀光及神策将李晟急忙回军，多亏了李怀光的援军，才击退了朱泚的军队，奉天保卫战总算取得了胜利。德宗刚从生死边缘缓过神来，又没安抚好千里奔波的李怀光，结果又把李怀光给惹怒了。李怀光拥兵拒命，逼着德宗再次跑路，这回跑到了梁州。幸运的是，李晟坚定地站在德宗一边，最终平定了朱泚叛乱。李怀光见大事不妙，一溜烟跑到河中，最后也落得身首异处的下场。

关中的大动乱完全打乱了德宗的削藩计划。本来应该在前线跟河朔藩镇作战的朔方、神策等军队被抽调回援，这就给了河朔藩镇喘气的机会。比起远在天边的河朔藩镇，近在眼前的朱泚叛乱更是悬在德宗头上的一把利刃。长安还在叛军手中，那里可是老李家的宗庙所在。更何况朱泚竟然敢僭越称帝，这可是大逆不道、十恶不赦之罪。不抓紧收复长安，怎么对得起祖宗，如何彰显皇权。收复长安，消灭朱泚不仅是军事问题，更是政治问题，政治压倒一切。

人在危机之下，往往会对过往的过失有所悔悟，也往往更能够听进建议。在翰林学士陆贽的建议下，唐德宗于兴元元年（784）正月，颁发《罪己诏》，深刻反思自己发动的这场战争，把百姓受苦、天下动荡的罪责归结到自己身上。同时把李希烈、田悦、王武俊、李纳等人的行为归结为自己处置失当，并表示皇帝将待之如初。朱泚由于公开称帝，又起兵攻杀皇帝，德宗自然不能容忍宽待。但朱泚的弟弟朱滔，只要他效顺朝廷，朝廷也将既往不咎。最后，德宗还罢免了臭名昭著的间架税、除陌钱等征敛名目。

《罪己诏》一出，天下人心大悦，看来皇帝引发的这次动乱已经搞得各方苦不堪言，就看哪一方能拉下脸，促使朝廷与藩镇之间握手言和。当时在前线与田悦等人作战的李抱真后来跟德宗说，《罪己诏》一出后，士卒都感动得热泪盈眶。这还真不一定是吹捧德宗之言，因为德宗的这个诏书确实弥合了朝廷与河朔藩镇的裂痕。德宗将责任归于自己，就意味着田悦、王武俊、李纳等人不用为他们的行为承担罪责，同时还承认了李纳父死子继的传统，也认可了王武俊继李宝臣家族统治成德的合法性。至此，德宗削藩彻底失败，一切都回到了以前，只是成德从李氏家族换成了王氏，河朔割据仍在继续。

德宗在下《罪己诏》之前，已经派人跟田悦、王武俊、李纳等联络，表示出了和好的意思。所以，《兴元罪己诏》一出，河朔藩镇纷纷表示归附，只有朱滔还没明确表示。此时，魏博田绪杀田悦夺位，并向朝廷表示顺从，朝廷也承认了这一现状。朱滔

第一章 中道崩殂：代德二帝的姑息

在李抱真、王武俊的军事压力下，逃回幽州，第二年病死，幽州被大将刘怦夺取，朝廷也承认了刘氏对幽州的统治。

唯有李希烈自我感觉良好，自认为手下兵强财富，在《兴元罪己诏》颁布的当月公开称帝，国号大楚，改元武成。这就触犯了朝廷的底线，因此李希烈就不得不讨伐，否则人人都可以称帝了。当时李希烈与河朔藩镇的联盟已经瓦解，淮西面临孤掌难鸣的地步。所以在朝廷四面征讨的军事压力下，李希烈难以支撑，很快被手下大将陈仙奇杀死。陈仙奇主动向朝廷投降，效仿当初幽州朱氏兄弟，派出防秋兵参与到西北地区的边防，以此表达忠诚。不过，陈仙奇的效忠还是受到了内部反对派的抵制。淮西大将吴少诚袭杀陈仙奇，被淮西将士拥立，朝廷不得已，只能授予他淮西节度使之职。

至此，一切都回到了从前。幽州、成德、魏博、淄青、淮西等镇依然延续了各自拥有土地，不向朝廷上缴赋税，节度使父死子继的传统。唯一有所变化的是，从河朔藩镇中分出了易定和横海两镇。这两镇虽然对朝廷表示恭顺，但仍然是在父死子继中传承，在广义上来说还是属于割据型的藩镇。关于这两镇的情况，后面章节会详细讲。

当然，德宗在这次动乱中并非一无所获，关中的朔方、泾原、凤翔等镇在朱泚叛乱中进行了一轮洗牌，朝廷对这些藩镇的控制得到了加强。至少，家门口是平安了，在那个叫黄巢的叛乱者进入关中前，再也没有第二个周智光的出现。

但这显然无法弥补德宗受伤的心灵。德宗平定朱泚叛乱，回到长安后，对藩镇的态度也发生了一百八十度大转变。贞元年间的政治又回到了代宗姑息藩镇的基调之下，且在内容和程度上比之大历年间有过之而无不及。

四、姑息之政下的朝藩关系

唐德宗在唐代历史上除了即位初期有所振作外，后期的政治多被人诟病。"奉天之难"成了萦绕在这位皇帝身边挥之不去的阴影，德宗的后半生再也没有即位初期的意气风发。他或许明白了父亲代宗为何会对藩镇如此姑息，于是选择了躺平。唐人将代宗、德宗的藩镇政策定义为"姑息"，将德宗贞元年间描述为"朝廷威福日削，方镇权重"的局面。

按照常规的理解，那肯定是河朔藩镇更加地猖狂，比田承嗣还强硬。没错，就是这样的。要说这其中最猖狂的，那还得是淮西节度使吴少诚。

贞元十五年（799），淮西邻镇陈许的节度使曲環病逝。一般节度使去世，朝廷未正式任命新节度使的情况下，往往容易浑水

第一章　中道崩殂：代德二帝的姑息

摸鱼，趁火打劫。这么好的机会摆在面前，吴少诚自然不会放过。于是，淮西的大军就攻向许州的临颍县，驻守当地的韦清早就被吴少诚收买，把节度留后上官涗派出的三千余人救兵都给五花大绑了。至当年九月，吴少诚一路打到许州城下。要不是陈许大将刘昌裔扼守住城池，打退了淮西的攻势，或许许州就成为淮西的地盘了。

在此之前，贞元十四、十五年间，吴少诚接连侵略邻近的寿州、许州、唐州等地，掠夺百姓，还诛杀了唐州的监军、镇遏使等官员。如果还只是小打小闹的矛盾，朝廷还能忍，但这种直接诛杀地方官员，甚至是代表朝廷的监军，可就比田承嗣还恶劣了。德宗再怎么不作为，也还是要面子的，再能忍的度量也有憋不住的时候。

于是，就在吴少诚进攻许州的九月，朝廷下令削夺吴少诚的官爵，令诸道进讨。这回德宗吸取了之前讨伐藩镇没有自己人的教训，任命夏绥节度使韩全义为招讨使。韩全义原先是神策军，与神策中尉窦文场关系密切，后来跟着曲环去了陈许，又在贞元初期在西北边境防御吐蕃，一路做到夏绥节度使。若从韩全义的背景来看，他出身于神策军，属于自己人，又跟陈许镇关系密切，算是指挥这次征讨的最佳人选。在老上级窦文场的支持下，德宗让韩全义统领十七道兵马。

元和中兴：朝廷的短暂振作

本来这个计划挺好的，以"自己人"韩全义率领的神策军为骨干，再加上其他诸道兵马的辅助，应该能够集中兵力平定淮西了吧。可是，德宗恰恰忽略了一个关键因素——统帅的能力。韩全义这个人没什么谋略，也没什么英勇的魄力，之前一路官运亨通全靠拍宦官马屁，三天两头送点礼物。这样的人要真去打仗，不出问题才怪。再加上军队中还有数十个宦官监军，叽叽喳喳争个不停。这些大爷都是朝中有人，韩全义可不敢得罪。因此每次讨论军事，都是不欢而散，没能做出有效的决议。用兵最忌指挥分散，犹豫不决，一将无能累死三军，结果可想而知。韩全义的讨伐大军被吴少诚打得落荒而逃，战事并未取得进展。

吴少诚尽管多次挫败讨伐军，但毕竟也经不起长期作战。朝廷就更不用说了，节节败退，如果再打下去，搞不好又要重演"奉天之难"的历史。双方盘算之下，各自给了一个台阶。吴少诚向朝廷谢罪，德宗顺势下诏洗雪吴少诚及淮西将士的罪行。看着这个套路是不是很熟悉，这不就是田承嗣玩的那一套嘛。只不过田承嗣是通过玩弄朝廷，侵占了邻镇不少地盘，而吴少诚遭到陈许及山南东道的顽强抵抗，未占到很多便宜。

可问题是，藩镇仗着武力不听从朝令，擅自劫掠周边州县，胁迫朝廷作出妥协。朝廷反而没办法维持秩序，打不过就只能妥协，有了第一次、第二次，就没法避免有第三次了。朝廷的脸都

第一章 中道崩殂：代德二帝的姑息

不用要了！

另外几个河朔藩镇也不会闲着。贞元五年（789），易定节度使张孝忠兴兵袭击河东的蔚州，大肆劫掠而还。德宗倒是做出了反应，把张孝忠从检校司空降为左仆射，从正一品降为从二品，看上去倒是进行了处分，可问题是检校官只是一种代表身份的虚衔，基本上不影响实际权力。这不就是做做样子嘛，你抢你的，我也形式上要维护下朝廷的面子。

贞元六年（790），王武俊麾下的棣州刺史赵镐因为得罪王武俊，投靠了淄青的李纳。而魏博的田绪跟李纳连成一线，派出手下到李纳所在的郓州，伪造皇帝诏书，宣布将棣州归于淄青。双方爆发冲突，王武俊打下了魏博的经城四县。这回朝廷开始调和了，屡次下诏李纳把棣州还给王武俊，可李纳还想着乘机要挟朝廷拿海州来交换。海州原为淄青所占据，建中年间因刺史王涉向朝廷投降，从淄青镇独立出来。棣州本来就是李纳乘火打劫白捡的，王武俊还死盯着，拿来换回海州，真是超级划算！德宗尽管躺平了许久，但也不是傻子，果断拒绝。之所以敢拒绝，是因为魏博的四县还在王武俊手中，利用这个就可以牵制李纳跟田绪的同盟。果不其然，李纳妥协了，提出朝廷下诏让王武俊先把四县归还田绪，李纳才把棣州还给王武俊。照理来说，德宗这事处理得还算体面，问题是对于田绪矫诏行为就当没发生一样，这也是

元和中兴：朝廷的短暂振作

够姑息了。

贞元八年（792），李纳死后传位给儿子李师古。王武俊看到李师古年少袭位，也想乘火打劫，看到棣州蛤蜊有巨大的盐利，就准备直接抢过来。德宗为了避免冲突，派出使者，说尽了好话，算是说服王武俊退兵。李纳在位期间，为了方便与魏博田绪沟通，在德州南部建立了三汊城。朝廷出面帮李师古解决了王武俊的威胁，而且还给他撑腰，帮他在淄青占住了位子。礼尚往来嘛，德宗就下令叫李师古毁三汊城。李师古毕竟刚刚上位，总要给朝廷点面子，也奉诏毁城。面子归面子，面孔可不止一副。李师古又招聚亡命之徒，凡是得罪朝廷的人，都欣然招纳。

河朔藩镇这么不把朝廷放在眼里，动不动就搞点军事袭击来添点乱。朝廷打不过，那就只能想尽办法来拉拢。除了妥协之外，那就是联姻了。在中国古代，婚姻往往是联结两个家族，甚至是两个国家的重要方式。李唐皇室为了笼络大臣，也经常将公主嫁给大臣的儿子。这个方式也用在河朔藩镇身上。李唐王室与河朔藩镇联姻的例子主要有：魏博田绪娶代宗女嘉诚公主、田华娶新都公主，二人都是田承嗣的儿子；成德王武俊之子王士平娶德宗女义阳公主、王士真之子王承系娶顺宗女阳安公主；易定张孝忠子张茂宗娶德宗女义章公主。

皇帝把女儿嫁给河朔藩镇，那么我们成一家人了吧，一家人

第一章 中道崩殂：代德二帝的姑息

凡事好商量，别动不动就以武力威胁朝廷了。朝廷本来想着通过联姻能够拉近与河朔藩镇的关系，可现实却是被啪啪打脸。人家该袭击还袭击，该挑衅的还继续挑衅。不过，李唐皇帝拉下身段将女儿嫁给河朔藩镇节度使的子弟，倒也并不是全然吃亏。毕竟这些藩镇也是需要皇家来装点门面，大家尽管在利益上有冲突之处，但天子的地位还是得供着的，跟皇帝搞好关系也是必要的。但是要我们像其他藩镇那样向朝廷缴两税、申报户籍，那肯定是不会的，这辈子都不会的，这是河朔藩镇游戏规则的底线。可是私底下给皇帝送送礼物，进奉点财物，不违反道上的规矩。礼物送得比较勤的有成德王武俊的继任者王士真，每年都给朝廷贡献财货数十万，相比于幽州和魏博，最为恭顺。不过，总体来说，朝廷通过联姻来笼络河朔藩镇的效果并不大。所以晚唐诗人杜牧就将德宗朝跟河朔藩镇联姻当作姑息之政。

德宗姑息之政另一个重要的表现就是所谓的不生除节度使，意思是说节度使生前不给他挪窝，等到他死于任上，再提拔本镇的行军司马或者节度副使等为继任者。这个做法的表现就是节度使是由本镇推举，而朝廷只是事后橡皮图章式地形式上任命一下。问题的关键在于，节度使的任免权是朝廷与藩镇关系最核心的内容。德宗在这个问题上姑息，相当于把节度使的权力来源向藩镇内部倾斜，尽管朝廷仍持有形式上的任命权，但藩帅人选是

元和中兴：朝廷的短暂振作

本镇将士推举的，那么继任节度使只会更加亲近于本镇将士，而对朝廷就没有那么多的亲近感了，如此朝廷的权威何在？

这种不生除节度使的方式，在河东镇最为典型。德宗贞元年间，河东的节度使李说、郑儋、严绶，都是在前任节度使死于任上后，由本镇的行军司马继任节度使。贞元十一年（795），河东节度使李自良死于任上，彼时河东镇内人心惶惶，局势不安。在监军王定远的支持下，太原少尹李说被朝廷迅速任命为行军司马，充节度留后、北都副留守。同时朝廷任命通王遥领河东节度大使，只是虚衔，李说实际上成为朝廷认定的河东主事人。不久，李说转为正式的节度使。李说跟随李自良的前任马燧从河阳迁到河东，马燧入朝后又在继任节度使李自良时期长期任职太原。太原尹由河东节度使兼任，作为副手的少尹也是位高权重，可以说他是河东镇的老骨干了。不过，李说的上台，监军王定远发挥了重要的作用。

也正是在此事后不久，监军在河东镇的话语权进一步扩大。王定远认为有扶立李说的功劳，自请监军置官印。他在河东镇强横专权，很多事务直接代替节度使决定。李说上位开创了河东从藩镇僚佐选拔继任节度使的传统，同时也开启了代表朝廷的监军对河东事务的干预。此后的河东监军李辅光也是积极干预河东军政，甚至逼着节度使都要听他的话。从这个角度来说，德宗在河

第一章　中道崩殂：代德二帝的姑息

东问题上倒也不算完全躺平。

如果再看李说以后的节度使在继任前的经历，德宗的盘算就更能够有把握了。大约在贞元十二年（796），德宗听闻李说生病，很快就任命左羽林将军李景略为河东太原少尹、节度行军司马，目的很明显，就是想着万一李说去世，直接让李景略接位。李说就不高兴了，我还没死呢，就想着身后事了，表示反对。当然，李说不高兴的直接原因也跟李景略在一次招待回鹘使者的宴会上抢了节度使风头有关。李景略曾在丰州任职，狠狠打击了回鹘的嚣张气焰，维护了大唐的威严，故其在回鹘中颇有威望。一个外来的，再加上还这么有能力，李说岂能容得下？正好当时回鹘南下，边境有警戒，德宗顺势将李景略调到了丰州。

李说之后的节度使郑儋也是德宗特意从朝中派到河东的。郑儋先后担任过大理丞、太常博士、起居郎、尚书司封郎中、吏部郎中，德宗觉得郑儋作为一个文官，不像李景略这样太过锋芒，能够较好地与河东的实力派处理好关系，于是就把他放到河东去担任行军司马。李说死后，郑儋顺利接替了河东的军政，德宗又把严绶提拔为行军司马。严绶能够升官发财，全靠积极给皇帝送钱。由于严绶进奉积极，给皇帝留下了深刻印象，因此被德宗任命为河东行军司马。

当然，如果从全国角度来看，适用不生除节度使方式的藩镇

元和中兴：朝廷的短暂振作

虽然也不少，但仍没有达到绝大多数的规模，尤其是南方藩镇，基本是由朝廷任命的外镇人员担任。德宗表面看是顺从了藩镇意愿，让本镇推举继任者，这并不意味着朝廷对这些藩镇的控制在削弱。但这种不生除节度使的弊端也是明显的。节度使如果身体素质好，多活几年，时间一长，权力就逐渐稳固，很容易清除或收编地方上的各种势力为其所用。手里有自己人，还捞了大量的钱，你说谁愿意挪窝呢？一挪窝辛辛苦苦打下的这点家底就不是我的了。另外，这种继任者来自本镇的方式，至少在形式上破坏了中央集权的原则，即地方官员由中央派遣任命，仍然是对朝廷法度的一种破坏。

德宗的姑息还在南方藩镇中蔓延。这个区域的藩镇不同于重兵驻扎的河朔、中原藩镇，南方藩镇军事力量较少，更多突出财赋经济的作用。所以，德宗贞元年间，南方藩镇更多表现出基于财政的"滥权"。简单来说，德宗为了保障这些地方的藩镇积极向皇帝进奉钱物，一方面姑息纵容其违法行为，另一方面放纵搜括财物。不用说，皇帝老子不来管，那王法什么的，基本上就放到一边去了。权力不加节制地滥用就很容易导致地方势力做大，威胁到朝廷的控制。宪宗元和初期的西川、浙西事件就是这种"滥权"的结果。

德宗如此姑息藩镇，天下岂能不乱？元和时期，宪宗君臣在

第一章 中道崩殂：代德二帝的姑息

谈到德宗时期姑息藩镇的这段历史时，甚至一度感受到有乱世来临的感觉。德宗选择躺平，藩镇不遵王法，如果再不重整政治秩序，不知有多少藩镇要"河朔化"，都要学河朔藩镇威胁朝廷，玩弄皇权。山南东道、浙西、西川这些本来恭顺的南方藩镇中，也存在着巨大的危机。

贞元二十一年（805）正月，唐德宗终于彻底躺平了，再也没有起来。一个时代落幕的同时，也意味着一个重振朝权的中兴新时代即将开启。

第二章
重构规则：西川浙西的动荡

贞元二十一年（805），德宗驾崩，太子李诵即位，是为顺宗。顺宗当时已经中风不能说话，顺宗太子时期的东宫僚属王叔文联合翰林学士韦执谊等，与禁中宦官李忠言相勾连，把持朝政，引起各方不满。顺宗长子李纯在翰林学士卫次公、郑絪及俱文珍、刘光琦等宦官的支持下，先是被立为太子监国，后于当年七月正式登基，顺宗成了太上皇。关于这段历史，后人总是充满着各种猜测。唐人李复言《续玄怪录》有《辛平公上仙》一则，似在影射顺宗之死。宪宗是否来位不正，已经成为历史之谜，孰是孰非恐难理清。但现实的问题摆在面前，即位的李纯需要解决

第二章　重构规则：西川浙西的动荡

爷爷德宗留下的政治危机。

与德宗即位初期一样，顺宗即位当月就颁布诏书，废除了几项德宗时期的苛政，还禁止地方进奉。宪宗即位后，再次重申了这些精神，他的丈母娘昇平公主想送几个美女，被果断拒绝。皇帝连金钱、美女都不爱了，那他就只能爱权力了。谁敢挑战皇权，谁敢对抗朝廷，对不起，我用法律制裁你。当然，这个过程并不是这么容易的，如何迈出第一步，就显得尤为重要。这个时刻不用等多久，西川和浙西两镇的节度使看不清风向，主动献上了人头。

一、贞元时期的西川和浙西

西川和浙西在贞元年间属于南方强藩，虽然地缘位置有所不同，但在姑息政治下有着一些共同的特点。简单来说，这两个藩镇表现出由财政进奉所引发的"滥权"。当然，由于西川处于抗击吐蕃的前线，因而又有着边防上的考量。这两个藩镇按照唐朝廷的定位，属于效忠朝廷的恭顺藩镇，与河朔藩镇截然不同。因而，朝廷对这些藩镇的政策也有着一套标准。

西川镇在代宗时期处于半独立状态，节度使崔宁在内部军阀混战中脱颖而出，控制了西川十余年。不过相较于河朔藩镇，崔

元和中兴：朝廷的短暂振作

宁对朝廷态度较为恭顺，并有多次主动入朝之举。德宗即位后，朝廷乘崔宁入朝之机，把荆南节度使张延赏迁到西川担任节度使，同时派出神策军抗击入侵西川的吐蕃军队。经过这番操作，朝廷又把西川的控制权夺了回来。张延赏不是西川本镇的军阀，之后的韦皋也是由朝中金吾将军迁到西川。这套朝廷任命外来节度使的规则，已经在西川得到了应用。但西川又出现了新的问题——韦皋膨胀了。按照朝廷的规则来说，西川不至于异化出另一个河朔藩镇，但德宗自己把规则搞坏了。

要说韦皋这个人倒也不像河朔藩镇那样跋扈无礼，人家可是经过了政治考验的忠臣。"奉天之难"发生时，韦皋正好是凤翔镇属州陇州的留后，负责统领本州的军队。凤翔大将李楚琳杀节度使张镒，夺取了藩镇的控制权。李楚琳原来是朱泚的旧部，所以陇州境内的朱泚旧部企图发动军变，并进而投靠李楚琳。韦皋用计诛杀了朱泚旧将牛云光及朱泚的招降使者苏玉、刘海广，并与陇州将士登坛盟誓，声明忠于朝廷，反对李楚琳及朱泚。一面派出使者向朝廷表明立场，同时另一面又向吐蕃求援。在韦皋的号召下，陇州附近的新、兴二州归附韦皋，势力更加壮大。可以说，正是韦皋在凤翔西侧的牵制，使得凤翔的李楚琳不敢全面倒向朱泚，极大地支援了奉天保卫战。

所以，韦皋本人经受了政治上的考验，是德宗信得过的大

第二章 重构规则：西川浙西的动荡

臣。因此，当德宗准备将张延赏调到朝中担任宰相时，最先想到的继任节度使就是韦皋。韦皋虽说是个儒生，但在治理西川，尤其是抗击吐蕃方面，作出了巨大的贡献。更值得一提的是，韦皋促成了南诏归附大唐，分化了吐蕃与南诏的联盟，极大地削弱了吐蕃的军事力量。此后又多次大破吐蕃军队，在贞元年间唐蕃军事冲突全面升级的形势下，有效保卫了大唐的边境。这样的能臣、忠臣怎不叫德宗喜爱？韦皋不断地升官发财，最后因功至检校司徒，兼中书令，封南康郡王。要知道这个时期能够当上中书令的，只有像郭子仪、李光弼这样功勋卓著的重臣，足见德宗对韦皋的器重。

韦皋对手下的人也非常厚道。军士将吏有嫁娶的，新郎给精制的五彩绸衣，新娘则给用白银点缀的华美服装，男女两家各给万钱作为结婚贺礼。将士家中有丧事，也送上优厚的抚恤，甚至连平时训练都能得到价值不菲的待遇。有这么体贴下属的节度使，西川的各级将吏及士兵都乐意给韦皋打工，毕竟跟着韦老板有肉吃。远方的人听闻韦皋这么礼贤下士，也纷纷前来西川麾下效劳，韦皋对这些人也是非常欢迎。在韦皋"钞能力"的加持下，西川镇一时人才济济，兵强马壮，成为雄踞西南的强藩。这也是为什么韦皋能够多次痛击吐蕃，稳定西南边陲的底气所在。

可问题是，韦皋的钱哪里来？为了便于叙述，我们首先需要

元和中兴：朝廷的短暂振作

说明两个概念：上供、进奉。唐代后期的赋税制度主要以两税法为核心，两税法划分了上供、留使、留州三个部分，"使"即节度使或观察使，"州"即节度使下辖的各州，上供是地方上缴给中央的两税数额。上供是国家法定的税赋，是地方应该履行的财政义务。进奉则是大臣给皇帝进献财物，有的进奉是国家规定的正常财政行为，但更多的是不在国家规定之内的，而这种行为往往是出于臣子讨好皇帝的目的，德宗时期的进奉基本上属于后者。

崔宁时代的西川"贡赋所入，与无地同"，当时两税法还未推出，但地方应该向朝廷上缴赋税，可是西川没有把税赋上供给朝廷。韦皋时期，两税法已经推行，藩镇上供给朝廷的税额有了明确的规定。不过，韦皋的西川镇恐怕没有上供两税给朝廷，因为在元和二年（807）朝廷诏书下令让西川观察使（西川节度使兼观察使）自行处置减免两税上供部分。如果韦皋时期真有两税上供，应该不需要观察使自行处置了。虽然有先例，再加上西川面临着吐蕃的军事威胁，韦皋不上供两税也还算有充足的理由。可西川毕竟跟河朔藩镇不一样，皇帝的马屁还是得拍，好歹人家这节度使也还是皇帝给的。于是，我们看到了韦皋的另一面：德宗朝进奉的带头参与者。

奉天之难后，由于朝廷府库空虚，德宗下令让地方官员进奉

第二章 重构规则：西川浙西的动荡

钱物帮助朝廷挺过艰难的日子。有了先例，后面就停不下来了。韦皋有"日进"，可以理解为天天给皇帝送钱，不过天天送倒有点夸张了，大概可以理解为进奉非常频繁。一开始倒是可以理解为支援朝廷，但时间久了，朝廷也从动乱中恢复元气，继续支援就变成了支援皇帝藏私房钱了。当时有人就批判这种进奉行为，指出地方官员进奉的钱是来自剥削百姓，给皇帝的还不如进入了官员自己私人腰包的数量多。韦皋给皇帝奉献了多少"孝心"，他私底下捞的钱可比这些"孝心"还要多好几倍啊。再加上西川的两税不上供朝廷，韦皋的腰包那可是撑得饱饱的，他的"钞能力"就是这么来的。

韦皋在西川二十一年，聚敛税赋以满足贡献皇帝的需要，导致整个蜀中元气大伤。为了防止他手下的僚佐升官入朝后把蜀中实情告诉皇帝，韦皋硬是压着他们，不让他们走出西川。当然，这种事情要防还不一定能防得住，朝廷怎么可能不知道韦皋的所作所为，只是皇帝收了这么多孝敬，也不好意思过问了。

韦皋凭借"钞能力"笼络起了一股较为强大的幕府势力。西川与魏博等拥有强大牙兵的藩镇不同，节度使身边未形成足以威胁统帅的骄兵悍将。河朔藩镇大肆赏赐军队，是为了与朝廷对抗，以维持河朔割据的目的。但韦皋的赏赐主要在于婚丧嫁娶、军事训练等方面，是有条件的，而且与河朔藩镇赏赐重点在于节

元和中兴：朝廷的短暂振作

度使身边的亲随牙兵不同，韦皋所赏赐的对象未有明显的分化，更多强调的是韦皋与下辖将士、官吏的私人关系。韦皋经过二十余年的经营，逐渐与西川军吏建立了一种较为稳固的政治经济联系，韦皋在西川的个人权威和影响也在此基础上达到顶峰。但这种权威和影响仅限于韦皋本人，并不随着权力的转移而转移。这也为刘辟的失败埋下了伏笔。

再来说浙西节度使李锜。李锜能够步步高升，不用猜，就是拼命送钱，让皇帝开心了，权力财富自然而来。李锜出身于李唐宗室，祖上是李渊的堂弟李神通，为大唐开国元勋，李锜父李国贞死于绛州的朔方军变，也算是大唐的烈士，可以说李锜一家为大唐抛头颅、洒热血，妥妥的根正苗红。李锜因为父亲的原因，以门荫入仕，官至湖、杭二州刺史，后来又转到常州刺史。这几个州都是经济发达、人口众多的江南大州，这就为李锜之后的步步高升提供了机会。身处富庶之州，自然更容易搞钱，有了钱就好办事。李锜在三州任上，积极给朝中的李齐运送去宝货财物。李齐运当时是闲厩、宫苑使，管理皇帝园林及豢养的马匹，官虽不是很重要，但人家在皇帝面前说得上话，而且还能说得皇帝都满意，故而宠信有加。朝中有人，再加上李锜也很会理财，德宗看到李齐运推荐李锜作为浙西镇主帅的人选，自然也是非常满意的。

第二章 重构规则：西川浙西的动荡

李锜上任浙西时还有一个重要契机：浙西镇兼领盐铁转运使，掌握了国家盐铁收入及相关转运事务。这一格局在李锜之前的韩滉时代就曾出现，不过韩滉死后有所反复。李锜的前任王纬又恢复了浙西兼领盐铁，所以李锜兼掌利权相当于捡了个便宜。浙西镇兼掌盐铁转运的财政权力，与浙西镇治所润州所处的交通要道有关。正常情况下，盐铁转运使的治所是在京城长安。但如果朝廷对江淮地区财政有着特别的政治经济需要，往往会把盐铁转运使的治所放在大运河沿线的扬州或者润州。德宗贞元年间就是处于这种特殊情况。经历过"奉天之难"后，再加上贞元初期的严重干旱，关中一带面临着严重的政治经济危机。同时，吐蕃大举进攻唐西北边境，唐朝廷在边境上又需要投入大量的人力物力。在此背景下，长安朝廷不得不依赖于江淮地区的财赋转运来支援关中。所以，德宗时期，浙西节度使韩滉一跃崛起为南方的强藩，完成了从藩帅到宰相的转变。韩滉死后，江淮对于朝廷的作用仍进一步延续。同时，德宗开始通过接纳地方进奉来充实皇帝的内库，南方赋税之地依然被摆在了重要的位置。李锜的前任王纬就因为理财方面的能力而受到德宗重视，也是浙西兼任盐铁的重要原因之一。因此，李锜的上台其实是当时政治经济局势变化的结果，当然李锜个人的钻营也是不容忽视的。

李锜上位后，继续发挥积极"理财"的精神。盐铁转运使控

元和中兴：朝廷的短暂振作

制了全国的盐铁酒专卖及漕运的收入，这部分收入大概有三百万贯，当时朝廷的财政收入大概在一千五百至一千七百万贯，李锜掌控了大唐帝国五分之一的财政收入。照理来说这些收入是需要上交中央的，可放着这么好的机会，当然要动点手脚克扣一下，毕竟还要孝敬皇帝呢。李锜修改了盐院及漕运经过的各处河津、堰坝的规章制度，想方设法克剥钱物，甚至于在非官道、不该收税的私路小堰上也横征过路费。这些克剥的财物，大多进了李锜自己的小金库，部分当作进奉献给了皇帝，皇帝收到后自然是非常满意，对李锜更是恩宠有加。

李锜凭借着皇帝的恩宠，越发桀骜不驯。浙西的一个布衣百姓崔善贞，看不惯李锜中饱私囊、违法乱纪的行为，直接到朝中上书揭发罪行。可德宗竟然把崔善贞抓起来，交给了李锜。崔善贞的结局想想就可怜：直接被李锜给活埋了。简直是太残暴了！都没王法了。王法不就是皇帝的法吗，皇帝都不要王法了，这国家岂能不乱。

有了钱，再加上老板管得宽，就很容易刺激李锜自己搞事业的野心。李锜搞事业的方式之一，就是养私兵。他养了两支精锐部队，一支叫"挽硬随身"，选拔的都是擅长射箭的高手；另一支叫"蕃落健儿"，都是由胡、奚等少数民族构成，"胡"一般指粟特人或者突厥。这些"挽硬随身""蕃落健儿"被李锜当作心

第二章　重构规则：西川浙西的动荡

腹，军费按照普通士兵的十倍标准给，同时又与李锜结成父子关系。干爹给吃给喝罩着，这群干儿子自然愿意跟着。

可问题是，朝廷是不允许养私兵的，即便是藩镇要增加兵额，也需要朝廷许可。唐朝廷把东南地区定位为朝廷财赋的重心之地，为了最大限度地搜刮财赋，东南藩镇的军事力量被压制在最低限度。因为在两税三分的体制下，地方军事力量过大意味着留使、留州钱额就要增加，相对应的上供朝廷的数额就要减少了。同时，地方军事力量过大也不利于朝廷的控制。除非地方有像河朔藩镇那样的底气和实力，一般藩镇不太敢豢养私兵。唐代法律规定，私藏兵甲轻者囚禁，重者死刑。宣宗时期，大理卿马曙仆人告发主人家私藏兵甲，马曙因此贬官。官员私自藏盔甲武器都要治罪，更何况豢养私兵了。

李锜的权势是由皇帝老大给的，跟着德宗才有饭吃。德宗姑息藩镇，所以对李锜的不法行为未加追究。可一朝天子一朝臣，宪宗不想成为第二个德宗。李锜头脑不清楚，没正确理解宪宗这个新老大的企图，结果走上了不归路。

二、藩镇的误判与宪宗的决心

宪宗即位当月，西川发生了一场重要变故——韦皋突然死

元和中兴：朝廷的短暂振作

了。永贞元年（805）八月十七日，剑南西川节度使韦皋去世，节度副使刘辟自为留后。不过，关于韦皋的死亡时间，权德舆在《韦公先庙碑铭》中提到是秋七月。刘辟僚佐符载在《为贾常侍祭韦太尉文》提到韦皋生前"忧国慷慨，请立太子，事苟未行，殁而后已"。这里指的是韦皋上疏请求太子监国理政，不过韦皋没等到太子监国就去世。韦皋上疏的时间在六月十六，太子监国在七月二十八日。那么，八月十七日应该是朝廷收到西川上报韦皋死讯的时间，韦皋应该是死于七月底。一般来说，前任节度使去世，留后人选是需要朝廷认可确认的，而刘辟"自为"留后，说明他已经控制了西川的局面。

符载在《九日陪刘中丞贾常侍宴合江亭序》提到韦皋死后，刘辟沉着应对西川局势，短期内稳定了西川境内的蛮夷部落、军政事务。符载也对西川监军贾某的英明决断夸赞了一番。按照贞元时期藩镇节度使更替的惯例，监军在这个过程中具有相当重要的作用，若刘辟与贾某达不到相当的默契，恐怕刘辟也难以在短期内控制西川的局面。而两人能够在九月九日重阳节宴饮，亦可见当时还是达成了一定的合作。

刘辟在贞元二年（786）进士及第，大约在贞元四年（788）被韦皋征辟为西川的幕僚，此后逐步迁官至御史中丞、支度副使。支度副使是管理藩镇财政事务的二把手。刘辟在西川近二十

第二章　重构规则：西川浙西的动荡

年，最后做到了韦皋的重要副手，可以说彼时刘辟在西川具有举足轻重的地位。刘辟继韦皋为西川节度使，是否出自韦皋的意愿，不得而知。但如果按照德宗不生除节度使的方式，作为副使的刘辟在前任死后继任节度，符合原来的游戏规则。刘辟也是这么认为的。所以，他按照原有的剧本，让西川的将士们上表请求朝廷授予节度使节钺。可让刘辟没想到的是，新皇帝断然拒绝了。

应该说，宪宗一开始也没有改变德宗时期政治规则的想法，但从他的主观意愿来说，还是对贞元姑息存在着不满。这种不满从他对韩全义的态度上就可以看出一二。韩全义在德宗时期征讨吴少诚，大败而归，却因为拍了宦官和皇帝的马屁，没有受到责罚，依然当他的夏绥节度使。不仅如此，照理撤兵后韩全义得入朝向皇帝朝觐，汇报完工作后再回到夏绥，可他连长安都不敢进，一溜烟跑了。这简直就是无视朝廷的规矩，德宗看韩全义是自己人，也没怎么追究。宪宗还是王爷的时候听闻此事，对此嗤之以鼻。韩全义的消息倒是灵通，很快就打听到新皇对自己的厌恶之情，赶紧主动入朝，表达忠心。当时的宰相杜黄裳也认为韩全义兵败应当惩处。于是在永贞元年（805）十一月，韩全义被罢为太子少保，直接退休了，并于第二年就去世，估计心理压力也蛮大的。

元和中兴：朝廷的短暂振作

新朝上台没多久，宪宗君臣也不敢跨步太大，引起不必要的动荡，还是以稳妥为主。为了展现朝廷的诚意，永贞元年（805）八月，宪宗派出了宰相袁滋作为使者，前往西川安抚。当然，这只是烟幕弹，因为十月，袁滋被任命为西川节度使，而刘辟则被征召入朝，担任给事中。袁滋的安抚大使只是表面功夫，目的是让他能够光明正大但又不露痕迹地前往西川，到达西川镇以后，朝廷再下令把刘辟召进朝中，好打对手一个措手不及。

这算盘打得挺好，可两位主演并未按照朝廷的剧本走。刘辟拒不受征召，派兵在蜀中要道上阻拦，不让袁滋前来赴任，而袁滋竟然被西川这阵势吓得不敢前行。新皇帝登基才三个多月，考虑到大局稳定，最后还是按照贞元年间的惯例，授予刘辟西川节度使节钺。要说宪宗这么做，也是按照既有经验办事，大家也都能接受这个结果。可是，右谏议大夫韦丹跳出来说："如果现在不对刘辟以法诛之，那么朝廷可以直接指挥的地方，只有长安和洛阳两京地区了。"谏议大夫的职责是给皇帝提意见，说话夸张点也是为了引起皇帝注意。当时朝廷所能够控制的地区自然不会只是两京地区，但韦丹切切实实地指出了一个事实：在德宗的姑息之政下，朝廷的公信力和权威严重削弱，很多藩镇都不拿朝廷的政令当回事。刘辟抗拒朝廷派出的节度使，其实质是公开抗拒朝命，已经等同于反叛了。这种行为都能获得节度使，那其他人

第二章 重构规则：西川浙西的动荡

都要有样学样了，朝廷任命的节度使都可以武力拒绝，那朝廷的法令还有什么权威。

宪宗虽然也认同韦丹的谏言，但兹事体大，还是不敢轻易动手。可是，刘辟在尝到甜头后，还进一步得寸进尺——他要兼领三川。这三川是剑南西川、剑南东川及山南西道三镇。西川镇想要兼并三川的野心早在韦皋时期就已经萌芽。就在宪宗即位前几个月，韦皋派出刘辟前去朝中贿赂当时权势滔天的王叔文，希望能够把东川划给西川，被王叔文给拒绝了，结果韦皋一怒之下，向当时的太子，也就是后来的唐宪宗，"义正辞严"地揭露了王叔文的罪行。只是没过多久，韦皋死于任上，若他没死，或许还会进一步有所行动。刘辟求领三川，显然是延续了韦皋的野心。

刘辟上疏皇帝，要求兼领三川，这么不给皇帝面子，再加上韦丹的刺激，宪宗果断拒绝。软的不行，那就自己去拿。刘辟发兵东川，打到节度使李康所在的梓州城。谋反，这简直就是谋反啊！这个套路，是不是很熟悉？这不就是田承嗣、吴少诚的套路吗？以军事手段胁迫朝廷作出让步，甚至迫使朝廷对既有现状予以承认，这已经成了当时藩镇与朝廷间的游戏规则。当然，规则的制定者不是朝廷。尽管刘辟军中有反对意见，但内部的很多僚佐对此举表示支持。因为游戏的规则就是如此，其他藩镇也这么玩的，现在他们依然是朝廷的"股肱之臣"。刘辟遵循这样的规则，在西川僚佐看来，出兵东川并不是反抗朝廷的行为。

刘辟的僚佐符载就是其中的代表人物。符载在《为刘中丞祭王员外文》中提道："东川无状，横相猜忌，破表焚笺，封山掠骑。因得讨罪，诛其不义。屡犯锋芒，几经忧畏。天子明察，龙旌旋至。"刘中丞，就是刘辟，当时带有御史中丞衔。符载把刘辟进攻东川的始作俑者归结为东川先来挑衅，企图切断西川与外界的联系。在东川"不义"的挑衅下，西川就感到忧心和害怕。皇帝授予的节度使旌节一到，整个西川都受到了极大的鼓舞。刘辟在收到节钺后，立刻招募兵马，整顿西川各镇兵士，准备大干一场。在符载一方的叙述中，朝廷授予刘辟节钺一事，其实是对西川的一种变相支持。在他们看来，出兵西川是具有正当性的，是讨伐"不义"的正义之战。

问题的关键在于东川是不是真的"不义"。这套说辞是出自刘辟一方，至于信不信，全靠一张嘴。宪宗后来在诏书中提道"倾因元臣薨谢，邻藩不睦，刘辟乃因虚构，以忿结雠，遂劳王军，兼害百姓。"意思是说，韦皋去世后，西川与东川之间不相和睦，刘辟才编造了一番说辞，来发泄他的愤恨之情。宪宗的这个诏书公开否定了符载的说辞，但如果把双方的主张结合起来看，东、西川之间的冲突是导致冲突升级的重要原因。而刘辟正是利用了宪宗授予节钺一事，自认为获得了朝廷的许可来粉饰其

第二章 重构规则：西川浙西的动荡

用兵的正当性。

无论是刘辟方还是朝廷方的说辞，都表明东、西川之间本来就存在一些摩擦，至于谁先动的手，就各有说法了。当时朝廷派出的宰相袁滋带的头衔是"剑南东西川、山南西道安抚大使"，很怀疑朝廷已经察觉到刘辟兼并三川的企图，因而想要调和三镇的冲突。而后来高崇文因为兵败之罪公开斩杀了东川节度使李康，似乎也表明在西川与东川的冲突中，东川一方并不仅仅是无辜的受害者，刘辟一方提到东川"封山掠骑"的挑衅行为极有可能是存在的。不仅如此，刘辟还派兵从西南部的庐州顺江而下，进入黔、巫二州，进而胁迫荆、楚一带，被荆南节度使裴均发兵三千击溃。这就不仅仅是西川与东川的冲突，刘辟的目的很明显：武力兼并三川，然后再胁迫朝廷承认他对三川的统治权。

东、西川二镇的矛盾归矛盾，演化为军事冲突就不是朝廷愿意看到的了。最为恶劣的是，皇帝授予刘辟节度使，本来只是想安抚一下刘辟，希望能够平息事端。可刘辟转手就把皇帝的节钺当成了令箭，将其侵略东川的行为合法化了。这宪宗忍得了吗？忍不了啊。朝中也有不少大臣认为这不算什么，毕竟德宗时期因循久了，大臣们对于这种事情也就见怪不怪了。年轻的皇帝也是心里没底，新朝第一次用兵具有重要的象征意义，不得不谨慎对待。宪宗急需一剂强心针，而这个人就是宰相杜黄裳。

元和中兴：朝廷的短暂振作

宰相杜黄裳仿佛救星一般，于千万人中发出义正辞严且振奋人心的话语："刘辟这个狂妄的书生，收拾他就跟砍瓜切菜一样。臣知道神策军使高崇文勇武有韬略，可以重用。希望陛下将军事指挥权授予高崇文，不要设置监军。刘辟一定可以擒拿。"翰林学士李吉甫也支持对刘辟用兵。宪宗最终下定了决心——打！

杜黄裳在宪宗面前视刘辟如草芥，可当时朝中大臣也有认为蜀中地形险峻，易守难攻，杜黄裳怎么看都有逞口舌之威的意味。真正打动宪宗的倒还真不一定是杜黄裳的高度自信，而是他对当时藩镇局势的判断。杜黄裳在跟宪宗论及藩镇节度使更替问题时，提到德宗时期实行姑息之政，节度使多是由本镇推举，导致这些藩镇中很少有朝廷自主任命的节度使。这就使得朝廷权威日益削弱，藩镇跋扈难治。因此，要想天下大治，就必须以法度整肃诸侯。这么一番话，就把宪宗的勃勃雄心给激发出来了。皇帝不爱财、不爱女人，不就是为了干出一番事业来嘛。刘辟不除，天下如何实现治世啊！

无论是杜黄裳还是唐宪宗，都亲身经历过德宗贞元年间的政治乱局，他们对于德宗时期藩镇跋扈，朝政不彰的颓败局面有着切身之痛。杜黄裳本人在一定程度上也是德宗姑息政治的受害者。杜黄裳在贞元年间因为得罪德宗的宠臣裴延龄，十年不得改官。裴延龄在德宗一朝替皇帝聚敛钱财，排斥陆贽等忠直大臣，

第二章　重构规则：西川浙西的动荡

如果说李锜是德宗姑息滥权在地方的代表，裴延龄无疑是中枢层面的代表。面对贞元初期王叔文等人的专权，即便其女婿韦执谊与王叔文同党，一时炙手可热，杜黄裳也坚决不上门攀附权贵。在宪宗上位的过程中，他也是主张太子监国的一员。在遭受政治打压的十余年间，他的政治态度并未发生变化。当然，他能够在永贞年间的政变后成为宰相，也与俱文珍等宦官的支持有关。宪宗监国的同一天，杜黄裳就被任命为宰相，俱文珍因为杜黄裳是先朝旧臣，因此以他为相，这个理由多有些站不住脚，毕竟先朝旧臣太多了，又不止杜黄裳一个。

但客观上来说，杜黄裳成为宰相，确实给宪宗新朝带来了新的气象。唐人笔记小说《幽闲鼓吹》记载了这么一个故事：淄青节度使李师古忌惮杜黄裳成为宰相，不敢失礼。为了讨好这位新上任的宰相，他派了一个干吏带着数千缗钱财及一辆价值千缗的豪华毡车前去杜黄裳府上搞关系。这个干吏也比较鸡贼，先是在杜宅门口观察了数日，看到宅中走出一顶绿色的轿子，轿后跟着奴婢二人，穿着破烂的青衣。干吏一问才知是杜黄裳的夫人。李师古听到此事，立马放弃了贿赂宰相的企图，终其一生都不敢失节。李师古为什么怕了，因为以前还可以送点钱，跟皇帝宠信的大臣搞好关系，帮着在皇帝面前说几句好话，皇帝也就睁一只眼闭一只眼，不去追究藩镇的跋扈行为了。可杜黄裳跟皇帝说，要以法度整肃藩镇了。

有这样的大臣在皇帝身边,皇帝能不受到影响吗?再加上唐宪宗不同于祖父德宗,即位时三十岁不到,也是意气风发的年龄,儿时也受到其父顺宗的影响,对于藩镇跋扈、进奉弊端等也多有耳闻。仅从他对韩全义的态度来看,年轻的宪宗显然是想有所作为的,毕竟德宗的形象在当时已经处于非常尴尬的地步。顺宗即位初期,改革了德宗时期的一些弊政,赢得了朝野上下的好评,人心如此。贞元时期的游戏规则在部分藩镇及朝廷权贵等既得利益者来说,肯定舍不得被改变,但那些为了大唐长治久安、国家繁荣昌盛的忠臣义士们期盼着新朝能有新气象,能够再创大唐的中兴盛世。

宪宗看到了德宗贞元后期的弊政对国家的危害,杜黄裳更是抓住了贞元弊政的症结就在于藩镇问题,而他又将藩镇问题与实现国家治世相联系,无疑激起了这位年轻皇帝的雄心壮志。因此史书把杜黄裳定为启发唐宪宗实现"中兴"的人物。

当然,刘辟事件的过程中还有一个小插曲,那就是夏绥杨惠琳的叛乱。韩全义入朝后,夏绥事务由外甥杨惠琳暂代。按照德宗时期的规矩,继任者应该是来自本镇,更确切地说,就是留后杨惠琳。朝廷任命的新节度使是左骁卫将军李演。杨惠琳按照原有的剧本,派兵扼守李演赴镇的要道,并上表说:"我也不想干

第二章　重构规则：西川浙西的动荡

啊,可是下面的兄弟们逼着我当节度使。所以皇上,您懂的。"宪宗的反应很简单:诏河东、天德军合击杨惠琳。结果讨伐军还没进入夏州城,夏州兵马使张承金就把杨惠琳杀了,向朝廷投降。当然,宪宗也怕张承金成为第二个杨惠琳,于是把他调到了朝中任左羽林将军。一点儿动乱的火星都不能允许存在。

朝廷与藩镇权力游戏的规则是要变的,而刘辟、李锜却对形势作出了错误判断,还在按照原来的规则处理朝藩关系。

三、西川、浙西之役的过程

元和元年(806)正月二十三日,宪宗正式下诏讨伐刘辟。在《讨刘辟诏》中,宪宗直接指出刘辟肆意攻伐,意图吞并,已经失去了为臣之礼。于是,宪宗下令左神策行营节度使高崇文率步骑五千为前军,神策京西兵马使李元奕率两千步骑为次军,山南西道节度使严砺配合征讨。在诏书中,宪宗也给刘辟留了余地,如果他能够主动撤回围困梓州的军队,回到本镇,朝廷保证不会追究此事。可是,在宪宗下诏后不久,刘辟攻陷了梓州,生擒李康。这就已经没有转圜的余地了。

讨伐西川的战役共分两个阶段,第一个阶段围绕收复梓州展开,第二阶段则是深入西川,直捣成都。讨伐刘辟的诏书下达后，高崇文的军队从邠州的长武城出发，东南向经斜谷路，李元奕从屯驻地奉天出发，从骆谷路南下。高崇文与李元奕首先在兴元会合，此后经利州前往阆州，并以此为跳板进入东川的剑州。早在正月二十二日，严砺已经收复了剑门，至二月已经攻克东川的剑州，斩杀刺史文德昭，为高崇文军队南下进军梓州扫清了障碍。下一步的目标就是收复被西川军攻陷的梓州。

三月，高崇文率兵从阆州进入剑州，不过似乎在剑门关一带又遭遇了刘辟的军队，但剑门军很快被击退。高崇文南下进军至梓潼，与刘辟大将邢泚相遇，邢泚引兵逃走。三月十二日，严砺奏攻克梓州，高崇文进入梓州。至此，伐蜀的第一阶段战役结束。

刘辟在梓州失守后，主动将李康归还给高崇文，摆出一副谢罪的姿态。按照德宗时期的规则，剧本走到这儿也就差不多了，最后就是朝廷借坡下驴，刘辟把军队开回西川，一切回到事发前。可是刘辟的算盘打错了。高崇文以败军失守之罪，直接将李康给处斩了。高崇文这么做，自然不是心血来潮。尽管杜黄裳提出不要派遣监军，但为了保障元和新朝首次削藩战争的胜利，宪宗还是派出了拥立宪宗登位的功臣宦官俱文珍为监军。俱文珍历经德宗朝的很多重大事件，政治经验丰富且性格强悍。这种人作为高崇文的监军，要想斩杀李康，必然不是高崇文一个人能决定

第二章 重构规则：西川浙西的动荡

的。斩杀李康，意味着刘辟献李康自首就没有任何意义，反正李康已经是死罪了，你献一个罪人想自雪，朝廷自然不会放在眼里。就在严砺攻克梓州的第二天，朝廷下诏削夺刘辟的官爵。正月的讨伐诏书，朝廷还对刘辟留有转圜的空间，此刻"逆贼"刘辟再也没有余地了。

为了进一步保障伐蜀的军事供应，在新任东川节度使韦丹建议下，朝廷在四月授予高崇文东川节度使。刘辟也感受到了东边巨大的军事压力。面对高崇文的攻势，刘辟在成都城外一百五十里处的鹿头山上筑城鹿头关，连绵八个营寨，凭借险要地势，相互勾连。鹿头关扼守两川，是东川进入西川的重要军事关口。从东川退回的邢泚等三四万人集结在鹿头关附近。由于此时已经被朝廷定性为逆贼，刘辟只能拼死一搏，这也使得第二阶段的战役异常激烈。

六月双方第二轮交锋开始。六月初五，高崇文大破刘辟军队于两鹿头关下八栅。西川军又于关东置万胜堆。第二天高崇文派出高寓霞攻下鹿头关东的万胜堆。战事异常激烈，军士冒着箭矢雷石，攀援而上，敢死队冲锋在前。高崇文大军在鹿头关下连续打了八次激烈的战斗，八战八捷，挨个攻克了八个营寨。至此，高崇文大军占据了鹿头关四周的高地，官军居高临下，占据了地利优势。初八，高崇文军又在汉州德阳县击败刘辟军队，十一日

元和中兴：朝廷的短暂振作

又在汉州的汉州县击败叛军。与此同时，山南西道的将领严秦在绵州石碑谷击败刘辟万余人。七月十二日，高崇文又在梓州玄武破西川万余人。

尽管高崇文、严秦的军队在汉州、梓州等地多有胜绩，但朝廷讨伐军自六月初进军至鹿头关，取得了几场胜利后，并未有实质性的突破。刘辟军队仍然扼守关要，朝廷军队未能突破此关，并进入成都。宪宗准备进一步征调凤翔的军队前往支援。当时主管军队后勤的度支盐铁使李巽反对继续大量增兵，认为目前太原援兵，再加上高崇文等一万五千余人足以成事。七月，朝廷又下诏，前线诸军统一归高崇文指挥。

九月，战局的转机终于到来，由一个来自河东镇的年轻人打开了局面。河东镇的大将阿跌光颜（后被赐姓李）因延误军期，按照军法是要杀头的，阿跌光颜为了赎罪，表示愿意作为敢死队带头冲锋。河东军队在鹿头关西发起进攻，切断了敌人粮道。从五月到九月，官军接连重创西川叛军，此时又失去了粮食补给。在此窘迫之下，刘辟一方的绵江栅将李文悦率领三千人向高崇文投降，鹿头关守将仇良辅也带着两万兵马举关投降。至此，前往成都的主要障碍被清除。高崇文迅速带领官军长驱直入，直指成都。而当鹿头关主力被官军扫荡后，屯驻重兵的德阳等县也先后倒戈，刘辟已经走到了穷途末路。九月二十一日，高崇文攻克成

第二章 重构规则：西川浙西的动荡

都。刘辟率领着亲兵以及死党卢文若，准备带着财宝逃到吐蕃的地盘。高崇文派出高霞寓前去追击，在羊灌口生擒刘辟，卢文若跳江自杀。高崇文进入成都后，公开处决了刘辟的大将邢泚、馆驿巡官沈衍等人，其余一无连坐，西川军政一切按照韦皋时期的规则进行运作。刘辟被押送长安，公开处斩于市。至此，西川刘辟之乱被平定。

在关注军事行动的同时，还需要关注西川内部的动向。俗话说得好，凡事皆有内因和外因，西川一役结局的外因自然是官军的死命战斗，内因则是西川内部的冲突。如果看符载对刘辟的吹捧，韦皋的僚佐基本上是一致支持刘辟继承韦皋事业的。可问题是，吹捧的话能信吗？至少不能全信。刘辟毕竟不是韦皋，他无法完全继承韦皋的西川遗产。刘辟举兵进攻西川之时，西川的推官林蕴就力谏不要举兵。刘辟一怒之下将林蕴关起来，准备以死相逼，企图使其屈服。结果林蕴宁死不屈，搞得刘辟只能把他贬去唐昌县当个县尉。比较搞笑的是，刘辟在看到林蕴不怕死以后，还装模作样地说："这真是忠烈之士啊！"要说出征之前，最忌人心动摇，林蕴搞这么一出，让刘辟怎能安心。不过，如果因此斩杀林蕴又容易引起西川内部的人心动摇。

对于刘辟阻兵抗命，兼并东川的野心，林蕴还只是劝谏，西川镇的另一个僚佐崔从就是公开武力抗拒了。崔从在韦皋时期从

元和中兴：朝廷的短暂振作

西山运粮使做到权知（相当于代理）邛州刺史。听闻刘辟的计划后，崔从还比较客气地给刘辟写信，结果刘辟一怒之下出兵进攻邛州。崔从据城自守，刘辟军队始终未能攻下邛州。崔从跟林蕴不同，他所控住的邛州是控遏剑南西部的要地。崔从凭借邛州与刘辟对峙，不仅迫使成都分出兵力与之对立，更重要的是邛州阻断了西部的雅、黎、嶲州等州向北增援成都的路线。西川南部，即广大的邛南地区分布着大量统属不一的非汉族群体，西川节度使难以直接有效地进行控制，更多采取羁縻招抚的方式进行管理。西川西部的西山一带是防御吐蕃的重要前线，屯驻了相当的兵力，代宗时期的节度使崔宁就是从西山发家最后在军阀混战中赢得胜利。邛州的据守对刘辟来说影响不可谓不大，高崇文清除了成都西北的剑州、汉州一带，刘辟所能直接控制的战略要地也就只有茂州和彭州了。

西川内部的这一分化，为高崇文军队短期内平定刘辟提供了可能。高崇文收降的鹿头关守军有不少来自彭州，收复鹿头关的高霞寓因功拜彭州刺史，也可看出鹿头关守军与彭州的联系。所以在鹿头关的主力投降后，高崇文基本上没有受到什么阻拦就顺利进入成都，刘辟未有什么抵抗就迅速跑路了。

西川能够顺利平定也离不开宪宗君臣上下一心。宰相杜黄裳在推荐高崇文时，整个朝野都是一片诧异之声。高崇文虽说也是

第二章 重构规则：西川浙西的动荡

军中老将，而且在西北边境驻守了将近二十年，但功劳和名望在他之上的宿将还有很多，再怎么轮也轮不到他。当时统帅的热门人选是驻守普润的陇右经略军使刘澭，但在朝廷看来刘澭不一定可靠。刘澭是当时的幽州节度使刘济的弟弟，在兄弟二人争夺权力的斗争中失败才不得已投靠朝廷。刘澭在普润期间，练兵屯粮，倒也算是有功劳。可问题是，刘澭手下的僚佐经常侵犯周边县级官吏，甚至直接杖杀县令，这在朝廷看来是不能接受的。高崇文不一样，虽然名不见经传，但人家属于神策禁军系统，而且对朝廷也很恭顺，属于自己人。从后续的西川之役及战后妥善安抚韦皋旧部来说，高崇文坚决贯彻了朝廷的政策。在战役推进的过程中，杜黄裳制定了正确的战略，指挥高崇文作战，从中央发出的命令基本上没有失误。为了激起高崇文的斗志，杜黄裳还拿出刘澭，告诫高崇文："如果不奋命杀敌，就以刘澭来取代你的职位。"

作为最高统帅的宪宗也毫不含糊，面对伐蜀的反对和质疑之声，宪宗坚定主战的意愿，不仅在精神上，更是在物质上有力支持了前线战事。度支在这次战役中预支了一百四十万军费，可实际上宪宗还从皇帝的私库——内库中拿出了大量的财物用于赏赐前线将士。按照规定，军费一般是由度支所管理的国库支出，内库是用于皇帝的私人用度。宪宗拿出自己的私房钱当作军费，极

元和中兴：朝廷的短暂振作

大地缓解了主管财政的李巽的工作压力。这跟只想着搞钱，姑息藩镇的德宗完全不同。皇帝不爱钱，还如此大方地拿出自己的钱支持削藩事业，刘辟怎么能不失败呢？

元和新朝的削藩第一战以朝廷完胜而结束。风向开始变了，但总有人嗅不到这种变化。浙西的李锜仍幻想着朝廷还会像德宗时期那样姑息藩镇，最终落得身败名裂的下场。

元和元年（806），宪宗连续平定夏绥杨惠琳、西川刘辟的叛乱，整个帝国的政治氛围就发生了变化。在刘辟叛乱发酵之前，李锜似乎也闻到了一丝不一样的气息。王叔文在专权时期，为了把财权握在手中，用来笼络政治势力，罢免了李锜的盐铁使。当然，为了安慰失去利权的李锜，王叔文又把浙西从观察使级别上升到节度使。观察使强调的是治民方面的职责，而节度使更侧重于军事方面的权力。浙西从观察使升到节度使，意味着有了进一步扩充军事力量的空间。这对于已经捞了大笔钱的李锜来说，可是大好机会啊。所以，李锜对于失去盐铁使也没什么意见。

不过，宪宗即位后，他又反悔了。按照之前升官发财的套路，李锜贿赂朝中的权贵，请朝廷按照韩滉时期的旧规则，让浙西节度使兼领盐铁转运使。如果浙西待不下去了，就希望朝廷把他调往宣歙担任观察使，因为此时宣歙之位空缺，宣歙观察使崔衍恰好去世，继任的常州刺史穆赞也没过多久去世了。再加上宣

第二章　重构规则：西川浙西的动荡

歙是有名的富庶之地，还地处军事要地，且驻有采石军。李锜做出这番操作，时间大概在永贞元年（805）末，当时朝廷跟刘辟之间的矛盾已经激化，就差公开火并了。李锜肯定是嗅到了这么一丝气息。可是，李锜的请求被朝廷果断拒绝了。当时还是中书舍人的李吉甫就指出："贞元时期韦皋积蓄了大量财物，刘辟才得以作乱。李锜这个人本来就有不臣的表现，如果把盐铁利权、采石要地交给他，那是刺激他造反啊。"

李锜有不臣之心，不仅是朝中的李吉甫觉察到了，江淮地区的不少官员甚至是李锜的浙西僚佐也对他的种种行径有所不满。永贞元年（805）十二月，刑部郎中杜兼被任命为苏州刺史，在辞行前向皇帝上奏说："李锜要造反，而且肯定会把我灭族。"杜兼之所以会有如此判断，是因为他在五年前担任濠州刺史，当时李锜已经是浙西军政长官，杜兼对邻镇的所作所为可谓非常清楚。浙西的盐铁判官卢坦看到李锜的不法行为，也忍不下去了，一开始还多次言辞恳切地劝说，但李锜就是个装睡的人，再怎么劝也是白费。要说卢坦也算是李锜的老部下了，在其手下勤勤恳恳工作了七年，一直得不到升官，眼看着李锜做的坏事越来越多，卢坦也预料到了后面的结局。为了避免受到连累，卢坦与裴度、李约、李棱等一同离开了李锜。要知道，卢坦、裴度在元和一朝的政治中发挥了重要作用，唐宪宗元和中兴的局面少不了他们的功劳。可见，李锜手下并不是缺少人才，失道者寡助，人一旦一条道走到黑，最后只能走进死胡同。

刘辟、杨惠琳被平定后，李锜心里更加感到不安了，为表忠心，主动请求入朝。皇帝对此表示很高兴，特意派出宦官到京口去慰抚，还对浙西将士也慰问了一番，赏赐了一些东西。李锜任命判官王澹为留后，但李锜入朝之心估计也不那么坚定，屡屡迁延，就是死赖着不入朝。王澹当然愿意李锜赶紧走，运气好的话他就可能是节度使了，所以就帮着朝廷派来的宦官使劲劝李锜赶紧入朝。被催烦了的李锜干脆直接上表称病，表示年末再入朝。宰相武元衡就告诉宪宗："如果放任李锜这小子想留就留，想入朝就入朝，这决定权都在李锜这边了，那把朝廷放在哪里？以后还有谁听朝廷号令！"两个字：不行！十月，宪宗下诏征李锜为左仆射，以御史大夫李元素为镇海军节度使。

李锜见装病不行，又不肯入朝，那就只能抗命谋反了。反正这剧本德宗朝上演惯了。李锜先是杀了留后王澹，因为王澹站到了朝廷一边。而后上表称军中发生变乱，杀了留后和大将。下一步就是进一步清除浙西属州的异己势力，从而全面控制浙西。朝廷为了保证浙西能够源源不断地向中央供应财赋，不断地削夺地方节度使的军事权力。其中一个重要表现就是节度使下属各州都拥有一定的自主权，尤其是州刺史与镇将相互独立。所以在叛乱

第二章　重构规则：西川浙西的动荡

之前，李锜就已经派遣了五个心腹担任常州、湖州、杭州、睦州及杭州的州镇将，手握有重兵。同时对于不为自己所用的支州刺史，李锜也想办法把他搞掉。比如元和元年（806）的睦州刺史李幼清就被诬陷而遭到贬斥。杭州刺史韩皋也跟李锜不相和谐，后来被召入京城担任尚书右丞。

李锜反叛后，下令五州镇将杀掉各州刺史，不过反倒是几个刺史先下手了。常州刺史颜防听从门客李云计谋，向其余四州假传皇帝檄文，起兵讨伐李锜，将李锜派到常州的镇将李深杀了。湖州刺史辛秘依样画葫芦，杀了镇将赵惟忠。只有苏州刺史李素反应比较慢，被镇将姚志安擒获，本来准备送到李锜那边献功的，可是还没送到，李锜就完蛋了。但浙西的属州刺史就任时间均不早于永贞元年（805），也就是说这些刺史上任时间大概只有一或两年，苏州刺史李素上任距离李锜叛乱更是只有十二天，估计连当地的情况都还不完全了解。常州刺史颜防抗击李锜还有另一种说法：他驱赶常州城内百姓去抵抗，结果一战而溃。这几个支州中大概只有湖州进行了有效抵抗，刺史辛秘临时招募了一批军士，再加上他计略得当，算是保住了湖州。但这批临时招募的军士，跟李锜一方身经百战的职业兵相比，还是处于劣势。若支州有一定的军事力量，也不至于临时招募。

真正给李锜迎头一击的，反而出自叛军内部，因为李锜手下

元和中兴：朝廷的短暂振作

的大将不想跟他造反了。李锜派遣兵马使张子良、李奉仙、田少卿等人领兵攻取富庶的宣、池等州。张子良等人所率领的是浙西的牙军。所谓"牙"，又可称"衙"，指节度使办公场所，牙军就是保卫节度使的亲军，一般来说与节度使的关系最为亲近，所以张子良有"四院随身兵马使"的职名。可在浙西，牙兵再亲，也不如"干儿子"亲，作为私兵的"挽硬随身""蕃落健儿"与李锜关系更加密切，他们才是随身保卫李锜的核心力量。之所以如此，这跟张子良的背景有关。张子良原来是徐州兵马使，在贞元十六年（800）徐州军乱中带着两万部众投靠浙西，成为浙西兵马使。一般来说，像这种藩镇军队的迁移，如果没有朝廷的许可，那就是叛乱行为。因此张子良进入浙西，被授予兵马使，肯定是得到了朝廷认可。作为南下的一支劲旅，张子良在浙西镇的地位非同一般。这种人在李锜看来，肯定是既爱又恨的对象。李锜招揽了一群"干儿子"作为私兵，这还不是对张子良的牙军不信任吗？从事后这群"干儿子"的表现看，李子良牙军的战斗力无疑是浙西军队中的主力，所以李锜才会把他们派出去攻略宣歙。

李锜这么操作，张子良等人会对李锜死心塌地才怪呢。再加上卢坦、裴度等人早就不看好李锜的前景，张子良等人也更不用说。所以张子良、李奉仙、田少卿三将与李锜的外甥裴行立觉得

第二章 重构规则：西川浙西的动荡

跟李锜造反没前途，还是投靠朝廷有门路。于是倒戈攻向润州，除了李锜的"干儿子"们以外，基本上没遇到什么抵抗。"挽硬随身""蕃落健儿"没能保卫干爹，被张子良打得落花流水，投井自杀者不可胜数。张子良等一举擒拿李锜，后来被押到长安当众斩首。

朝廷在李锜公开叛乱后，元和二年（807）十月，任命淮南节度使王锷统领诸道兵马，征调了宣武、义宁、武昌、淮南、宣歙等道士兵前去平叛。征讨大军都没怎么跟李锜叛军打上一仗，叛乱就平定了。

至此，元和初期两次重要的、但规模有限的削藩战争以朝廷的全面胜利而告终。如果这两次叛乱前，韦丹、杜黄裳等人的主张还只是停留在理论上，那么经过这两次战役后，新的政治秩序在政治实践中初步树立起来了。

四、政治新秩序的初步构建

什么是政治新秩序？陆扬对此描述道："评判一个藩镇效忠朝廷与否的标准不再像贞元时期那样模糊，不再是以在节度使权力交接之时，地方上自己产生的继承人是否曾有功于朝廷，或是否表面恭顺，或是否有利于地方局势之稳定等等为标准，而是以能否无条件地接受朝廷所直接指定的人选为标准。"按照杜黄裳的说法，就是要以法度整肃诸侯。以前地方的节度使都不按照朝廷的法令办事，甚至以武力相威胁以抗拒朝廷的法令。朝廷又不想把事情搞大，否则局面不好收拾，于是妥协退让，你好我好大家好。但经过西川、浙西以及夏绥这三次连续的伐叛战争，局势变了。如若不听命，那就打到你听话，打到你身败名裂为止。宪宗君臣通过铁血手段向天下传达出这么一种信号：一个不同于贞元时期，立志于重振朝纲的时代要来了。藩镇都感受到了一种不一样的气息，以前朝廷求着你们入朝，现在都怕之前干的那些不法事被朝廷盯上，于是都纷纷向新皇表忠心，纷纷请求入朝。

在这些节度使中，山南东道的于𬱖是最为典型的一个。他在德宗贞元年间，可以说是不亚于河朔藩镇的跋扈角色，如果要跟刘辟、李锜相比的话，除了没有公开造反，其行为跟这两位有过之而无不及。

山南东道在梁崇义后，被朝廷控制，后面几任节度使后都还对朝廷恭顺。可是到了贞元十四年（798）于𬱖成为节度使后，又一个"吴少诚"来了。于𬱖本人的能力还是很强的，在湖州、苏州刺史任上兴修水利，抚恤百姓，颇有政绩。当然有本事的人往往脾气也越大。于𬱖行事强横霸道，在湖州任上就因为私人恩怨，不经正常司法流程，强行杖打湖州已离职的官员。这事被浙

第二章　重构规则：西川浙西的动荡

西观察使王纬向上汇报朝廷，德宗却没作任何处置。于頔本人一路官运亨通，还得意地给老上司王纬写信说道："承蒙你恶意举报，我已经改了三次官，一路高歌。"这嘚瑟劲儿，皇帝和稀泥，于頔不越发蛮横才怪。

于頔到山南后，正值吴少诚抄略临近州县，于是山南东道开始增强军事力量。手里有兵就有底气，再加上皇帝还这么姑息，于頔的野心就这么被激发出来了。山南东道的襄州漆器闻名天下，被各地效仿，于頔本人不遵朝廷法度，因此当时把桀骜不法的藩镇节度使称为"襄样节度"。全国人民都知道于頔的脾气了。那么，于頔干了哪些事呢？

他向皇帝要求把襄州升为大都督府。为什么呢？因为淄青和魏博是大都督府，我山南东道总不能比这两个河朔藩镇低吧。这还算好，更恶劣的是在朝廷眼皮底下抢人。于頔看着邓州刺史元洪不爽，就刻意弄了个罪名告到朝廷那儿去了，朝廷也不好打回去，就把元洪流放到端州，为了保护他，还特意派了宦官去护送。于頔直接带兵在宦官眼皮底下把元洪给劫了。又比如，于頔把判官薛正伦奏贬为陕州长史，可突然觉得后悔了，又把他官复原职。这简直是跟朝廷闹着玩呢！如此之事不胜枚举。

当然，有一说一，于頔虽然蛮横，但本事不小，压制隔壁淮西也多有功劳，史书记载淮西还是比较忌惮他的。这恐怕也是德

元和中兴：朝廷的短暂振作

宗不敢随意动他的原因之一吧。

如今这种"襄样节度"已经变成了朝廷重点打击的对象，于頔能不感到压力吗？不过，政治的奥妙在于宽柔并济、软硬兼施，如果把天下所有节度使都按照刘辟、李锜的标准来武力打压，这些节度使就会联合起来跟朝廷对着干，德宗时期的"奉天之难"不就是事情做得太急的结果吗？所以说，既然威已经立了，剩下的只要能明白朝廷想要干什么，乖乖听话，那就施点恩惠吧。于頔是典型，对付典型那自然也要有特殊的恩惠才行。

第一重恩惠：加官晋爵。早在永贞元年（805）十二月，宪宗就给于頔加了"平章事"的宰相头衔，虽然这种使相头衔一般对朝政不会产生太大影响，但对于藩镇来说则是一种彰显地位、优宠重臣的象征。两年后的元和二年（807）八月，又封他为燕国公。一般新皇登基，会对各地节度使进行加官，顺宗登基的时候也有这种操作。永贞元年十二月的使相还只是新朝登基，普遍加官晋爵。元和二年的这次加爵就匪夷所思了。因为当时夏绥、西川已经被平定，宪宗也没必要再讨好藩镇。浙西李锜也还没造反，襄州距离浙西也有相当距离。那么，宪宗的这份操作只能理解为额外加恩的特殊考虑了。

第二重恩泽：结儿女亲家。这个提议倒不是朝廷提出的，而是于頔主动提出。不过，他这时的心态倒是跟河朔藩镇的联姻不

第二章 重构规则：西川浙西的动荡

同。此时宪宗已经威杀四方，于頔提出联姻估计是想拉近与皇家的关系，为自己赢得一个好的结局，毕竟皇亲国戚这层身份还是很有市场的。宪宗也不啰唆，果断答应把嫡长女普宁公主嫁给于頔的第四子于季友。翰林学士李绛表示反对，理由是于頔出身于虏族，配不上帝王之家。于頔是北周八柱国之一于谨的后代，家族本姓万忸于氏，属于汉化后的鲜卑族。李绛这理由表面看还蛮有点样子，可李唐皇族也有鲜卑族血统，如李世民祖母独孤氏、母亲窦氏、妻子长孙氏都是汉化后的北魏鲜卑族，祖上其实跟于頔一家都有虏族血统。即便这个理由仔细深究站不住脚，但终究也算是一个反对理由吧。

宪宗不傻，怎么会不知道李绛的小算盘。可他的高明之处在于通过结亲给于頔下了一个套，变相迫使这位"襄样节度"乖乖入朝。宪宗一方面加官晋爵，一方面结成儿女亲家，恩宠礼遇的面子工作算是做到极致了。皇帝都给了这么高的礼遇，如果不入朝谢恩，商量下儿女婚事，这就过意不去了吧。于是，在"恩宠礼遇"的道德绑架下，于頔只能乖乖入朝。离开藩镇的节度使就蹦跶不起来了，兵不在你手上，入了长安那就是皇帝说了算。元和四年（809）九月，于頔入朝后即被授予守司空、同平章事，同一天任命右仆射裴均为山南东道节度使。至此，山南东道按照元和政治新秩序完成了节度使的更替。

元和中兴：朝廷的短暂振作

相较于刘辟、李锜，于頔的结局不算太差，但由于劣迹斑斑的前科，他在朝廷中的日子并不好过。入朝后他虽然也是宰相，但权力基本上被架空，宪宗对于这个"亲家"也是爱理不理。于頔死后，礼官在给他定谥号时，还因为他在山南东道上的不法行为，给他定了一个"厉"的谥号。"厉"是一个充满贬义的恶谥，杀戮无辜曰厉，这倒是挺符合他曾经干的那些事的。

于頔的入朝只是元和初期藩镇局势变动的一个缩影。元和二年（807），李吉甫继杜黄裳为宰相后，又对藩镇进行了大规模的调动。德宗时期，节度使长期任职于藩镇，直到死于任上。长期任职在一地，很容易在地方形成稳固的势力和影响力，这对朝廷控制地方是不利的。因此，在中央集权制度下，地方官员要由中央任命，并有一定的任期，从而保证中央对地方的领导。藩镇体制下亦是如此。李吉甫一生共两次入相，第一次是在元和二年（807）正月到三年九月，在位一年九个月。在这二十多个月的时间里，李吉甫主持了大规模的人事易动，并对节度使进行了考核。

这次改革在长安附近的边防地区拉开序幕。元和二年（807）四月，金吾卫大将军范希朝取代李栾为朔方灵盐节度。以前的西北边境节度使绝大多数都是由本镇的将领担任，这时开始要改革这种弊端了。这一年六月，趁着凤翔节度使张敬则去世之机，京

第二章　重构规则：西川浙西的动荡

兆尹李廓为凤翔节度使。之前的凤翔节度使多由武将担任，而李廓是进士出身，属于典型的文官。也是在这一年十月，伐蜀的英雄高崇文从西川回到西北边陲，成为邠宁节度使，原来的节度使高固则被征召入朝任右羽林统军。要知道，邠宁在德宗时期是西北地区藩镇中最为动荡的一个，几乎每一次节度使的交替都要发生军乱，而朝廷也都是顺从本镇将士意愿，任命他们推举的中意人选为节度使。元和三年（808），泾原、鄜坊、振武等西北边镇都由朝廷派出的官员替代原来由本镇推举的节度使。

之后，南方及中原地区的部分藩镇也进行了同样的人事变动。此处人事变动涉及三十六个藩镇，当时全国有大概四十八个藩镇，涉及了全国的四分之三，规模不可谓不大。李吉甫主导的这次大规模人事变动，延续了杜黄裳要变革德宗不生除节度使惯例的目标，同时重申了朝廷对地方节度使任命的主导权。元和三年（808），白居易就对此描述道，在刘辟等所谓"三凶"被依法处决后，皇帝陛下威加四海。那些手握雄兵的地方节度使，都奔走于途，生怕在接受朝廷征召命令后反应不及时而受到追责，积极主动地遵守朝廷的命令。

不过，在河朔及部分中原地区的藩镇（幽州、成德、魏博、易定、淮西、淄青、横海及宣武、泽潞、陈许），新的政治规则还是密不透风。要说没有影响，倒也不是，只是这部分藩镇军事

元和中兴：朝廷的短暂振作

力量最为强硬，是最难啃的骨头。相比于这些藩镇，西川、浙西、夏绥简直就只能算是软柿子。软柿子好捏，硬骨头难啃。德宗早年的失败在于一上来就啃硬骨头，结果硌了自己的牙齿不说，还差点被泾原的软柿子捏死。西川、夏绥、浙西三镇之所以能够在短期内被迅速平定，也在于三镇的军事力量相较于中原和河朔藩镇来说较弱，再加上举措得当，最后获得了胜利。

尽管元和初期的政治秩序并没有涉及河朔割据的根本问题，即父死子继的河朔故事，但已经规范了全国将近三分之二藩镇的政治行为准则。概括来说，最核心的准则就是朝廷命帅，当然，除了西北地区的藩镇外，也基本上实现了文官担任节度使。这部分藩镇虽然在军事上并不占特别大的优势，但在财政经济方面对朝廷有着重要贡献。因此，从战略上来说，元和初期的政治变化为宪宗后期对河朔藩镇用兵奠定了良好的基础。

周边已经拿下，下一步，改变河朔！

第三章

盘根错节：两河藩镇的盘算

元和初期的西川、浙西事件后，德宗贞元以来的姑息气象一扫而空，经过元和君臣的初步努力，朝廷法度再度重新树立起来。朝廷通过武力手段再辅之以政治招抚，成功地深化了对南方藩镇的控制，新的政治秩序在全国多数藩镇推广。不过，宪宗君臣所确立的新规则并未对河朔藩镇产生影响，父死子继的传统仍然岿然不动。因此，在解决西川、浙西后，元和君臣就把目标锁定在了剩下几个未施行朝廷法度的藩镇。不过，振兴朝纲的大业并不像元和初期那样顺利，朝廷在针对藩镇的行动中遭到了河南、河北藩镇的顽强抵制。这些藩镇盘根错节，既有各自的

元和中兴：朝廷的短暂振作

盘算，又有着共同的利益。元和五年（810），双方第一轮较量开始，这次的主要对手是成德王承宗。

一、德棣二州归属与河朔的顽抗

元和四年（809）三月，成德节度使王士真去世，副大使也就是王士真的儿子王承宗自为留后。何谓"副大使"？就是河朔藩镇的"太子"，是给继承人设置的职位，一般以嫡长子作为副大使，从而保证节度使职位能够实现父死子继。按照规定，前任节度使死后，留后及继任节度使是需要朝廷任命的。王承宗未经朝廷许可，就擅自称留后，主掌成德军务，的确不合规，但河朔藩镇不讲规矩的时候太多，这也就不算啥了。但是，王承宗的叔父王士则担心王承宗迟早要给家族带来灭顶之灾，于是一溜烟跑到长安去向朝廷表忠心，朝廷也给了他一个神策大将军的官职。

王士真一死，按照河朔的剧本就是朝廷对王士真的逝世表示沉痛哀悼，追赠完后就任命王承宗为继任节度使。如此，朝廷也好，河朔藩镇也乐意。可宪宗的中兴大业不允许这种世袭的弊端再延续下去。这位皇帝想到的方法是由朝廷任命外来的节度使，如果王承宗不听话，就按照西川的规矩——打！

可是这次大臣们不同意了。宰相裴垍给出的理由是，元和元

第三章 盘根错节：两河藩镇的盘算

年（806）淄青李师古死后，朝廷还是任命了其弟李师道为节度使，两人的父亲李纳在德宗时期跋扈难制。相比于淄青，王承宗的祖父王武俊倒是帮着朝廷消灭了李惟岳并向朝廷投诚，又与官军合作平定叛军，王士真对朝廷也态度恭顺，他们一家是有功于朝廷的。李师道袭位是元和新朝许可的，连李纳父子这样跋扈的藩镇都可以袭位，没有理由不让王承宗袭位。翰林学士李绛也认为，王武俊父子统治成德已经四十余年，成德人都习惯了王氏的领导。再加上，王承宗已经控制了成德的军政，未必能乖乖听话。最为重要的是，河朔藩镇在父死子继上有着共同利益，他们不会眼睁睁地看着朝廷在成德换掉王承宗，必然暗中连成同盟。王承宗不听话，那就只能打。但战端一开，将帅任命，军费筹措，胜负难料。简单来说，就是一句话，朝廷没有必胜的把握。

裴垍和李绛明知道宪宗是想把王承宗给换掉的，但还是耿直进言，说出不同意见。他们倒也不是想学德宗躺平，只是自代宗以来，朝廷打河朔藩镇，就没有打赢过。万一再打起来，德宗建中年间的局面再次重演，那还了得。

宰相不同意，那皇帝身边的太监可就着急了。左神策军中尉吐突承璀看着皇帝想解决成德，而宰相裴垍又不同意，就提出自己带兵讨伐成德。这里需要说一下，神策军是唐代后期中央最强的一支禁军，分左右两军，由宦官统领，神策军中尉就是神策军的统帅。吐突承璀暗中叫宗正少卿李拭上奏，支援下吐突承璀领兵的舆论，结果被皇帝劈头盖脸一顿痛骂。

骂归骂，宪宗心里还是放不下成德问题，经过苦思冥想，终于想出了一个办法。不过，为了防止再次被大臣怼回去，宪宗在最小范围内与翰林学士沟通。具体方法就是：朝廷承认王承宗对成德的统治，但代价就是王承宗同意朝廷把德、棣二州析出，另立一镇，同时王承宗向朝廷缴纳两税、让朝廷任命成德官吏。这个方法虽说没解决父死子继问题，但分化了成德的实力。李绛还是比较赞同这个方案的。

朝廷这边拿不定主意，王承宗那边也急。朝廷迟迟不下达任命诏书，王承宗的合法性就有问题，万一手下的将士发动兵变，夺取王氏的江山也不是不可能，毕竟他们王家就是这么上位的。朝廷和王承宗双方在这个时期找到了默契点，暗中开始传递消息。

王士真死后五个月，即元和四年（809）八月，朝廷派出的宣慰使者裴武来到成德，王承宗主动向朝廷表示要献上德、棣二州。九月，裴武回到长安复命，皇帝正式下诏，以王承宗为成德节度使，统领恒、冀、深、赵四州，德州刺史薛昌朝为保信军节度使，统领德、棣二州。薛昌朝是王家的女婿，与成德有姻亲关系，且原为成德将领，照理应该是王承宗能够接受的人选。

第三章　盘根错节：两河藩镇的盘算

可是，魏博节度使田季安开始使坏了。在朝廷的任命正式下来之前，他就已经获悉德、棣二州要分出的消息，于是派出使者跟王承宗说："你知道薛昌朝为什么能够成为节度使吗？因为他背着你跟朝廷联络，你被耍了。"王承宗听闻此言，赶紧派出数百骑兵飞奔到德州，把薛昌朝抓了起来。为了给王承宗争取时间，田季安假意犒劳，"热情"地把朝廷使者留在魏州数日，等使者到达德州宣布任命的时候，薛昌朝已经被抓到王承宗的牢里了。朝廷还想最后努力一下，派出使者，给王承宗下诏，释放薛昌朝，让他去德州赴任。王承宗不奉诏。

事已至此，唯有公开征讨了。元和四年（809）十月，朝廷下诏，削夺王承宗的官爵，以左神策中尉吐突承璀为行营兵马使、招讨处置使等。没错，就是那个提出要自己带兵讨伐成德的宦官。吐突承璀能够担负如此使命，唯一的原因是，他是皇帝意志的执行人。吐突承璀从小就在东宫侍奉宪宗，也因此受到宪宗的宠信。宪宗即位后不久，就让名望和地位都不怎么显著的吐突承璀担任左神策军中尉，就因为他是宪宗自己人。

但面对皇帝的"任性"，大臣们就坐不住了。宰相裴垍、度支使李元素、盐铁使李鄘、京兆尹许孟容、御史中丞李夷简、谏议大夫孟简、给事中吕元膺、穆质等一大批官员表示反对。理由是，朝廷的这个任命不仅让河朔藩镇笑话，而且各镇参与平叛的

元和中兴：朝廷的短暂振作

将士也不会愿意听一个太监指挥。面对铺天盖地的反对、进谏，宪宗没办法，只能把吐突承璀的头衔改为宣慰使。招讨处置使属于带兵的统帅，而宣慰使则是朝廷派出宣慰地方的职务，宣慰是宦官常干的活儿，他们经常代表皇帝活动于各个藩镇之间。当然，头衔虽变了，但吐突承璀带兵的性质还是没变，因为此次派出的核心主力是吐突承璀的神策军。

听闻朝廷要出兵打成德，河朔各镇也紧张起来。田季安第一反应就是，聚集手下将士，故作紧张地说："朝廷军队不跨过黄河已经二十五年了，现在要来征讨成德，如果成德兵败，我们魏博也危险了，你们说怎么办？"此时有个将领最先跳出来说："大人，您给我五千骑，我替您除去烦恼。"田季安按照剧本说着台词："壮士啊！我们决定了，派兵支援成德，有反对阻挠者斩！"

当时，幽州牙将谭忠正好在魏州出差，见此情形，就向田季安陈述局势，大意如下：现今朝廷让宦官领兵而非正常的将领，派出的还是关中的神策禁军。宦官是天子的执行人，神策军是天子亲军，这明摆着是天子的意志，想要制服臣下之心。皇帝态度坚决，要讨伐成德，魏博还冲上去跟朝廷对着干，这不是公开造反吗？现在的办法，魏博既不能出卖河朔友军，又不能公开成为朝廷的罪人。魏博可以表面上响应朝廷讨伐成德，私底下跟成德约定，让魏博假意攻下一城，然后再上奏天子。同时也跟成德约

第三章 盘根错节：两河藩镇的盘算

定，魏博军队不会趁火打劫，彼此互不侵犯。如此把戏演足，魏博两边讨好。

相比于魏博，幽州刘济的心情就比较复杂了。幽州与成德自朱滔以来就摩擦不断，当初王武俊帮着朝廷打幽州，此后两镇多次发生冲突。朝廷要打成德，幽州得出兵啊。可是，看到成德在靠近幽州边境上没有设置防御，朝廷便怀疑两镇勾结了。于是下诏叫幽州守护好疆界，不用出兵了。但是，幽州不出兵，则又背上了卖恩给成德的嫌疑，这等于是把幽州放到火上烤，又是对朝廷的不忠。所以，对于幽州来说，也面临着上下两难的地步。谭忠回到幽州后，极力说服刘济出兵成德。当然，出兵也就是表明下态度，意思意思就行了。

在这场朝廷与河朔藩镇的博弈中，泽潞节度使卢从史有着重要的作用。在一定程度上来说，此次战事就是卢从史忽悠皇帝引起的。卢从史本来是泽潞兵马使，贞元二十年（804），节度使李长荣死于任上，德宗按照老规矩，派出宦官听取泽潞将士的意见，任命他们中意的继任者。本来大家推举大将来希皓当节度使，可是来希皓不想干，于是卢从史就自告奋勇说："我就勉为其难来当吧。"当然，卢从史肯定不是"勉为其难"，毕竟给泽潞监军送了不少好处，监军在朝廷使者面前也说了不少好话。

泽潞一镇跨越太行山，靠近河朔藩镇，是防御河朔藩镇的前

元和中兴：朝廷的短暂振作

沿，尤其是太行山以东的平原地区，经济发达，泽潞的军事供应多来于此。卢从史在元和初期有所谓的"山东就食"之举，即把军队开到东部地区，名为方便军队供应，实则是对河朔藩镇的试探。当然，卢从史此人并没有什么节操，他唯一的节操估计是在朝廷和河朔藩镇间获取最大的利益。他一方面花大价钱结交朝中的宦官吐突承璀，看准了皇帝想要用兵河朔的企图，将军队逗留于东部地区，做出进攻的姿态，另一方面又与王承宗往来。卢从史的目的在于通过出兵山东的举动，向立志重整河朔秩序的宪宗表达忠心，因此加官晋爵。卢本人是德宗姑息之政的产物，在西川事件后，他已经成为朝廷整顿的对象。在这样的政治环境下，不来点手段，怎么能维持目前手上的权力。当然，朝廷中的李绛等大臣对于卢从史激化矛盾的行为颇有不满。宪宗虽说对卢从史出兵太行山以东的行为有所赞同，但后来卢从史长期停留山东，又沟通河朔藩镇，也让宪宗产生了不满。这也为后来卢从史的结局埋下了伏笔。

元和五年（810），战事正式展开。正月，幽州刘济亲自带兵七万人，率先攻下成德的饶阳、束鹿。同月，河东、河中、振武、义武四镇军队从恒州北面进讨，于定州集结。正月二十六，河东大将王荣攻克洄湟镇。但官军后续的进展非常不顺。吐突承璀到达前线后，大臣们担心的事情还是发生了。吐突承璀的军令

第三章 盘根错节：两河藩镇的盘算

无法有效发挥作用，带兵的是个宦官，各镇的军队都有情绪。藩镇军队用不了，那就用自己直属的神策军吧。很可惜，神策军的战斗力在成德军队面前也不行了，屡战屡败。当初平定西川的猛将郦定进战死，大大打击了军队的士气。成德军队毕竟不是西川那样的软柿子。

战局已开，却一直没能取得实质性战果，朝中的不少大臣本身就对用兵成德有所顾虑，于是在此局势下，纷纷向皇帝进言，请求罢兵停战。白居易就指出，当时魏博、幽州二镇虽然参与了平叛，但都是做做样子，攻下一县后就停滞不前，朝廷却需要不停地资助他们军费，反而养肥了这两个藩镇。更为重要的是，元和四年（809）淮西的吴少诚死了，他的同姓"兄弟"吴少阳继承了淮西军政大权，朝廷为了集中力量讨伐成德，正式承认了吴少阳的地位。既然吴少阳能够继位，王承宗同样也就有了正当理由。再加上当时天气炎热，平叛的神策军水土不服，恐怕难以作战。

面对当下的尴尬局面，宪宗也发现自己的决策失误，现下只有收兵和解才不至于让局势进一步恶化。不过，王承宗可以赦免，但卢从史要好好算账。卢从史一开始积极迎合皇帝讨伐成德的盘算，可是真打起仗来却逗留不进，白白拿朝廷的军费，乘机大捞了一笔，还暗示朝廷给他使相头衔，诬告其他藩镇与王承宗勾结，实际上勾结王承宗的正是卢从史。凡此种种，早就引起了皇帝与朝中大臣的愤怒。既然王承宗干不掉，那就先把卢从史这个反复小人拿掉吧。毕竟泽潞的位置太重要了，必须掌握在朝廷信得过的人手里。

抓捕卢从史的任务就落到了吐突承璀身上。吐突承璀虽然收受了卢从史的贿赂，替他说了不少好话，但毕竟自己的真正主人是宪宗皇帝。在大是大非面前，吐突承璀的站位非常坚定——坚决执行皇帝的旨意。靠着与卢从史的"亲密"关系，吐突承璀把卢从史诱骗到帐中，事先埋伏的壮士一拥而出，成功把卢从史抓起来绑了。当然，这种突击行动，如果没有泽潞重量人物的支持，也不一定能成功。泽潞的都知兵马使乌重胤被君臣大义感动，坚决支持朝廷的行动，在逮捕行动中稳定了泽潞军队，做出了巨大贡献。

卢从史被捕后，先被贬为骥州司马，不久又流放康州，最后被赐死于康州。不过这种在未明确公开定罪的前提下，使用计谋暗中捉拿大臣的行为，多少有失朝廷的体面。但不管怎么说，泽潞总算是被朝廷掌握了。

剩下就是论功行赏了。吐突承璀屡战屡败，尽管有擒拿卢从史的举动，但显然没法让白居易等大臣闭嘴。面对吐突承璀的处罚，朝中谏官们的唾沫都要把宪宗淹死了。裴垍、李绛主张贬

第三章 盘根错节：两河藩镇的盘算

黜，谏官更是要诛杀吐突承璀以谢天下。宪宗自然舍不得把吐突承璀给杀了，但也得安抚大臣们的怒火，不得已贬黜吐突承璀为军器使，尽管军器使不影响吐突承璀在皇帝面前的恩宠。

另一个更重要的问题摆在面前，就是泽潞节度使的人选。乌重胤是忠于朝廷的，且在泽潞军中有着重要影响力，对于朝廷来说是稳妥的节度使人选。宪宗也有意让乌重胤掌管泽潞。可是李绛看到了这个任命的问题所在："乌重胤本来是卢从史的手下，尽管他是忠于朝廷才参与擒拿卢从史的行动，但他把老上司拉下马后获得了泽潞的帅位，这让泽潞的其他将士怎么看？乌重胤继任泽潞节度使，很容易刺激各镇将士以下克上来获取权位，这是非常不好的示范。如此，节度使任命的主导权就不在于朝廷，而在于藩镇了。这还不是走了德宗姑息的老路了。再加上吐突承璀擒拿卢从史，本来就有失大体，这也给了河朔藩镇口实，乌重胤作为参与者也很难让其他藩镇信服。"当然，乌重胤是功臣，朝廷不能不赏。李绛建议任命河阳节度使孟元阳为泽潞节度使，乌重胤则为河阳节度使。如此既彰显了朝廷赏赐有功之臣，又强调了朝廷任帅的政治规则。宪宗表示赞同，并正式颁下河阳与泽潞二镇的节度使任命。

元和五年（810）四月卢从史被捕后，朝廷虽然对成德的军事行动事实上放缓，但毕竟还没有彼此放手的台阶。到七月，王承宗派出使者，把公开反叛的责任归结到卢从史的离间，并表示愿意向朝廷输送贡赋，请朝廷任命官吏，以此求得朝廷赦免。在淄青李师道等河朔藩镇的助攻下，朝廷也找到了和解的台阶。于是在七月初九，宪宗下令罢撤征讨的行营军队，恢复王承宗的官爵，把德、棣重新划归成德。

至此，第一次成德之役结束。在河朔藩镇变相的联合抵制和朝廷应对失策的情况下，宪宗并没有实现对河朔藩镇的目标。不过，通过此役，朝廷控制了抵御河朔的前沿藩镇泽潞，将朝廷除帅的原则使用于此，也算是有些收获。

当然，作为一个英武之主，宪宗自然不会被暂时的失败吓倒，他还在等待下一个机会。元和七年（812），发生在魏博的一场兵变，拉开了改变河朔局面的序幕。

二、田弘正的选择与魏博的归附

元和七年（812），魏博节度使田季安去世。田季安是田绪的第三子，母亲出身低微，照理来说，既不是长子，母亲也不是正妻，按照河朔藩镇以嫡长子为副大使当作继承人的惯例，田季安要继位几乎是不太可能的。可是，田季安出身虽然不好，但攀新妈的功夫可是了得。田季安生母的情况不详，但田季安深受田绪

第三章　盘根错节：两河藩镇的盘算

妻子嘉诚公主的喜爱。嘉诚公主是唐代宗的女儿，作为朝廷与河朔藩镇联姻的牺牲品，被嫁到魏博。嘉诚公主无子，按照宅斗剧的套路，那总得领养个儿子，好让自己有个归宿。当然了，田绪这人凶狠暴力，沉迷酒色，残杀了不少田氏同族。嫁给这种人，嘉诚公主估计日子也不太好过。而田季安不知道使了什么手段，深受嘉诚公主喜欢，被公主以亲生儿子对待。

贞元十二年（796）田绪暴死，魏博节度使空悬。按照惯例就需要在田绪的儿子中选出一个，在嘉诚公主的支持下，田季安顺利当上了这个节度使。嘉诚公主好歹也是大唐天子的亲妹，作为公主的儿子（事实上是养子），大唐天子就是田季安的舅舅。有了这层关系，田季安自然更能够与朝廷拉近关系。田季安当时才十五岁，但有了嘉诚公主的支持，还不至于发生动摇节度使的军乱。年轻的田季安虽说能力有限，但毕竟有公主的督促，对朝廷倒还算老实。但嘉诚公主逝世后，小田被压抑的本性就暴露了。田季安几乎跟他父亲一个德行，沉迷于游戏，处理军务也是任凭个人喜好，手下将士的规劝也基本上不听，其残暴程度也不亚于田绪。有个叫丘绛的进士，也算是田绪时期的老部下了，就因为跟同僚侯臧有矛盾，争论到田季安面前。田季安一怒之下，先是贬丘绛为下县尉，后来觉得处罚还不够，就把丘绛给活埋了。

元和中兴：朝廷的短暂振作

可以说，田季安父子在位时期的魏博，与田承嗣、田悦在位期间，多少发生了一些变化。田承嗣、田悦身处草创阶段，深知创业的艰难，所以即便是当了节度使，他们还是能够克制自己的欲望，在衣服饮食方面避免过于豪奢，也能够较为妥善地安抚部下。但到了田绪父子时期，魏博节度使开始骄奢淫逸，对于军政也多有偏颇，因而军中也累积了一些矛盾。另一方面，魏博节度使为了维持自己的权位，对抗朝廷，又大肆重赏节度使身边的亲随牙兵，反而助长了这帮牙兵的气焰。后来魏博牙兵多次发动叛乱，拥立新的节度使，于是有了"长安天子，魏博牙兵"的说法，足见魏博牙兵的影响力。

田季安死后，魏博牙兵就发动了军变，把田季安的儿子田怀谏拉下了台。田季安死前月余，已经患病中风，整个人的精神状态出现问题，导致军政紊乱。在此情形下，田怀谏生母元氏准备给儿子谋取出路。她假借田季安的名义，召集魏博诸将领，立田怀谏为副大使，掌管军务。可是田怀谏当时才十一岁，田氏魏博的前几任节度使都是壮年继位，或作为继承人培养或在军中有很深的根基。田季安继位时年方十五，但有赖于田绪妻嘉诚公主的支持才能够顺利继位。元氏是德宗时期从昭义叛逃到魏博的洺州刺史元谊之女，其家族在魏博根基不深，也没有嘉诚公主显赫的身世和影响力。在这种情况下，无论是田怀谏还是元氏，都缺乏

第三章 盘根错节：两河藩镇的盘算

稳定魏博大局的能力和背景。田怀谏自领军务后，没有能力处理军务，只能把军政决定权交于家童蒋士则，而蒋士则又无能力稳定局面，全凭个人喜好任免将领。

为了保证节度使的统治，河朔藩镇往往采取诸将分兵，相互牵制的策略，魏博节度使下属将领都有一定的权力，但又无法一家独大，真正掌握全局的只有节度使。众将都差不多资历，正常情况下节度使能够控制各将领，藩镇不至于出乱。但如果节度使的权力被家童蒋士则之流控制，下面那些功高资历深厚的将领会愿意听吗？再加上田氏的田庭玠、田兴父子在军中颇有影响力。

相比于田绪父子，田庭玠父子更多保留了田承嗣辈简朴的作风，与田绪、田季安形成了较为鲜明的对比，可以说他们更接近于创业时期的田氏作风。田庭玠是田承嗣的堂兄，做到魏博节度副使。建中年间，田悦准备联合李惟岳公开对抗朝廷，田庭玠就直接当着侄子田悦的面，告诫要遵守朝廷法度，不要当叛臣，否则将使田氏家族遭受灭门之灾。说完后干脆称病不出，搞得田悦亲自到田庭玠家当面谢罪。建中三年（782），由于田悦反叛，田庭玠郁愤而死。田庭玠的儿子田兴也与其父亲一样，文武双全，田季安生前多有暴虐行为，田兴多次为军中将士说话，因此遭到猜忌，被外放到外镇担任临清镇将。田季安准备找个机会将其暗杀掉。田兴发现不对劲儿，假装有病，自残身体才得以幸免。

元和中兴：朝廷的短暂振作

田庭玠、田兴父子在魏博根基深厚，又是田氏家族的成员，且田兴是田季安的叔父辈，在军队中有着深厚的群众基础。反观田怀谏年轻无根基，又因蒋士则把持军政大权引发军将的不满，矛盾一触即发。某天，田兴清晨入府，被数千士卒围着拥戴主掌魏博军政。田兴不得已，只能勉为其难接受将士拥立，并提出"勿犯副大使，守朝廷法令，申版籍，请官吏"的原则，只杀了蒋士则等十余人。

田兴为什么要主动向朝廷靠拢？这就又涉及一个老问题，河朔藩镇需要依赖朝廷来确认其合法性。河朔藩镇尽管独立于朝廷管理之外，但长安的皇帝仍然是天下之主，所以无论是李惟岳还是王承宗，都需要得到朝廷的正式任命才能成为合法的继承者。如果朝廷迟迟不授予节度使的节钺，节度使的位子就有可能产生动摇。朝廷没有任命，说明掌管军政缺乏合法性。有人的地方就有矛盾，更何况是围绕着权力的矛盾。藩镇内部有野心者，就可能打着"正义"的旗号以下克上。换言之，如果继任者获得了朝廷的正式任命，他就在政治上获得了合法性，无论外镇的敌视封锁还是本镇内部的叛乱，都失去了大义名分。田兴就面临着这么一个问题。由于他是在军乱中被军士拥立上台的，如果不及早稳定局势，获得朝廷的许可，难保不会出现下一个田兴。

田兴把田怀谏拉下位，控制了魏博的军政，魏博也还在田家

第三章　盘根错节：两河藩镇的盘算

人手里，但田兴仍面临着巨大的政治军事压力。其他的河朔藩镇对田兴以下克上的行为也有所忌惮。魏博前几任的田悦、田绪、田季安，要么是被田承嗣当作继承人培养（田悦），要么是田承嗣的直系子孙（田绪、田季安），田兴虽说也是田家人，但毕竟不是田承嗣的直系，田庭玠、田兴父子更多是作为魏博将领的身份。田兴以魏博将领的身份通过军变以下克上，如果最后真的成功，无疑将刺激其他河朔藩镇。这个思路跟李绛论述乌重胤的泽潞节度使是一样的。所以，魏博附近各镇多少还是有些担忧的。当然，这还只是次要的，毕竟淮西的吴少阳的身份也大致跟田兴差不多，甚至没有血缘上的关系，照样成功取代吴少诚的子嗣上位。河朔藩镇最担心的是田兴提出的"守朝廷法令，申版籍，请官吏"。李师道、王承宗也这么说过，但最终也只是做做样子。可是，田兴真的要这么干了。

这下河朔藩镇就慌了，田兴破坏了河朔一体定下的规矩。如果真让田兴遵守朝廷法令，向朝廷上报户口、税赋，任命本镇的官吏，就等于是撕开了打破河朔割据的口子。魏博可以这么做，为什么成德、幽州、淄青和淮西不行？所以，规矩不能破。淄青、淮西、成德这些藩镇接连派出使者前往魏博，顺带夹杂点私货，添油加醋地游说一番："田兴你小子想当节度使，我们也认了，但要清楚，朝廷对我们河朔藩镇一直存在敌意，你向朝廷靠拢,要破坏河朔规矩,迟早要自食恶果。我们河朔藩镇同气连枝,共同进退,你小子不能不跟我们商量就单独行事,出了事情就别怪我们不讲情义了。"田兴反正一句话:"不听不听,我不听!"

这个时候长安朝廷也没闲着。就在田季安去世的当月,朝廷就任命左龙武大将军薛平为郑滑节度使。薛平是原昭义节度使薛嵩的儿子,薛嵩死后,田承嗣占了昭义不少地盘。且郑滑就在魏博南边,是挟制魏博的重要据点。这个任命无论是时间还是人员,都是为了准备应对田季安死后的魏博局面。

当然,宪宗君臣也就魏博局势紧急召开商讨会议。宰相李吉甫主张趁着魏博局势未定,朝廷应该抓紧用兵魏博,以武力手段控制该镇。可宰相李绛指出:"魏博内部军将林立,田怀谏难以服众,予以有效制衡,魏博恐怕要发生兵乱,朝廷先静观其变。军队不可轻动,万一朝廷用兵再次失败,那脸都没了。上次用兵成德的教训还不够大吗?而且魏博的情况,未必需要用武力解决。"宪宗采纳了李绛的意见。

当田兴的奏状递到长安后,李绛认为,田兴主动向朝廷献上魏博的土地兵众,表达要遵守朝廷法度的忠心,一点儿都没提要当节度使。如此忠心的人在河朔藩镇也是少见,朝廷应该赶紧下诏任命田兴为节度使。万一晚了,田兴拿着魏博将士的表章要求

第三章　盘根错节：两河藩镇的盘算

授予节度使，那魏博节度使任命的主导权就不在朝廷，而是藩镇了。这回朝廷反应十分迅速，十月初十，田兴通过监军上奏朝廷，十九日，朝廷就下达任命诏书。要知道，在当时正常的交通速度下，长安与魏博的交通也得花半个多月。短短九天内就迅速制定决策并下达执行，可见朝廷处置之高效。

这还不够，在下达任命诏书后，李绛觉得还应该再来一剂猛药，把魏博的心给死死抓住。这剂猛药就是超越常规的一百五十万缗重赏！元和时期中央的财政收入大概在每年两千万缗左右，一百五十万已经占了财政收入相当大的比重。另外，唐代后期每个军人正常的生活费用需要二十四缗，田承嗣时期魏博有十余万军队，也就是说，这一百五十万缗相当于魏博士兵半年的生活费用。这还只是额外赏赐，正常的军费还是照发。这白拿半年生活费的待遇，能不让人开心吗？重赏还不够，李绛建议朝廷应该派出重臣作为宣慰使前往魏博，以往宦官代表朝廷宣慰的惯例不足以显示朝廷的诚意和重视。

为什么呢？很简单，魏博的归附具有十分重要的战略意义。李绛将此举描述为"刳河朔之腹心，倾叛乱之巢穴"。河朔藩镇为了实现父死子继，独立割据，往往相互勾结对抗朝廷。田兴主动献上魏博土地，遵守朝廷法度，而且在淄青、淮西、成德的软硬游说下仍坚守初心，如此忠臣简直就是完美的宣传典型啊。如

元和中兴：朝廷的短暂振作

果朝廷用军事手段攻打魏博，不知道要花费多少军费呢，肯定不止一百五十万。再加上魏博兵强马壮，实力强劲，正可以转为朝廷所用，如此就极大地削弱了河朔联盟，以后朝廷要对其他河朔藩镇用兵，魏博就是一支强大的生力军。以前朝廷削藩失败，其中很重要的原因就是出在河朔联盟身上。田兴的归附极大地改变了河朔地区的敌我对比，朝廷平定河朔藩镇将指日可待。

十一月初六，知制诰裴度作为宣慰使，带上一百五十万的巨额赏赐代表朝廷前往魏博。裴度就是几年后带兵平定淮西叛乱的主帅，当然这是后话。一百五十万的糖衣炮弹砸下去效果显著，魏博军士拿到赏赐后，欢声如雷。那场面可是相当壮观，成德、淄青的使者当时还在魏博，看到此景，相顾失色，不禁感叹："我们这帮人跟朝廷对着干有啥用呢，人家田兴获得的好处那可是比我们多了去了。"

裴度也没闲着，给田兴讲授君臣上下的大道理，谆谆教导就一句话："不可沽名钓誉学承嗣，要做个大唐忠臣啊！"田兴也很听话，对裴度异常恭敬，礼数异常周到。当然，他也不敢不周到。田兴还请裴度到魏博各州县，宣布朝廷的旨意，同时请求朝廷派遣节度副使。朝廷以户部郎中胡证为副使，并将上报户口、税赋等事宜予以实施。魏博归附一事基本办妥以后，元和八年（813），为了表彰田兴的功劳，朝廷赐名弘正。

第三章 盘根错节：两河藩镇的盘算

元和七年（812），朝廷不费一兵一卒，成功将魏博纳入朝廷的控制之下。对于宪宗来说，只花了一百五十万缗的财物，以及对田弘正的加官晋爵，就解决了代宗、德宗两代都没有解决的魏博，这简直就是天上掉馅儿饼的好事。当然，这多少有点时运的成分，但机会给了宪宗君臣，如何正确把握住机会，最后以一种最划算的方式获取最大的利益，这才是考验宪宗君臣智慧的问题。宪宗经过与大臣的商议，听取了李绛的建议，制定了正确的对策，妥善、及时地应对了魏博变局。从这个角度来说，魏博事件的成功并不是偶然，而是宪宗君臣努力的结果。魏博归附，给讨伐成德受挫的元和朝廷一剂强心剂，雪祖宗之耻，收复跋扈的河朔藩镇的曙光已经出现。

当然，成德、魏博事件中，淄青、淮西、幽州都掺杂其中，大致上与朝廷离心离德。而另外两个河朔藩镇，即易定和横海，则有着比较特殊的态度。

三、作为河朔藩镇的易定和横海

易定和横海属于河朔藩镇，一来这两镇的属地本就是从成德镇中分出，分出后的首任节度使张孝忠、程日华原来是成德大将。二来这两镇跟成德、魏博、幽州等镇一样，也采取父死子继

元和中兴：朝廷的短暂振作

的继承方式，不缴纳两税，更不用说要朝廷任命官员了。就表现来说，他们跟其他的五个河朔藩镇没多少区别。不过相比于这五镇，易定和横海又比较乖，当然也只是比较乖而已。只因这两镇所辖的地盘较小，实力上无法跟其他几镇相比，那就只能低调了。不过，要一辈子低调是不可能的，河朔叛逆的基因还是存在的，朝廷也不会完全把他们当作忠臣孝子。

先来说易定。易定，军号称义武，因为该镇所辖地域有易州和定州，故称。张孝忠原为成德节度使李宝臣手下大将。建中年间，李惟岳因得不到朝廷承认为节度使，公开与朝廷对抗。河东、泽潞等镇军队对李惟岳与田悦的联军造成了极大的冲击。张孝忠率领八千精兵屯驻在易州，当时还在帮朝廷打李惟岳的朱滔派出判官蔡雄前往游说，告诉张孝忠："您看李惟岳这小子蹦跶不到几天了，您跟着他混没有前途啊。而且李宝臣在位期间还猜忌过您，要不是您手握精兵，李宝臣估计早就把您干掉了。李惟岳比他爹弱多了，跟着这样的主子还不如归顺朝廷呢。"张孝忠想想也是，自己给老李家卖命还被猜忌，现在李惟岳被朝廷讨伐军打得只剩下苟延残喘了，还不如投靠正牌的皇家老李呢。于是，张孝忠通过朱滔向朝廷表示归顺。后来，成德的定州刺史向张孝忠投降，表示要归顺朝廷，定州也顺势成了张孝忠的地盘。建中三年（782），王武俊杀李惟岳后，原成德镇被一分为四，张

第三章　盘根错节：两河藩镇的盘算

孝忠被朝廷授予义武军节度、易定沧等州观察等使。

横海又跟张孝忠的义武军有着千丝万缕的关系，在一定程度上来说，横海是特殊情况下的产物。张孝忠成为易、定、沧三州节度使后，派牙将程华前往沧州接手军务。当时沧州刺史李固烈是李惟岳的大舅子，准备卸任回到恒州，当然肯定不会空载而归。李固烈把沧州府库里的东西洗劫一空，装了满满数十车。这样沧州的军士不干了，我们一个个都吃不饱饭，还不是刺史不体恤下属、中饱私囊害的？现在倒好，把本该属于我们这些穷当兵的府库财物搬走，我们能答应吗？怎么办？反了！早已饥肠辘辘的士兵直冲李固烈，眼也不眨就砍下去。程华正好到了沧州，本来看到军乱想跑，却被沧州军士追上，很客气地请程华暂时代理沧州的军务。本来事情就此平息下来，沧州也顺利被张孝忠的代表接管。可接下去局势骤变，则给了程华机会。因朝廷分赐不均，朱滔与王武俊联合起来对抗朝廷，沧州与张孝忠的联络被阻断，无法连成一线相互支援，程华死守着沧州，未被朱滔等占据。德宗为了表彰程华，于兴元元年（784）正式任命程华为沧州刺史，升沧州为横海军使，并赐名日华。当然，对于张孝忠来说，这个时候王武俊的地盘把易、定二州跟沧州切断，即便张孝忠死追着沧州不放，也很难实现有效控制。在这种情况下，张孝忠也只能默认沧州独立出来的事实。当然，作为弥补，朝廷

元和中兴：朝廷的短暂振作

还是下令沧州每年给张孝忠的易定镇税钱十二万贯。贞元五年（789），沧州的弓高、景成二县分出，设立景州，横海统辖沧、景二州。

作为易定节度使的张孝忠在河朔藩镇的节度使中倒也算是风评较好的。贞元二年（786），河北地区蝗灾加旱灾，再加上战乱结束不久，易定境内百姓生活困苦，饿殍遍野。张孝忠能够带头节俭，吃的东西也非常简单。受到节度使的影响，易定镇勒紧腰带算是挺过了最艰难的时期。所以张孝忠被称作当时的良将。朝廷也把义章公主嫁给张孝忠的儿子张茂宗。当然，作为河朔出身的将领，张孝忠还是不免受到河朔风气的影响。贞元五年（789），张孝忠出兵洗劫河东的蔚州，史书记载说张孝忠受到将佐的蛊惑，当然这是不是史官对张孝忠的维护之词就不得而知了。但不管怎么说，张孝忠在德宗时期除了出兵蔚州一事有污点外，总体上还是属于能够安土守民，不刻意挑战朝廷的一类官员。贞元七年（791），张孝忠死于任上，其子张茂昭继任为易定节度使。

张茂昭在位期间，对朝廷表现出的恭顺态度就完全不同于其他河朔藩镇了。贞元二十年（804）十月，张茂昭入朝觐见皇帝。这个行为就不得了，要知道河朔藩镇搞割据，入朝是不可能的。代宗时期田承嗣几次假装说要入朝，最终也没付诸行动。再说入朝还是有风险的，万一像来瑱一样被扣在朝廷甚至被杀就麻烦

第三章 盘根错节：两河藩镇的盘算

了。而且，对于河朔藩镇来说，主动入朝，意味着向朝廷屈服，无异于打破彼此的默契。

可张茂昭真的这么做了，而且还多次表达了对长安朝廷的忠心。贞元二十年（804），张茂昭入朝，就当面向德宗陈述河北和西北边事，虽然没留下来对话的内容，但德宗非常认真地听了张茂昭的陈述，还感叹相见恨晚。估计说的话肯定是站在朝廷立场涉及河朔跋扈以及收复西北失地的。而德宗也很重视，赏赐钱物外，还把晋康公主嫁给了张茂昭的第三子张克礼。这可是张氏家族第二场皇家联姻。德宗驾崩后，张茂昭还去太极殿痛哭一场，旁观者看着都要说忠臣啊！顺宗即位，下令张茂昭回到易定，还赏赐美女二人，张茂昭又接连推辞："美女是出自皇帝后宫，我们这些臣下没资格看皇上的女人。再说了，皇帝赏赐后宫美女，只有像郭子仪、李晟、浑瑊、马燧这些为大唐立下大功的贤臣才有资格，我张茂昭没有他们那样的功劳，入朝也只是正常地向皇上述职觐见，这是人臣的常礼啊。实在不敢当！"这话说得真是滴水不漏，很难想象这是来自河朔藩镇的节度使。

元和二年（807），张茂昭再次请求入朝，连上五次奏章，宪宗才表示同意。十月到达京城，停留了数月，后来皇帝下令张茂昭归镇，张茂昭竟然请求皇帝允许他留在长安。这意味着什么？他不想干这个易定节度使了。要注意的是，元和二年左右，李吉

元和中兴：朝廷的短暂振作

甫正在主持全国范围内的节度使转易。张茂昭在这个时候提出要留在皇帝身边，算是紧跟朝廷步伐，这波忠心表得及时且巧妙啊！不过，宪宗倒没让张茂昭留在长安，大概也是因为怕易定没了主帅出现动乱就麻烦了，最后劝慰了一番，给他加了个太子太保头衔后，命令回到易定。

张茂昭的忠心还没表完。元和四年（809），朝廷下诏征讨成德王承宗，张茂昭的定州还是朝廷北道讨伐军的集结地。易定军队在张茂昭率领下积极配合朝廷参与对成德的军事行动，也算是给王承宗不少军事压力。到了元和五年（810），也就是讨伐成德结束的当年，张茂昭突然提出要举家入朝，希望朝廷派遣新的节度使。意思就是说易定节度使我是真的不想干了，我想到皇上您老人家身边侍奉。这可是要撕破河朔的天了！要知道，两年后田弘正也没有直接提出让朝廷派来节度使，张茂昭直接把易定让给朝廷，等于是放弃了老张家的统治权。河朔藩镇节度使拖家带口举族入朝，还主动放弃藩镇的控制权，让朝廷派遣节度使，这可是破天荒的。所以，其他河朔藩镇自然不愿意张茂昭当这个出头鸟，于是派出好几批使者多番劝说，意图阻挠张茂昭入朝。张茂昭的态度跟田弘正一样坚决，还多次恳切地上表希望朝廷同意他入朝。

面对张茂昭恳切的态度，宪宗一开始还有些犹豫。但看到张茂昭决心已定，朝廷便在九月任命左庶子任迪简为义武行军司

第三章 盘根错节：两河藩镇的盘算

马，先让任迪简到易定稳定局势后，再顺势让行军司马直接转任节度使。当然，这个过程也不是一帆风顺的。张茂昭将易定的军务交给任迪简，离开定州后，虞侯杨伯玉发动军乱，囚禁了任迪简。后来易定的将士杀了杨伯玉把任迪简救了出来。之后，又有兵马使张佐元作乱，又被将士所杀。任迪简接连遭受两次军乱而不死，已经被吓得瑟瑟发抖了，上书给皇帝说也要学张茂昭回到朝廷。易定军乱的原因倒还真不是想反抗朝廷，主要是府库里没钱了。对于这些军人来说，节度使是不是朝廷委派的，不是最关键的，最重要的是新来的节度使能不能保证他们的收入。只要口袋里的钱能保证，他们就坚决拥护朝廷派来的节度使。任迪简虽说有点倒霉，但也还是能够吃苦，有大局观。他也学张茂昭，与将士一起同吃苦，简单的粗茶淡饭，也恬然自乐。易定将士仿佛看到了张茂昭的身影，也是深受感动，纷纷表示愿意各归其位。此时的朝廷也不会看着易定出事情，火速调集了十万匹绫绢赏赐给易定将士。同甘共苦是与将士打成一片的好办法，有了工资，易定将士就更加乐意跟着任迪简了。局势稳定后，朝廷正式下令，以任迪简为易定节度使。张茂昭则被封为河中、慈、隰、晋、绛节度使。

作为河朔藩镇的易定，就这么以不流血的方式被朝廷纳入麾下。张茂昭虽说失了易定，但家族都受到了长安的优待。十二月

元和中兴：朝廷的短暂振作

十二日，张茂昭到达京城，按照惯例当天双日是不坐朝的，皇帝特意在延英殿召见大唐忠臣张茂昭，还聊得很开心。只可惜，张茂昭在两个月后就因病去世。尽管如此，张茂昭的兄弟张茂宗、儿子张克礼成为驸马，家族成员如张克勤、张克恭、张茂和都受到了朝廷的厚待。

横海的程氏也跟易定有一定的相似之处，不过程氏家族内部比较复杂。程日华在位时间较短，贞元四年（788）死于任上。程日华的儿子程怀直暂代军务。程怀直也许赶上了德宗姑息之政的好时候，再加上横海本来就是从成德分出来的，受到河朔藩镇父死子继的影响，所以还是顺利被朝廷承认，当上了这个节度使。当然，程怀直也懂得投桃报李，在分置景州的同时，向朝廷表示希望由朝廷派遣刺史。德宗一听就高兴了，因为自从安史之乱三十多年来，河朔藩镇主动表示要朝廷任命刺史的，这是第一回啊！贞元十年（794），程怀直还主动入朝向皇帝述职。有这样的表现，德宗也表示满意。

不过，程怀直这人又犯了同李固烈一样的毛病，没让手下军士过上好日子。作为一个节度使，妥善处理军务，让将士们能够吃好喝好穿好，人家自然不会想着造反。可程怀直却沉迷于打猎嬉戏，不关心军士的生活。这样帐下的军士就不爽了。贞元十一年（795）的某一天，程怀直打猎回城，怒气冲冲的将士在堂兄

第三章　盘根错节：两河藩镇的盘算

程怀信的带领下把程怀直拒之门外。这个程怀直也是识趣，知道自己在沧州待不下去了，就以朝觐为名跑到长安避难了。德宗看到程怀直父子对朝廷还算有些功劳，也不像其他河朔藩镇那样跋扈，而且选择逃到长安也算是信任朝廷，出于笼络人心的目的，德宗给了程怀直一个龙武统军当，赏赐宅院。对于程怀信，德宗也就睁一眼闭一眼，承认既有事实，任命其为节度使。

永贞元年（805），程怀信去世，按照河朔的惯例，作为副大使的程执恭（后自己改名"权"），也就是程怀信的儿子，掌管了军政大权。当时朝廷内部围绕着皇位更替动荡不已，新即位的宪宗还没想着要解决河朔问题，于是按照惯例任命程执恭为节度使。程权也算是谨守了规矩，元和六年（811）还学着张茂昭主动入朝觐见皇帝。不过，程权并没像张茂昭那样忠得彻底，还是当着他的节度使。谁叫人家名字里还有着"权"呢？

不管怎么说，元和削藩以前的易定、横海两镇，虽说是河朔藩镇，但又表现出有别于河朔藩镇的政治态度。对于朝廷来说，这两镇与魏博、成德、幽州等镇还是有一些矛盾，而且在一些问题上，也并未形成统一战线，且两镇的设立本身就是朝廷在成德分裂之际承认既有现状，巧妙分化成德实力的结果。再加上张茂昭、程怀直、程权等节度使对朝廷还算恭顺，甚至主动提出入朝，请朝廷任命属州刺史，这在河朔藩镇中开创了遵守朝廷法度

117

元和中兴：朝廷的短暂振作

的先例。所以，朝廷也容忍了这些藩镇父死子继。

就这两镇的节度使来说，他们能够独立成镇，很大程度上是靠朝廷在政治上的支持。如果没有朝廷的承认，张孝忠很难脱离成德军将的身份，程华也很难脱离张孝忠麾下而独立。而这两镇都仅辖两州，跟魏博、成德、幽州、淮西、淄青等横跨数州的规模不可相提并论，这也意味着易定和横海的军力和财力有限，军政实力容不得这两镇能像魏博等镇一样跟朝廷公开叫板。

但易定和横海又是脱胎于河朔，河朔藩镇的处事方式，尤其是节度使父死子继的影响仍然浓厚。任迪简继任节度使后，理论上易定已经成为恭顺朝廷的藩镇，可是此后易定军乱仍时有发生，朝廷后来又任命张茂昭的外甥陈楚为节度使，希望依靠易定的老人来稳定局势。但不管怎么说，易定归附，为朝廷下一步对河朔用兵提供了便利。当然，对于横海来说，由于河朔割据的大环境还未发生根本性变化，程权还能够手攥权力苟延残喘几年，后来王承宗、吴元济、李师道被打败了，程权也就只能乖乖学张茂昭主动让出横海了。

四、宣武韩弘的资本与政治态度

夹在河朔藩镇与朝廷之间，还有一个非常特殊的藩镇，即韩

第三章 盘根错节：两河藩镇的盘算

弘的宣武镇。建中二年（781），朝廷析永平军节度使置宋亳颍节度使，治宋州，不久更军号为宣武。贞元元年（785），宣武又增领汴州，并移节度使治所到汴州，至此宣武统辖宋亳颍汴四州。地理位置十分重要。宣武镇所处的汴州，就是后来北宋的都城开封。北宋以开封为首都，就是因为开封处在大运河沿线，且是多条河流汇集之地，交通十分便利。唐代的宣武也如此，南方的物资北上，宣武是必经之地。另外，宣武东面紧邻着淄青镇，又发挥着制衡河朔藩镇的重要作用。宣武镇军力可达十万，实力上可与河朔藩镇相抗衡。埋葬大唐二百八十九年江山的大魔王朱温就是以宣武为根据地不断壮大，最后建立后梁。

宣武之所以比较特殊，是因为宣武所表现的一系列行为，与河朔藩镇几乎没有什么区别。河朔藩镇不听朝廷号令，不遵守朝廷法度，韩弘也是；河朔藩镇不缴纳两税，擅自任命官吏，韩弘也是；河朔藩镇父死子继，韩弘不是，因为韩弘身体倍儿棒，在宣武任上稳如泰山。韩弘在朝廷看来就是一个类似于河朔藩镇的存在，但由于宣武镇的源头并不是安史叛军，与河朔藩镇又有着本质不同。韩弘自贞元十五年（799）上位以来，至元和十四年（819），在宣武节度使任上二十余年，宋亳颍汴四州税赋被留作私用未曾上供。据不完全统计，韩弘有私钱百万贯、粟三百万斛、马七千匹，还有无法统计的武器军械。这些钱物是韩弘的私产还是宣武的公费，估计是分不清的，所以，朝廷也不把韩弘当成忠臣。

宣武虽说不是河朔藩镇，但也面临着被"河朔化"的风险，贞元年间河朔父死子继的余波还是对宣武产生了一定的冲击。这就要向上追溯到韩弘的舅舅，前宣武节度使刘玄佐的影响了，韩弘的上位也跟刘玄佐的政治遗产有关。

刘玄佐原来是永平军的牙将，在李灵曜叛乱中，带兵进入宋州，被任命为宋州刺史。后来刘玄佐从永平军中独立出来，在宋州之外，又增领了亳、颍二州。在平定淮西李希烈的叛乱中，刘玄佐收复了汴州，属地从三州变成了四州，宣武镇辖四州的格局在此奠定。可以说，刘玄佐是宣武镇的奠基者，而经过两次平叛战争，刘玄佐也一跃成为河南地区的雄藩。贞元二年（786），宣武邻镇义成节度使李澄病逝，李澄的儿子李克宁想学河朔藩镇搞"父死子继"。刘玄佐硬是派出军队屯于边境，吓唬李克宁不要搞事情，否则有你小子好果子吃，吓得李克宁乖乖发丧，接纳朝廷派出的节度使贾耽。强藩的实力可见一斑，就连淄青的李纳也对刘玄佐有所忌惮。

不过，由于靠近河朔藩镇，刘玄佐多少受到点影响，长时间未入朝觐见皇帝。贞元二年，浙西节度使韩滉正好入朝，路经汴州，刘玄佐被说动同意入朝。刘玄佐入朝后，又被封为泾原

第三章 盘根错节：两河藩镇的盘算

四镇北庭等道兵马副元帅，同时还兼着宣武节度使。贞元八年（792），刘玄佐去世。刘玄佐从786年入朝后，一直兼着泾原四镇北庭等道兵马副元帅。这其中很重要的原因是宣武的部分军队被派到了长安西北的边境地区防御吐蕃，刘玄佐的老部下刘昌做了泾原四镇北庭节度使，所以刘玄佐当这个副元帅实际上就是刘昌上面的统帅（一般元帅由皇子担任，实际干事者是副元帅）。

刘玄佐也算是朝廷忠臣，但也正是在刘玄佐任上，宣武的性格开始变质，这种变化深刻影响到了元和时期的宣武韩弘。刘玄佐这个人颇有豪侠之风，非常重义气，对钱财不怎么在意，所以，对手下将士他经常厚赏。大家吃好喝好，日子过得好，就要好好打工了。但赏赐的钱哪里来，还不是从老百姓身上克扣下来的。而汴州在刘玄佐以前曾被淮西的节度使李忠臣所管，那个时候的军士就已经骄横难治了，在刘玄佐时期变本加厉。唐代后期藩镇军队"骄兵化"，宣武是非常典型的。这批兵大爷有奶便是娘，钱给够了就听话，钱少了就不干了，甚至还发动兵变驱逐或诛杀将帅，对于普通老百姓就更不客气了。刘玄佐仗义疏财的另一面就是养出了这帮兵油子，其死后宣武节度使交替时多次动乱也与骄兵有关。

刘玄佐死了没多久，这帮骄兵就开始搞事情了。宣武将士本来是把刘玄佐的死讯隐藏不公开，只是以刘玄佐的名义请朝廷派

元和中兴：朝廷的短暂振作

出继任者。至于为什么不公开死讯，这里先卖个关子。德宗事先已经知道刘玄佐的死讯，但为了不说破，也假装不知道。按照姑息之政的规矩，德宗先是派人到宣武镇探查，询问军士意见。既然要朝廷派替代者，那就先试探性问："陕虢观察使吴凑可否？"宣武的监军和行军司马都认为可以。于是，朝廷正式下诏，以吴凑为宣武节度使。

可是幕后的大佬坐不住了，宣武的军士也不干了。刘玄佐的女婿和亲兵都身披铠甲，拥立刘玄佐的儿子刘士宁为留后，并把宣武军中支持吴凑的曹金岸、李迈杀了。邻镇淄青的李纳这时成为刘士宁威胁朝廷的砝码。由于德宗之前许可了李纳父死子继，那么宣武节度使为什么不能父死子继？朝廷如果要搞双标，那刘士宁就投靠李纳去了。于是皮球又踢回到了长安朝廷那边。德宗没办法，这时候如果还像建中时期那么强硬，万一事情闹大就怕又不好收场了。因为刘士宁这时候为了争取更多外援，派出使者跟成德王武俊、幽州刘济、魏博田绪进行联络，想效仿河朔藩镇搞联盟。德宗只能下诏，任命刘士宁为节度使，并把吴凑召回。

刘士宁并没他老爹的能力，除了学他老爹那样大肆赏赐手下小弟以外，没有其他可圈可点之处了。刘士宁犯了官二代的通病，淫乱残忍，三天两头出门打猎，还带了大批人马，可把这些士兵折腾够呛。刘士宁上位的时候，发了一波福利，手下小弟还

第三章 盘根错节：两河藩镇的盘算

蛮开心，但时间没多久，刘士宁就本性暴露了，自己折腾，手下的人更被折腾。本来他就只是靠着父亲刘玄佐的影响当上的节度使，不服之人颇多，其中有一个叫李万荣的，先前曾被刘士宁夺了兵权。贞元九年（793）十一月，李万荣趁着刘士宁出城打猎之际，潜入汴州城内节度使府衙，召集衙内亲兵，宣布说："刘士宁被朝廷征召入朝了，命令我掌管军务。大家辛苦了，每个人先发三十缗的辛苦费。"这些士兵一听有钱，哪管它真假，纷纷示好。控制完内外军队后，李万荣又下令关闭城门，分兵把守，然后告知刘士宁赶紧听命上路，否则人头不保。本来刘士宁还带了两万人马出城狩猎，手下人本来就对他瞎折腾不满，得知消息后也没几个人愿意跟他打回汴州城去。刘士宁只能灰溜溜跑到长安。

李万荣算是比刘士宁有本事，淮西节度使吴少诚本想在宣武军乱中趁火打劫，李万荣愣是谈笑风生间喝退了淮西军队。当时的宰相陆贽就站在朝廷立场，认为不该授予李万荣节度使。但德宗为了稳定局势，还是没听陆贽的谏言。当然，宣武镇内不服李万荣的也大有人在。李万荣上台五个月后，即贞元十年（794）四月，宣武就爆发了军乱。此事是由骄兵引起，李万荣想把不服管的骄兵派到长安西北边境去防御吐蕃，结果引得大将韩惟清、张彦琳等发动叛乱，不过不久便被平定。

元和中兴：朝廷的短暂振作

不管怎么说，李万荣作为一个强人，算是稳住了宣武的局势。贞元十二年（796），李万荣病重，儿子李迺作为行军司马，按照惯例就得继任节度使了。但是，李迺估计是根基不足，为了顺利登位，开始清洗李湛、伊娄说、张伾等大将。结果，宣武的骄兵又不满了，在大将邓惟恭的带领下，李迺被抓起来送给了朝廷，李万荣也在不久就撒手人寰了。邓惟恭本来想着自己把李迺抓起来了，照理节度使之位该给自己了吧。于是向朝廷提出任命节度使。

可这回朝廷脑子竟然清醒了，直接任命东都留守董晋为节度使，又怕董晋身为文人，控制不住骄兵，派汝州刺史陆长源作为董晋的行军司马。董晋虽不似刘玄佐、李万荣那么强悍，但文人自有其临危不乱的气质。他迅速前往宣武，只带了十余个仆从，到达汴州后也对邓惟恭客客气气，仍委以重任。这么一番操作，让宣武军士都找不到搞事情的理由。朝廷也用金钱攻势进行了辅助，对于邓惟恭等有功将士，各个迁官赐钱，其他人一概不追究责任。自刘玄佐以来，宣武节度使一直由本镇将士推举，甚至一度出现父死子继局面，这回算是改变了局面。按照德宗的盘算，董晋之后，就是陆长源继任。可是后面又出了岔子。

贞元十五年（799），董晋死于任上，陆长源为节度使，可是这位新任节度使得罪了骄兵，最后只落得身死的下场。陆长源犯

第三章　盘根错节：两河藩镇的盘算

了跟刘士宁一样的错误，手下判官孟叔度对将士谩骂侮辱，引得众人不满。而董晋去世后，陆长源没按照惯例赏赐军队，再加上平时就是一副铁公鸡的形象，将士本来心里就窝火，矛盾最终爆发，陆长源和孟叔度被宣武将士残忍杀害。宋州刺史刘逸准在监军俱文珍的支持下，带兵前往汴州，控制了局势。朝廷也顺势让刘逸准接任，并赐名全谅。

可是几个月后，刘全谅突然死了，韩弘的机会来了。韩弘本来跟着舅舅刘玄佐在汴州任职，刘士宁被驱逐后，就离开汴州前往宋州。当时，刘全谅正好是宋州刺史，韩弘被其赏识，成为宋州南城将。刘全谅平定汴州军乱后，宋州派实际上掌控了宣武的局势。韩弘作为宋州派的代表，为人"长厚"，能像长者一样宽厚待人，在军中很有威望。再加上他是刘玄佐的外甥，宣武不少将士还记得刘玄佐的恩典。多种因素加在一起，韩弘成为宣武军中无论是宋州派还是汴州势力都能接受的人选，于是，韩弘被推举为宣武留后。

韩弘可以说是刘玄佐以后，最有能力的节度使，再加上身体倍儿棒，宣武在他统治下稳如泰山，不像前面几任时不时就发生军乱。史书记载韩弘颇有识人之明，军士才能高低、勇敢怯懦，都能敏锐地看在眼里，从而使得手下人堪当其任。韩弘也善于审时度势，及时做出应对。韩弘上位前不久，陈许节度使曲環死,节度使缺位。淮西节度使吴少诚想联络刘全谅趁火打劫,派出的使者还在驿馆。也正是在当年,朝廷公开下诏,把吴少诚定为叛贼,并派出军队讨伐。韩弘刚刚获得了朝廷的节钺,自然不肯帮着叛贼,于是立马转过脸把吴少诚的使者杀了,并派出军队三千,帮助朝廷讨伐淮西。当然,韩弘不会白白出兵,估计也是想以朝廷的名义趁火打劫一下。

对于宣武的骄兵,韩弘也没闲着,直接杀!刘玄佐以来,宣武的节度使都是由骄兵作乱拥立的。这帮兵将,赏赐一不如意就造反,韩弘亲眼见证了历次军乱,深知宣武的骄兵已经到了无视主帅的地步,他也知道这批骄兵的带头人是谁。于是,在上位几月后,突然征召郎将刘锷等三百人公开处决。通过血腥手段,宣武的骄兵算是被暂时打压下去了,在这么强势的节度使面前,也没人敢出头作乱了。至此,宣武进入了平稳发展的韩弘时代。

韩弘当节度使的二十年,不像河朔藩镇那样三天两头给朝廷搞事情。韩弘的路线很明确,积蓄力量,积蓄财物,增加仓库里的粮食储备。经过发展,再加上不给朝廷送什么钱,韩弘手上有钱有人,兵多将广,在两河地区独树一帜。韩弘也不像他的前任那样轻佻,而是颇有才略和决断,故邻镇如淮西吴少诚、淄青李师道都不敢轻易搞事情。元和七年(812),田弘正上台,想改变河朔规矩,向朝廷表达归附的诚意。淄青李师道想把韩弘拉进河

第三章　盘根错节：两河藩镇的盘算

朔联盟，韩弘却说："我听不懂你在说什么，我只知道奉行朝廷的旨意。如果你淄青要出兵，我就把我的军队开到你的曹州去。"结果吓得李师道不敢轻举妄动。这在一定程度上支援了田弘正归朝。可是，对于朝廷派遣的使者，韩弘也没那么恭恭敬敬，强人总是有点脾气。

韩弘的态度非常诡异。他手握重兵，府库充沛，实力不亚于魏博等河朔藩镇，完全有跟朝廷搞事情的资本。再加上宣武有实行河朔规矩的历史，不缴两税、自任官吏，所以李师道在魏博归附事件中想把韩弘拉进河朔联盟，宣武处在"河朔化"的边缘。韩弘又没有与河朔藩镇同流合污，并多次震慑了邻近的淄青、淮西，表现出朝廷忠臣的形象。可是韩弘对朝廷却没表现出怎么恭顺的态度。韩弘时代的宣武更多表现出游离于朝廷和河朔藩镇之外的第三者的姿态，但又深陷于双方的博弈之中。

这种复杂的态度，要追溯到宣武镇的源头。宣武镇是从永平军分出而来，首任节度使刘玄佐就是永平军的牙将，宣武设镇的权力来源是朝廷的认可。这跟河朔藩镇完全不同。河朔藩镇实际上是朝廷对投降的安史叛军势力的合法化承认，他们对河朔的统治在朝廷承认以前就已经实际存在，因而父死子继在河朔藩镇中根深蒂固。尽管刘士宁、李迺受到河朔藩镇影响也想效仿，但宣武还是没有变成河朔藩镇。骄兵在宣武有着重要的影响力，这也

元和中兴：朝廷的短暂振作

使得节度使家族没法把藩镇完全变成家天下。德宗虽说实行姑息，但内心里仍不愿宣武成为又一个河朔藩镇，所以宣武实行河朔规矩缺乏政治基础。

宣武的成立及壮大，本身就是为了防备淮西和淄青两个河朔藩镇，有河朔藩镇的威胁在，朝廷需要仰仗韩弘的宣武镇。当河朔藩镇与朝廷之间缺乏共识时，韩弘自然可以游离双方之外。但当这个条件不在的时候，韩弘也就失去了他的价值，他也就只能乖乖遵守朝廷法度，主动入朝了。

第四章

威令复振：中兴事业的完成

易定张茂昭入朝，魏博田弘正归附后，朝廷对河朔藩镇的包围圈日益缩小，尤其是魏博成为朝廷插在河朔的一枚钉子，在战略上起到了十分重要的作用。随着宪宗君臣打击叛臣、以法度整肃桀骜的藩镇取得胜利，朝廷的权威逐步重振，德宗以来的姑息之政显然已经失去了市场，局势正在朝着有利于朝廷的方向发展。但元和五年（810），讨伐王承宗的失利，也让朝廷意识到削平河朔藩镇的难度。面对成德一镇就已经使朝廷压力山大，若同时面对成德、幽州、淄青、淮西等镇，这其中所要付出的人力、物力和财力是难以想象的。但困难再大，也得让河朔藩镇听话，

元和中兴：朝廷的短暂振作

朝廷的中兴是大势所趋，更何况目前形势比德宗时期要好多了。元和九年（814），朝廷的机会再次来了，这次发生在淮西。没错，节度使吴少阳死了。以吴少阳之死为导火索，元和年间规模最大、持续时间最长、难度最大的削藩战争终于拉开序幕！元和中兴事业的成败在此一举！

一、鏖战河北与恐怖袭击

淮西节度使吴少阳死了，同样的问题似乎又来了：朝廷承不承认吴少阳的儿子吴元济为节度使？河朔藩镇父死子继，已经是天经地义的事。田悦、李纳、王承宗、吴少诚前仆后继，跟长安朝廷斗智斗勇，最后还直接军事对抗了。从代宗到宪宗，河朔藩镇跟老李家斗了四十多年，熬死了三个皇帝，虽然有几个家族被赶下台，但河朔的土地还是没被长安城的李家给夺走，子孙还能拥有这片土地。辛辛苦苦斗了这么多年，父死子继已经成为铁律了，可是这个叫李纯的皇帝要改变游戏规则了。本来吴元济也没什么好担心的，也有足够的理由要求承袭节度使，可是这回有点不一样了。

淮西虽然说适用与河朔藩镇一样的政治规则，可这地方跟魏博、成德、幽州相比，有着天生的短板——地理位置不好。宰相

第四章 威令复振：中兴事业的完成

李吉甫就曾对淮西的定位有如下论述："淮西跟河北不一样，周围都是听命于朝廷的恭顺藩镇，朝廷在淮西四周设置了数十万的兵马来牵制，魏博等镇无法直接派兵进行援助。"换言之，淮西被朝廷的势力范围包了饺子。德宗贞元年间，正是最姑息的时候，还敢对吴少诚用兵，正是看在淮西四周没有强大的外援。元和四年（809），吴少阳能够顺利登位，那也是运气好。当时朝廷正在跟成德交涉德、棣二州，甚至已经准备动手打仗了，没有多余的精力去管淮西，所以勉强让吴少阳继位。但当时的翰林学士李绛等不少大臣就强调淮西好对付，应该先拿淮西下手，成德王承宗以后再说，只是宪宗对成德念念不忘，就只好作罢。所以，淮西的历任节度使也深知他们在地缘政治上无法及时获得河朔藩镇的军事援助，但也不能乖乖就范，那么就只有一个方法了——搞事情，于是就拼命地四处攻掠，以武力胁迫朝廷做出妥协。德宗时期的吴少诚就是这么干的，而且效果还相当好。

元和九年（814），吴少阳去世后，朝廷随即在淮西周围做出部署：洺州刺史李光颜为陈州刺史，充忠武都知兵马使，节度副使；泗州刺史令狐通为寿州防御使；荆南节度使严绶为山南东道节度使。李光颜就是元和初年（806）西川之役中带兵啃下鹿头关这个硬骨头的阿跌光颜，此时已经成长为身经百战的猛将。令狐通是原滑州刺史令狐彰的儿子。令狐彰与田承嗣、李宝臣等人一样，是安史降将。但令狐彰临终前并没有跟河朔藩镇一样父死子继，而是主动上表请求朝廷派遣节度使，将土地兵甲等都登记造册，上报朝廷，并派遣子女入朝，防止他们在滑州搞事情。这可是妥妥的忠臣啊，同样是安禄山、史思明这边投靠过来的，令狐彰的境界就比田承嗣等人高了不知道多少。这样忠臣的后代，朝廷肯定得格外器重啊，否则怎么对得起忠臣的忠心！令狐通这人在后来的表现中是比较让人失望的，但这时候能力不是最重要的，令狐通的忠臣后代身份才是关键。李吉甫就很明显地说："同样是河朔诸镇，令狐彰的所作所为简直可以彪炳史册，万古流芳啊！这样的人，简直是啪啪打了田承嗣、李宝臣的脸。目前正是陛下整肃河朔的关键时刻，您应该好好褒奖忠臣之后，让吴元济、李师道、王承宗这帮人看看！"严绶是李光颜的河东老长官，在荆南任上成功招抚叛乱的澥州蛮首领张伯靖，故朝廷也将其调到淮西邻镇的山南东道，便于下一步顺势招讨。

朝廷另一个政策就是吊着吴元济，不对淮西的情况发表任何公开意见。吴元济心里其实也很忐忑。吴少阳死之后，吴元济并没有第一时间公开死讯，而是对外声称生病，背地里以吴少阳的名义掌管军务，企图先控制淮西局势。朝廷当然知道吴少阳的死讯，但迟迟不发表意见，反而让吴元济坐不住了。如果没有朝廷的公开承认，吴元济的合法性就容易被下面的将士质疑，尤其是

第四章 威令复振：中兴事业的完成

在内部充斥着不同势力矛盾的情况下。

淮西内部有着入朝与反入朝两种声音。吴少阳判官苏兆、杨元卿，大将侯惟清属于支持入朝派，结果苏兆被吴元济杀了，侯惟清被囚禁。杨元卿正好在长安公干，幸免于难，看到战友被害，干脆把淮西的虚虚实实以及如何解决吴元济问题一五一十告诉了宰相李吉甫，并请求朝廷公开讨伐。杨元卿虽然躲过了危机，但吴元济没放过他在淮西的家人，杨元卿的妻子和四个儿子被射成了筛子，真是残忍至极。吴少阳都死了近四十天，吴元济还是不公开死讯，朝廷也假装不知道，但私底下对淮西附近各镇进行了人事部署，准备军事行动了。

宪宗是要征讨淮西的，但得找个正当的理由，当下吴元济没公开发丧，朝廷还抓不到实在的理由用兵。这时，宰相张弘靖出了个主意："既然吴少阳的死已经是公开的秘密，朝廷干脆直接捅破这层窗户纸，辍朝、赠官、遣使吊赠等哀悼仪式都要做足。朝廷又吊着继任节度使不提，吴元济肯定要急了。况且从情报上来看，吴元济现在就已经急得很了。他这一急，迟早要做出一些不臣的行为，如此朝廷就有了用兵的正当理由。"宪宗便按照张弘靖所言，派出工部员外郎李君何前往蔡州吊祭。

朝廷把该做的工作做足了，下面就看吴元济能不能接得下招了，吴元济果然没接好。李君何作为手持皇帝圣旨的敕使，再怎

元和中兴：朝廷的短暂振作

么着也得恭恭敬敬地做好接待工作，可是吴元济就四个字——我不欢迎。这还不算，发兵四出，攻掠邻近州县，许州的舞阳县被席卷一空，寸草不生，许州的阳翟县，汝州的鲁山、襄城两县也成为吴元济掳掠的目标。这些地方的百姓纷纷逃往山谷中避难，被淮西军杀伤或劫掠者不可胜数。吴元济的残暴行为，极大地震撼了关东地区。其实，四出劫掠周边地区，然后威胁朝廷做出妥协，贞元时期的吴少诚就是这么干的。吴元济这么做也有自己的考虑，虽是疯狂，但也是基于经验的疯狂。淮西本身就缺乏河朔三镇那样的地缘优势，所以不干点疯狂的行为，怎么能够获取节度使，同样姓吴，吴少诚干成功了，那我吴元济也可以。

然而问题是，宪宗不是德宗，元和不是贞元，吴元济的冒险最终让他走上了对抗朝廷的不归路，也给了宪宗讨伐淮西的正当理由。就在吴元济四出攻掠后不久，元和九年（814）十月，李光颜由副使转正为忠武节度使，严绶为申、光、蔡招抚使，督诸道兵马讨伐吴元济。第二年正月又正式下诏剥夺吴元济官爵，命宣武等十六镇兵马进讨。元和年间朝廷与河朔藩镇的第二轮较量拉开了序幕！

吴元济的疯狂，不是没有底气，淮西军队的战斗力还是碾压朝廷的讨伐军。作为讨伐军总指挥的严绶在战场上虽有小胜，但小胜过后就是接连败北：元和十年（815）正月，淮西兵夜袭，

第四章　威令复振：中兴事业的完成

严绶大败；二月，严绶败于磁丘，官军后退五十余里，龟缩进唐州据城而守。同时，忠臣之后、寿州团练使令狐通也为淮西兵所败，跑进寿州城，寿州除州城以外的军事营寨都被淮西军毁灭。朝廷见状，派出左金吾大将军李文通代替令狐通，指挥寿州的军事。好在李光颜不愧猛将本色，接连对淮西军造成打击：破淮西兵于临颍，又破淮西兵于南顿。总的来说，在战事初期，只有李光颜在陈州一线抵挡住了淮西军的攻势。此时战事还并未推进到淮西境内，顶多算是被侵邻镇的反击收复战。

吴元济在军事上倒也不算处于劣势，但最终目的毕竟只是为了获得朝廷认可的节度使，所以寻求河朔藩镇的支持是离不开的。魏博田弘正派出三千军队，由儿子田布率领去襄助严绶，魏博已经脱离了河朔联盟，那就只能找成德、淄青了。王承宗、李师道也挺讲义气，多次上表给朝廷，请求朝廷赦免吴元济。几年前朝廷不是也曾赦免过王承宗嘛，所以还是有先例可循的，只要吴元济服个软，朝廷给个节度使，你好我好大家好。当然，尽管不能公开联合起来反抗朝廷，但暗中对吴元济做出点支援也是可以的。淄青李师道就耍起了聪明，表面声称是派出两千人前往寿州救援，但实际上是去援助淮西的。

可是宪宗不是德宗，本来吴元济公开反叛就是宪宗所期待的，所以他是不会回到德宗老路的。果断拒绝！眼看朝廷的态度

元和中兴：朝廷的短暂振作

如此强硬，那就再搞点事给朝廷增加压力，看皇帝屈不屈服。李师道、王承宗看着朝廷不服软，于是就暗中煽风点火，搞点恐怖袭击了！

这下轮到李师道手下的刺客上场了。唐代后期藩镇豢养刺客，用来清除异己、对抗朝廷，是非常普遍的现象。唐人的笔记小说里也有不少刺客的故事，最为有名的就是刺客聂隐娘，被魏博节度使田季安派去刺杀陈许节度使刘昌裔，后来聂隐娘被刘昌裔感动，反过来跟魏博派来的刺客空空儿、精精儿斗法。当然，这个故事与真实的历史有出入，但唐代人把刺客作为传奇故事的题材，可见刺客在当时社会生活中的影响。

刺客们吃了李大帅的粮，穿着李大帅给的衣，终于有了用武之地。其中就有人给李师道出主意说："用兵打仗，最重要的是粮草。现在来自江淮的租赋都囤积在东都洛阳附近的河阴院。我们多花点钱，招募几百个洛阳的匪徒，在城里干上几起抢劫，在洛阳宫城里放上几把火，这样朝廷的部分注意力就会被吸引到东都。烧掉粮草，也会对官军的军事行动造成影响。"李师道一听，表示这个主意真是聪明，明确表示：要钱要人，我全力支持，你们就好好干吧！

不久，东都传来急报：数十个盗贼攻入河阴院，杀伤数十人，烧毁钱帛三十余万缗匹，谷三万余斛。李师道的恐怖袭击效

第四章 威令复振：中兴事业的完成

应立马奏效，东都百姓紧张兮兮就算了，朝廷里的大臣有不少开始主张罢兵了。宪宗当然不会就这么屈服了，暂时挡住了这些主和派，但还得想办法推进淮西战局。元和十年（815）五月，宪宗派出御史中丞裴度前往前线宣慰，名为宣慰，实际上去探查情况，为下一步行动提供参考。裴度考察一番后，明确跟宪宗表示："淮西之战必定能够胜利，吴元济肯定要完败，胜利将属于陛下您！我推荐李光颜，这人英勇无敌且对朝廷忠诚，必定能够立功。"裴度倒是没说错，就在裴度回朝后不久，李光颜在陈州的时曲又大败淮西军，杀数千人。

眼看对东都的恐怖袭击没动摇宪宗的讨伐决心，李师道的"大聪明"又给出了主意——刺杀宰相武元衡。武元衡的祖父武平一是武则天的侄子，武则天在位期间，武平一未积极参与政治，反而隐居避祸，在多番的政变中，置身事外，营造了其大唐忠臣的形象。武元衡作为其孙子，也立志要成为大唐的忠臣，而他最后也以自己的生命捍卫了家族的荣誉。武元衡在宪宗即位之前担任过御史中丞。当时正值王叔文专权，武元衡不满于王叔文等人操弄权术，对王叔文党的权力诱惑不为所动，最后因为不依附权臣而被罢为左庶子。但也因为这段因缘，武元衡被还在东宫的宪宗所欣赏，故宪宗即位后，就被重新恢复为御史中丞，并在元和二年（807）被任命为宰相。武元衡与李吉甫是宪宗即位

元和中兴：朝廷的短暂振作

初期就开始受到重用的两个核心大臣，可以说宪宗的一系列决策都有这两人的身影，他们也是积极的主战派。可是，元和九年（814）十月，李吉甫突然暴毙，武元衡成了宪宗削藩政策最为核心的主政大臣。所以李师道把矛头指向了主张派的武元衡。只要武元衡一死，朝廷中的主战派将失去重要的核心，其他宰相还敢接这个烂摊子吗？对于皇帝来说，失去了武元衡，无疑将是巨大的打击，那么朝廷也就没什么心思再继续打下去了吧。

元和十年六月初一，天还没亮，宰相武元衡从靖安坊东门而出，前往宫城面见皇帝。有人呵斥武元衡的车队熄灭蜡烛，前面开路的护卫还以为来者不认识宰相车队，直接上去叫其滚开。谁知这人突然一箭射中护卫，又有几人从暗中跳出，用大棒捶击武元衡。武元衡车队见此情形，瞬间不知所措，作鸟兽散。刺客在捶打武元衡后，骑上武元衡的马，追着随从十步后将其诛杀，还残忍地砍下颅骨而去。等到援兵赶到，刺客早已跑路，武元衡倒在血泊中，再也没有起来。就在同时，裴度在通化坊也遭到了刺客的袭击，头受到重击，被打入路边排水沟中。裴度倒是运气好，由于戴的毡帽很厚，减缓了冲击力，得以不死。再加上裴度的随从王义死抱着刺客大喊捉贼，为营救争取了时间，拯救了主人，但王义也因此失去了一臂。

同一时间，两个朝廷重臣被刺客袭击，一死一伤，手段残

第四章 威令复振：中兴事业的完成

忍，整个京城都人心惶惶。为了防止发生新的刺杀案，皇帝下诏加大对官员的保护力度，尤其是宰相出入，都增加守卫的兵力，一路上严阵以待，生怕再出现什么事。当然，刺客暗杀造成的威慑效应还是比较明显的，武元衡被杀后的几天内，朝中大臣不到白天都不敢出门，以至于参加早朝的皇帝在殿堂上等了很久，朝臣都还未到位。背后的恐怖分子并未消停，杀武元衡是一方面，还要给长安再增加点恐怖氛围。负责长安城治安的金吾卫、京兆府及下辖长安、万年两县都收到了恐怖分子的条子："别把我们惹急了，小心你的狗命！"负责捉盗贼的官兵也怕了，这帮人连宰相都敢杀，谁知道能干出什么事来，多一事不如少一事，于是对追贼也没特别上心。

沧海横流，方显英雄本色；贼子猖獗，大唐岂无忠臣？兵部侍郎许孟容在一片沉寂中发出振聋发聩的宣言："自古未有宰相横尸街头，而让盗贼逍遥法外的。这是朝廷的耻辱，一定要擒拿贼人！"又到中书省呼吁："请各位上奏起用裴度为宰相，并下令地毯式搜查贼党，一定要把这事查清楚！"这给了遭受重大挫折的宪宗以极大的鼓舞。有大臣如此，身为君主岂能辜负大唐忠臣，岂能让武元衡白白冤死。六月二十二，也就是武元衡被害二十一天后，宪宗下诏大肆搜捕贼人，抓获刺客者赏钱万缗，并授予五品的高官；敢于匿藏罪犯者，灭族！皇帝的态度强硬，京

元和中兴：朝廷的短暂振作

城上下也认真起来，一场轰轰烈烈的搜捕运动就此展开。

成德军在长安的办事联络机构——进奏院出事了。进奏院中有恒州士兵张晏等人，形迹可疑。而恰好神策将军王士则前来告状，没错，就是在王士真死后担心王承宗搞事情而跑到朝廷的王士则，人家还是王承宗的叔叔。可这个叔叔就真是"大义灭亲"了，直接向有关部门提供线索说是王承宗派遣张晏等人刺杀了武元衡。张晏等八人随即被擒，朝廷派出京兆尹裴武、监察御史陈中师参与审问。张晏等人很快就承认杀害武元衡的事实，但宰相张弘靖却认为张晏案件有不实之处，估计他是怀疑张晏等人是被屈打成招的。

面对张弘靖的质疑，宪宗并没有理会，因为武元衡究竟是不是王承宗杀的并不重要，他要的就是把王承宗拉下水，让朝廷有正当理由讨伐王承宗。其实早在张晏案审结前，宪宗还特意把王承宗前后所上的三个奏表给朝臣看，让大臣们给王承宗议罪。王承宗上表的内容不难猜，应该就是给吴元济说好话的，希望朝廷能够给予节度使，而且王承宗也不会明目张胆在奏章中说什么大逆不道之词。那么，宪宗拿出这三份奏章，大概联想到了武元衡之死就是为了吓唬朝廷求和，王承宗又是支持求和的，所以把矛头指向成德是很顺理成章的。再加上，五年前宪宗还被王承宗狠狠地坑了一把，此时不报，更待何时。所以，王承宗是必定要讨

第四章 威令复振：中兴事业的完成

伐的。于是，七月十八日，宪宗正式下诏，公开王承宗的罪行，绝其朝贡。这意味着朝廷不把王承宗当臣子看待了，不过也留了余地，诏书中明确规定，希望王承宗能够学习张茂昭，主动归朝，把节度使让出来。否则也就别怪朝廷打你了。

不过，之后一件发生在东都洛阳的案件，让暗杀的罪魁祸首李师道露出了水面。李师道派出刺客在东都洛阳焚烧宫阙，杀伤劫掠，干扰朝廷的后勤补给。这帮刺客就躲藏在淄青的留后院（淄青在东都的联络机构）中。其中有个小兵不知道什么原因，突然向洛阳的军政长官东都留守吕元膺告发淄青留后院中的这帮恐怖分子。吕元膺迅速采取行动，却被贼人逃脱，但顺着线索，吕元膺发现了受到李师道资助的恐怖分子据点——中岳寺，并捉拿了寺僧圆净以及同伙訾嘉珍、门察等人。园净曾是史思明的大将，尽管八十有余，但也是硬气，打死也不说出幕后黑手。不过，同伙訾嘉珍、门察就很快向吕元膺交代李师道才是杀害武元衡的凶手。李师道被平定后，田弘正从淄青搜出李师道暗杀武元衡的证据，最后也坐实了这一点。当然这是后话了。

这下宪宗就尴尬了。他当初没预料到会是李师道干的，可是吴元济、王承宗两条讨伐战线已经拉开了，如果这时候再加上李师道，三线作战，朝廷压力太大。没办法，只能先忍着。但李师道搞暗杀，进行恐怖袭击，这笔账肯定是要算的，只是还得再过

元和中兴：朝廷的短暂振作

段时间。

东都留后院的老窝虽然被吕元膺给端了，但李师道的恐怖袭击还在继续。十月二十五日，东都奏报有盗贼焚烧了柏崖仓。十一月又有盗贼焚烧了放置在襄州佛寺的军粮。同月二十三日，盗贼又把大火烧到了唐高祖李渊的献陵，寝宫及献陵附近的屋舍也不能幸免。李师道手下的人很会找准袭击对象。军粮和官方的粮仓自不用说，他们竟然盯上了唐代皇帝的陵墓。要知道，祖宗之陵属于禁地，在陵园一带砍伐树木都涉及大不敬，更不用说烧杀抢掠了。祖宗的陵墓被袭，无疑是打脸宪宗，相对于烧粮仓实质影响或许小一点儿，但政治影响就大了。所以，杀人诛心，李师道颇谙此道。官府倒也在努力抓贼，无奈这帮人是摸透了正规军的捕贼方式，采取流窜作案，愣是搞得官府晕头转向。敌人在暗，官府在明，结果到头来，官府都是后知后觉，贼没抓到，反而被贼耍得团团转。

东都防御使吕元膺倒是想到了一个办法：招募山棚来守卫宫城。东都西南部与邓、虢二州接临的区域是一片高山深林，山棚是生活在山区，以涉猎为生的民众。他们对山区地形比较熟悉，又英勇尚武，对于盗贼的流窜作案方式非常熟悉，警觉度和敏感性比普通官军要强得多。吕元膺招募山棚后，相关的恐怖袭击不见记载，估计是发挥了一定作用。

第四章 威令复振：中兴事业的完成

面对一系列性质恶劣的恐怖袭击，彼时的唐宪宗面对的压力可想而知。换成德宗贞元年间，朝廷早就妥协了。可是，宪宗内心自然不愿意对恐怖袭击屈服。焚烧皇陵虽然是朝廷的屈辱，但如果解决了河朔问题，把幕后的黑手给揪出来，皇陵的耻辱就微不足道了，高祖也会理解子孙的不容易吧。

兵部侍郎许孟容发出振臂一呼，既然贼人要杀主战派，那朝廷就以主战派且还是受害者的裴度为宰相，以此显示朝廷主战灭贼的决心。面对主和派要求罢裴度官以安成德、淄青之心的声音，英明决断的宪宗果断地拒绝，在武元衡刺杀案二十四天后，直接任命裴度为宰相，把用兵的一切事宜交由裴度处置。武元衡虽死，其继承者仍在，裴度将把武相未尽之事业推向成功。

尽管经历了一系列的挑衅，朝廷主战的决心仍未动摇，但前线的战事却不太令人满意。元和十年八月，李光颜在先胜一局后，又在时曲被淮西打败。局势有点微妙。更严重的是，作为朝廷讨伐军主帅的严绶不顶事，不像李光颜敢于斗争，能够主动出击打败敌人，山南东道八州万余人只是屯驻在边境上，严绶的军队龟缩在城里，不出击就不会失败。裴度在先前考察时就已经发现严绶这人不会治军，更不会打仗，无奈严绶花巨款贿赂了朝中宦官，位子稳得很。

平时皇帝也就睁只眼闭只眼了，毕竟严绶在之前讨伐夏绥、

元和中兴：朝廷的短暂振作

西川过程中出人出钱出力，也算有功劳。但这回不行，再不换人这仗就没法打了！于是，元和十年（815）九月十八日，朝廷以宣武节度使韩弘为淮西诸军都统。宣武与淮西相邻，韩弘也多次威慑淮西，以韩弘为讨伐淮西的统帅倒也是非常合适的人选。问题是，韩弘就是个骑墙派，他虽不像河朔藩镇那样跟朝廷对着干，但也不愿意成为朝廷的顺臣。宪宗把韩弘任命为都统，显然是想撺掇宣武对抗淮西，这对朝廷是有利的。

当然，从实际情况来说，韩弘是名义上的统帅，各镇的军队未必完全听韩弘号令，比如李光颜。严绶虽然能力不够，心里还有点畏缩心态，但韩弘是有本事的，让他去讨伐淮西，从治军能力上来说，韩弘绝对合格。可是，韩弘也学严绶那样，就是不出击，即所谓的"倚贼自重"。淮西不灭，朝廷就要依赖韩弘，不敢不客气，那韩弘就有了向朝廷要价的砝码。但淮西灭了，韩弘的价值就没了，后面还有好果子吃吗？可是，韩弘又不能公开反抗，所以最好的方式就是淮西慢慢打，先把好处拿够了再说。可是李光颜就啪啪打了韩弘的脸。本来韩弘看重李光颜在诸将中最为英勇善战，想用美人计来收服其心。李光颜作为一个直男，只知为国讨贼，对美女没啥兴趣。韩弘的使者带着美女来到军中，李光颜当着满座军士，发表了一段慷慨激昂的演说："韩相公（当时韩弘带有使相衔）怜悯我军旅之苦，赐我美女，我是感恩戴

第四章 威令复振：中兴事业的完成

德。可是，我的将士们也跟我一样，弃家远来，冒着生死，我怎么好意思一个人享受呢？"说到动情处，不禁涕泗横流，接着继续说道："烦请使者替我感谢韩相公的好意，我实在不敢接受。我李光颜以身许国，发誓绝不与逆贼同在大唐日月之下，我至死不渝！"此事也为韩弘与李光颜的矛盾埋下了伏笔。

淮西战役的指挥权交给宣武韩弘后，朝廷对山南东道的人事部署也进行了调动。元和十年（815）十月，山东东道分为两节度使：户部尚书李逊为襄、复、郢、均、房节度使，右羽林大将军高霞寓为唐、随、邓节度使。唐、随、邓以东就紧挨着淮西，此三州为山南东道进攻淮西的军事前线。高霞寓就是元和初年（806）鏖战西川鹿头关的将领，就军功来说，也是比较合适的人选。李逊与高霞寓的分工很明确，高负责军事攻略，李负责从所辖五州调集粮草支援。

经过重新部署，在元和十年的最后两个月，朝廷算是取得了几场胜仗。十一月，新任的寿州刺史李文通败淮西军，不久又在光州的固始再败淮西。韩弘向朝廷请命率领各路讨伐军合攻淮西。李光颜与河阳怀汝节度乌重胤合击淮西兵于小溵水。小溵水大致在蔡州境内，也就是说，在十月以后，经过朝廷重新调整人事布局，讨伐军已经打退了本境内的淮西军，转而进入了淮西所辖的光、蔡州境内。

元和中兴：朝廷的短暂振作

当然，在小溵水之战中，还发生了一个小插曲，也隐约暗示了朝廷讨伐军内部的矛盾。乌重胤的营寨被淮西进攻，乌重胤本人身中数枪，局势危急。李光颜在未有统帅韩弘的命令下，派出手下大将田颖、宋朝隐驰援乌重胤，于小溵水大破敌军。事后，韩弘以李光颜违反将令为由，要把田颖、宋朝隐军法从事。李光颜也不敢违命，只能乖乖交出二人。多亏了监军景忠信假称皇帝诏令，拦下了二人，并紧急上报朝廷，宪宗不仅免罪释放田、宋二人，也免了景忠信的矫诏罪。同时宪宗派人向韩弘解释："田、宋二人虽有罪，但他们有破贼的功劳，也算可以将功抵过了，也能够激励将士们杀贼立功。"韩弘尽管不乐意，但也无可奈何。

另一方面，朝廷虽然断了王承宗朝贡的资格，但也没下诏征讨。其实，大家都知道，王承宗是要打的，可没皇帝圣旨谁也不敢随便出击。魏博田弘正就表现得很积极，直接把兵开进成德境内，可惜屡次被王承宗给打回去。田弘正忍不了，接连跟皇帝请求，出击成德。宪宗还是没同意，但看着田弘正这么积极的态度，也就做出点妥协，允许田弘正把部队开到与成德紧挨的贝州，以便下一步从成德南部进攻。与此同时，朝廷也在调兵遣将，做好下一步打进成德的准备。元和十年（815）十一月，朝廷从北部的振武镇调发两千兵马，与义武军共同讨伐成德。义武即易定，位于成德北部。

第四章 威令复振：中兴事业的完成

王承宗也没闲着，除了整军备战外，也四面出击，效仿吴元济震慑一下朝廷。元和十年（815）末，王承宗纵兵四掠，周边的幽州、沧景、易定三镇受不了了，纷纷上表朝廷要求讨伐。幽州、沧景究竟是真心想打，还是做做样子就不好说了。元和十一年（816）正月，幽州节度使刘总就向朝廷奏报：打败成德兵马，斩首千余级，攻克冀州的武强，已经把军队开进了成德境内。

就在刘总上奏疏后不久，正月十七日，宪宗正式下诏，削夺王承宗官爵，命令河东、幽州、义武、横海、魏博、泽潞六道进讨。至此，元和削藩战争的规模进一步扩大，朝廷两线作战，财政压力也进一步扩大。

二、财政危机下的坚守

战争打的就是金钱，没钱根本支持不了大规模的战事。唐德宗建中年间的削藩，在很大程度上就是因为钱不够了，中央财政危机引发了一系列动乱。所以，钱是很重要的，重要到甚至一度决定了战与不战。元和五年（810）朝廷征讨成德，朝廷罢兵其中一个原因就是军费压力大，但彼时钱的问题还不是特别突出。可是元和十年以后，随着战事规模扩大，朝廷财政就开始撑不住了。

元和中兴：朝廷的短暂振作

其实，元和一朝的大臣对于战争中的财政问题是非常敏感的。早在元和初年讨伐西川时，度支盐铁使李巽就对财政支出非常重视，对朝廷持续派遣军队前往西川表示忧虑。元和五年（810）讨伐王承宗时，白居易就特别强调军费问题。当然，在元和十年（815）以前，由于朝廷用兵的规模相对有限，因此并没有造成特别大的危机。

可是，元和十年以后，战端已开，财政压力凸显以后，就直接影响到了政治。最集中表现在主战与主和的冲突中。李师道搞恐怖袭击，焚烧官军的粮草，就是盯上了军事供应这个大问题，利用军需的困境给主战派造成压力。宪宗通过武元衡刺杀案，把矛头对准了成德王承宗，但在元和十年七月一日公开禁止王承宗朝贡后，到了第二年的正月十七日才正式下诏各路军队进讨。之所以中间会有长达半年时间空隙，一方面是因为朝廷在给成德主动"请罪"的机会，另一方面更因为朝中担心两条战线开辟后军费压力增大。当时的宰相张弘靖就指出："如果两条战线同时展开，恐怕朝廷的力量难以支撑，还是先把淮西平定了，再去征讨王承宗。"即便是宪宗正式下诏征讨成德后，另一个宰相韦贯之也坚持先淮西后成德，并以德宗建中时期的惨痛教训为例。

尽管有财政压力，宪宗还是决定两线作战，财政压力以肉眼可见的速度增长。一般来说，要想让财政压力减少到最小，除了

第四章 威令复振：中兴事业的完成

分批分时招讨以外，还有一种方式就是迅速平定叛乱。换言之，两条战线拖得越久，对朝廷越是不利。无奈战场局势还是朝着不利于朝廷的局面发展。

自从元和十年（815）正月正式下诏讨伐吴元济后，官军在山南东道、寿州一线并没有占据优势，到了元和十年的最后两个月，讨伐军才转攻入淮西境内。元和十一年（816）三月，寿州刺史李文通奏败淮西兵于光州的固始，攻陷镲山。同月，唐邓节度使高霞寓奏败淮西兵于蔡州的朗山，斩首千余级，还焚烧了淮西军的两座营寨。四月，李光颜、乌重胤败淮西兵于凌云栅，五月又痛击淮西兵于凌云栅，斩首两千余。本来讨伐军的进展还算可以，可是高霞寓这一路遭遇了淮西军迎头痛击，顿时让战局突生变故。

元和十一年六月初十，高霞寓大败于铁城。败得有多惨呢，大军全军覆没，只有高霞寓一人逃了出来，退守唐州。高霞寓从唐邓一路攻入淮西的战果瞬间打了水漂。此次战败让许多潜藏的问题一下子暴露出来了。之前各路讨伐军都是报喜不报忧，有点小胜就大肆吹嘘，攻打一个村的胜利都能给吹成一座大城。打败了，能掩饰的就掩饰，但像高霞寓这样的大败，再也瞒不住了。高霞寓把战败的责任推给李逊，说是李逊后勤接应不及时所致。朝廷干脆把两人都给贬了，派出河南尹郑权为山南东道节度使，

元和中兴：朝廷的短暂振作

荆南节度使袁滋为彰义、申、光、蔡、唐、随邓观察使。彰义是淮西的军号，这是重新调整军区，以应对战局需要。同时高霞寓大败以及由此爆出的一堆问题，让朝中的主和派不淡定了，纷纷要求罢兵。宪宗继续顶着压力。为了表明主战的态度，把主和的韦贯之罢相，不久又派到湖南当观察使。用兵事宜，仅跟宰相裴度及部分心腹讨论，算是暂时规避了主和派的压力。

高霞寓大败之后，其他几路讨伐军还算取得了一定的战果。元和十一年（816）六月，宣武军奏在郾城大破淮西军两万，杀两千余人，生擒千余人。九月二十三日李光颜、乌重胤奏攻克凌云栅，两日后又克石、越二栅。寿州李文通也大败殷城的军队，攻克六座营栅。这一系列胜利看上去还比较乐观，但仔细一看就发现官军的进度非常缓慢。韩弘的宣武军只消灭了两万淮西军中的三成左右，主力还在。而李光颜、乌重胤联军进攻凌云栅半年多，才将其攻陷。李文通算是将战线推进到了光州的殷城。总体来说，官军与吴元济的淮西军还处于胶着对峙中，战局未有根本性的转变。

朝廷新任的袁滋，也就是负责从东侧攻略淮西的主帅，竟然消极怠慢。要知道，对于宣武韩弘，朝廷虽然给予了都统头衔，但对宣武能给朝廷卖命也没抱多大希望。其他几路讨伐军虽也参与作战，但从藩镇实力、距离淮西中心蔡州远近来说，山南东道

第四章 威令复振：中兴事业的完成

一部无疑是主攻方向，尤其是唐州作为前沿更具有重要的地缘价值。可是，这么重要一部的指挥官袁滋竟然卸去了斥候，还告诫手下不要去入侵淮西境内，还用很客气卑微的语气给吴元济写信。这样子，简直就是丢朝廷的脸啊。宪宗一看这情形，赶紧把袁滋撤了，派出了太子詹事李愬去接袁滋的班。

再看成德战线。早在元和十一年（816）正月，朝廷还未公开下诏征讨前，幽州的刘总就已经攻取了冀州的武强县，反向攻入了成德境内。二月，泽潞节度使郗士美上奏破成德兵，斩首千余级。刘总又破成德兵，斩首千余级。魏博的田弘正接连攻克了冀州的固城、鸦城。三月，刘总围深州乐寿。四月，幽州又在深州破成德军，斩首两千五百级。易定节度使浑镐破成德于恒州的九门，杀千余人。六月，田弘正破成德兵与冀州南宫，杀两千余人。八月郗士美大破成德于赵州柏乡，杀千余人，降千余人，把柏乡团团包围起来。十二月，沧景节度使程权在德州的长河破成德军。

从这个战绩看，讨伐军对成德的攻略也不算是没有进展。但问题是，这些战果是各路节度使自己上报的，尤其是像幽州刘总、沧景程权这样的节度使，本身就属于墙头草。他们不敢公开跟着王承宗造反，不愿意背负不忠君的罪名，但也不愿意成德就这容易被朝廷讨伐军打掉了。所以，他们虽然也出兵，并向朝

元和中兴：朝廷的短暂振作

廷汇报战果，但多数时候还是做做样子的。更何况，替朝廷打仗还能捞点好处，那仗就慢慢打，时间拖久了好处也多点儿。也就只有郗士美打仗还积极些，但从他的战绩来看，也未有很大的突破，连个柏乡也没拿下。

更严重的问题在于，元和十一年（816）十二月，易定节度使浑镐这部全线崩溃，这对于战局产生了十分重要的影响。浑镐是德宗时期的大将浑瑊的儿子，算是出身名将世家。在与王承宗的对战中，浑镐可以说是屡战屡胜。王承宗算是个能人，元和五年（810）纵横捭阖，面对几路大军征讨，还是能够冷静应对，硬是没让朝廷大军讨到便宜。浑镐被眼前的胜利冲昏了头脑，一下子把大军全线压上，准备直捣王承宗的老巢恒州城，开到了距离恒州三十里处。面对如此汹汹局势，王承宗的压力也是巨大的，但立刻想出对策，派出部队到易定境内搞突袭，放几把火，劫掠城邑。这倒是跟李师道的刺客一个套路，而且基本上屡试不爽。易定的后方开始慌了，后面不稳就影响到了前线军士的心态，毕竟家人财产还在大后方。本来这种情况下，应该先稳定军心，再进一步采取行动。可前线督战的监军不干了。本来朝廷就指望着赶快结束战争，把王承宗给解决了，易定这路打得这么顺，当然要趁热打铁，毕其功于一役啊。然而当浑镐与王承宗一对战，成德军的真实实力终于拿出来了，浑镐大败，灰溜溜跑回

第四章 威令复振：中兴事业的完成

了定州。浑镐溃败后，易定军中也暗流汹涌，潜藏着动乱的因素。易定本身就属于河朔藩镇，节度使虽说换成了朝廷的人，但军队的成分还是没怎么变。朝廷反应迅速，以张茂昭的外甥陈楚为易定节度使，接替浑镐。陈楚在张茂昭入朝前就一直在易定军中，可以说是根深蒂固，在当时情况下是最为合适的人选。陈楚奔赴定州后，控制了不安的军心，并护送浑镐离境。

进入元和十二（817）年，战事延宕所造成的压力进一步加大。二月，韩弘奏攻克蔡州古葛伯城。但其他各路多遭到了溃败。二月，鄂岳观察使李道古出兵黄州的穆陵关，进攻申州，一开始攻下了申州的外围城墙，准备下一步进攻第二层的子城。但晚上被城中守将突袭，李道古军队在惊慌失措下，死伤惨重。进入三月，泽潞的郗士美也在柏乡遭遇大败，死者千余人，泽潞军只得拔营而归。郗士美在816年八月进围柏乡，足足折腾了半年，结果一无所获。同样是三月，王承宗以两万兵马攻入景州的东光县，破坏了白桥路，阻断了景州的弓高南下救援的交通。这一波围魏救赵，使得深入德州的程权没办法了，自家根据地被占，哪还有心思打德州啊，赶紧回家救援。于是，程权也只能带兵回到沧州。

讨伐成德诸军中，先有浑镐丧师，后有郗士美溃败，再有程权退归，几路讨伐军都被王承宗巧妙地打退，而幽州刘总在观

153

元和中兴：朝廷的短暂振作

望。在淮西战线中，高霞寓大败后，李道古又溃败，李文通也没有更多的进展，韩弘更是养寇自重。只有李愬还在坚守，并策划着一个军事上的奇迹，此为后话，暂且不表。

讨伐淮西的军队将近九万，讨伐成德的六镇军队十余万，淮西打了快四年，成德打了两年，不仅没把吴元济、王承宗拿下，还接连遭受了几次重大损失。最麻烦的是，这些军队围着淮西、成德边境数千里，相互间未能实现完全配合，韩弘虽是讨伐淮西的统帅，但指挥系统显然没那么好使。更麻烦的是，为了支援各路讨伐军，朝廷的补给战线不断拉长，千里转运，参与运输的牛驴都被累死四五成。大量的耕牛被征调去转运粮草，老百姓没法耕地，有点条件的拿驴来耕地，没条件的就连犁地的牲口都没有了。像刘总这样的，更是迁延作战，打下武强后，兵出边境才五里，就屯留不进了。但帮着朝廷出兵讨伐，朝廷度支还得每个月给刘总十五万缗的军费。

面对这种局势，当时的宰相李逢吉主张先集中力量打下淮西，然后再回取成德。宪宗犹豫许久，最终还是同意了。元和十二（817）年五月十七日，朝廷正式下诏，撤销讨伐成德的河北行营，各路讨伐军回到本镇。成德行营撤销后，在一定程度上缓解了朝廷的军事压力，但压力仍然很大。更麻烦的是，当时负责前线军事转运的度支使杨於陵工作不给力，多次未能及时支援

第四章　威令复振：中兴事业的完成

前线，使得前线压力倍增。当然，这也未必全怪杨於陵，二十余万人的吃喝，关键是还分布在千里长的战线，无论是转运的量还是转运的空间广度，都是巨大的。

也正因为战争消耗太大，转运困难，李逢吉及朝中的主和大臣以此请求宪宗罢兵求和。此时主和派已经不仅仅是基于历史经验的主张，而是基于现实困局的考量。或许在他们看来，再不收手，一系列崩盘效应随时可能发生。当然，英明神武的唐宪宗最后还是顶住了压力。

那么，这些主和大臣所言的财政压力究竟有多大呢？我们不妨采取倒叙的方式，谈一谈元和年间几次削藩战争的军费数额。元和初年的西川一役，朝廷拨付高崇文一百四十万缗，最后花费了七十万，剩下一半归入了西川地方财政中。当然，为了鼓励将士，宪宗从自己的私库——内库里拿出了不少用于赏军。元和四年（809）十月至五年（810）七月，朝廷征调二十万军队讨伐成德，十个月共花费七百万缗。按照这个标准，每万人每月需花费三点五万缗。讨伐吴元济时间若从正式下诏征讨的元和十年正月算，至十二年（817）十月被朝廷平定，讨伐军九万余人，耗时三十四个月，共花费军费约一千零七十一万缗。第二次讨伐成德的战事从元和十一年（816）正月十七日算，至十二年五月十七日撤销河北行营，历时十六个月，花费五百六十万缗。如果不算

155

元和中兴：朝廷的短暂振作

上为了防备李师道偷袭的军事投入，元和十年至十二年上半年，朝廷花费了一千六百三十一万缗。如果再算上各镇赏赐，那数额更大。

一千六百余万缗是什么概念呢？唐代后期朝廷的财政收入大致在一千五百万至两千万缗，不同阶段随着朝廷理财能力的变动有所变化。元和初期，两税、盐利、青苗钱、榷酒等国家主要收入约为每年一千六百五十七万缗，后来经过元和君臣的努力增加到了两千零五十五万缗。朝廷讨伐淮西和成德所花费的军费大致相当于朝廷一年的财政收入。问题在于，唐代后期的财政采取了"量出以制入"的方式，即根据支出来确定收入。两税和盐利是其中的大头，两税就是根据"量出以制入"所制定的，两税的各项收入与支出是对应且固定的。盐利的收入根据政府掌握的食盐经营销售的好坏所决定，有一定的伸缩性。元和年间的盐利收入大致在六百至九百万缗。度支用于供应西北地区边军、长安禁军日常的衣粮等费用在一千万缗左右，此外还要供应长安百官的俸禄、政府机构的运行、宫廷各种人员的日常开销等，虽无法得出具体数额，但大致是有个比较清晰的概念：按照正常的财政状况，朝廷很难拿出更多的钱来支援削藩战争。朝廷一年能省出一两百万缗就已经是很不错了，更不用说将近一年的收入了。

当然，在战争过程中，宪宗及其大臣们也在想发设法弥补财

第四章 威令复振：中兴事业的完成

政紧缺。首先是允许官员搞钱，当然搞到的钱还是要支援朝廷的。具体怎么做呢？就是允许各地州府设置盐茶店，收取过往客商的商税，说到底就是变相的增加税收。当然，善于理财（搞钱）的官员也要重用。在中央层面，宪宗特别重用了一个叫皇甫镈的官员。皇甫镈在贞元年间考中进士，登贤良文学制科，按照正常的认识来说，他会成为一个舞文弄墨的文人。可是，人家非常能干，在担任吏部员外郎、判南曹时，负责官员的考核，对于作奸犯科的奸吏严厉打击。说得好听点，皇甫镈这人严格执法，说得难听点就是严苛了。皇帝要搞钱，就需要皇甫镈这样善于处理行政事务且行事严苛、敢于打击奸吏的人。当然，皇甫镈为了能够上位，也在皇帝面前做了不少工作，向皇帝表明：皇上您现在缺钱，我能帮您理财啊！于是，皇甫镈步步高升。元和十一年（816），度支使杨於陵因为工作没做好，被罢为郴州刺史，皇甫镈继任为度支使。地方上则把善于理财的官员派到江淮财赋重地。司农卿王遂、京兆尹李翛有善于理财的"美名"（实际上叫"聚敛"），宪宗把他们派到宣歙、浙西担任观察使，因为这些地方是富饶之地，他们能够帮助朝廷搞钱。

这还不够，为了解决眼下的财政危机，在盐铁使王播的建议下，宪宗派遣盐铁副使程异到江淮去巡视赋税。王播对此次出使目的说得很清楚，要求程异对江淮各州府上供给中央的钱米进行

元和中兴：朝廷的短暂振作

核查，如果有假托水旱灾害，不缴或少缴的，程异有权进行问责。与此同时，程异的另外一个使命就是催促各地方送到前线的钱物，以保证前线的供应。这还不够，各地前面年份积欠未缴纳的税赋，也催促能缴则缴。

前方吃紧，后方也得抓紧支援。程异也算是能干事，在江淮地区获得了一百八十五万贯。那他是如何搞到这些钱的呢？原来，程异到了淮南、浙东、宣歙、江西、河南、岭南、桂管、福建等道，就与各路观察使商量，压缩本道的经费，省出来当作羡余，用来助军。这个意思嘛，大家都懂的。朝廷没说要加税，但只要能保证前线的军费，其他的你们看着办吧。不用说，在这种暗示下，各地节度使怎么会不积极给朝廷想办法呢？比如剑南东川节度使卢坦就把军吏闰月的工资当作助军了，闰月本来就是多出的月，那这钱也就是羡余了。最积极的当属淮南节度使李鄘，为了配合程异的工作，把淮南境内的府库都搜了个遍，保留了一年的用度，其余都当作羡余贡献给了朝廷的削藩事业。淮南是富庶之地，李鄘想着我们有钱，过了几个月，新的税收就上来了，有底气。李鄘的优异表现，很快就起到了激励各路藩镇的作用，大家都以李鄘为学习对象，踊跃献上助军的钱物，给朝廷排忧解难。本来朝廷只是要求各地的观察使、节度使进羡余，可是李鄘的感染力深深"打动"了某些刺史，也有主动进羡余的。比如处

第四章 威令复振：中兴事业的完成

州刺史苗稷进羡余钱七千贯，还有绢二万六千匹、端麻鞋一万量等。

当然，并不是所有的地方官员都支持程异的工作。韦贯之被贬到湖南任观察使，又遇上了程异前来"要债"。韦贯之也是有脾气，他不愿意变相给老百姓增加负担，就把属下六个州的留使钱用作助军了。这下程异不开心了，皇帝是叫你们省吃俭用的，你竟然赤裸裸地把本地的所有经费都给缴了，这影响不好。没错，结果韦贯之又贬官了，被放到东都担任分司官，一个没多少权力的清闲职位。

程异工作虽然干得好，但钱还是不够。各地节度使、观察使积极给朝廷"排忧解难"，生怕不够积极，忠心没被皇帝看到。朝廷为了不负各位的忠心，也不说是羡余了，干脆直接认可这些钱是"助军钱"。本来嘛，各地只是取所谓的"羡余"来支援前线，但换成"助军钱"的名义，那范围就多了去了。有的官员干脆拿出自家的家产来助军，支援朝廷就是为了我们家族啊，有朝廷才有家啊。这部分家产哪里来的，估计谁也不敢说一定是清白的，皇帝看到官员助军，开心还来不及，自然不太会愿意去计较钱是哪里来的。毕竟这些都是小事了，前线的战事才是最关键的。朝廷也不会白白拿好处，比如杨於陵工作不利导致前线军粮转运不及时，朝廷干脆下诏让民间筹措军粮，直接送到河北、淮

元和中兴：朝廷的短暂振作

西前线，送千斛以上的都授予官职。民间如此，更不用说给朝廷排忧解难的官员了。

当然，身为宪宗头号理财官的皇甫镈也没闲着，展示理财才华的机会来了。就在程异出使江淮前三个月，皇甫镈给宪宗想了一个主意——除陌。这方式唐德宗也用过，不过德宗是把使用范围扩大到所有的公私交易。皇甫镈这个除陌呢，只是涉及官方。元和十一年（816）九月，朝廷下令，官府支用的钱，每贯（一千文）除陌二十文，在此基础上再抽取五十文，这部分除陌、抽取的转而当作供军。简单来说，朝廷本来应该拿出一千文的钱用于支付各项费用（如采购、支付官员俸禄等），实际只拿出了九百三十文，而账面上的支付金额仍然是一千文。也就是说，每一千文中被官府克扣了七十文，这实际上就是变相减少支出的方式。这就是皇甫镈的"智慧"。

当然，皇甫镈的"智慧"远不止于此。在创立除陌之前，皇甫镈还提出要提高关中的四个盐监（即官府经营的食盐生产销售机构）、剑南东西川、山南西道的盐价。唐代后期的食盐由官府实行产销一体化，食盐价格并不是由市场决定，而是采取官方定价的方式。老百姓都要吃盐，提高食盐销售价格，羊毛还是出在羊身上，负担自然是落在了普通百姓身上。此外，皇甫镈还提出要减少官员的俸禄，各州府征收的两税、榷酒、盐利、布匹等都

第四章　威令复振：中兴事业的完成

要加价定数，简单来说就是通过各种手段，或增加征收的数额，或通过调整货币与实物的兑换比，让官府能够收到更多的钱物。为了创收，皇甫镈还把皇帝内库中的积年朽败之物出售，当然肯定是高于其实际价格出售的。反正一切都是为了捞钱。

如果这只是为了保障前线将士的军费，那也还算能够理解皇甫大人的苦心，可是他把克扣对象转移到前线将士头上，这问题就大了。唐代后期藩镇体制下，一般藩镇的军费及行政费用由本镇根据本地财政所供养，部分军队如中央禁军、长安西北的边军以及中央和部分地方的行政机构则由皇甫镈所掌管的度支负责供应。度支所供应的军队及机构人数，大致占了全国的三分之一以上，也是一笔相当大的费用。不用猜，皇甫镈把克扣的对象放到了他们身上。至于如何克扣，不外乎以次充好，利用实物与货币的兑换比谋取差价，甚至缓发或停发军费和俸禄，更为严重的是，皇甫镈还把淮西前线的军粮给克扣了。本来朝廷应该一半给钱，一半以实物供给，皇甫镈愣是把该给的钱克扣到了一成、两成。

皇甫镈这么干很缺德，淮西前线的将士正在为朝廷拼命，而朝廷度支却如此欺负这些士兵。皇甫镈肯定是得罪了不少人，但他竟然一路顺风顺水，甚至后来还跟程异一道被宪宗任命为宰相。当然，财臣任宰相是元和后期政治的一个重要特点，根本原

元和中兴：朝廷的短暂振作

因还是在于财政在朝政中有着无可替代的作用。程异相较于皇甫镈，还算是比较低调，他曾是王叔文的党羽，要不是宪宗看重他的理财能力，本来压根儿就没有翻身的机会。但皇甫镈干了这么多缺德事，竟然还能身居高位，没有别的理由，就是迎合了皇帝的需要。给皇上办事，能够办成事，保证平乱前线的军费，保证皇帝的财政需要，这就是最大的政治。

除了使用皇甫镈、程异等"自己人"外，宪宗为了加强对前线财政的控制，还使用了另一批人——宦官。当然，连吐突承璀这样的宦官都能当军事统帅，那么宦官参与军事财政也就很正常了，更何况在各路讨伐军中宦官还担任了监军。但是宦官充当负责军事转运、发配的馆驿使、粮料使等职务，就动了其他大臣的蛋糕了。元和初年（806）讨伐西川时，宪宗就想以宦官作为负责转运的馆驿使，遭到了监察御史薛存诚的反对而作罢。因为馆驿使一般由监察御史兼任，薛存诚就主管馆驿事务，能不反对吗？元和四年、五年讨伐王承宗，宦官曹进玉为京畿、华州、河中、晋州、太原等方面军的馆驿使，刘国为太原、易定、幽州、沧州行营兵马粮料使，马朝江为东道行营兵马粮料使，各路讨伐军的馆驿、粮料等事务都被宦官承包了。不过，这事后来因为遭到反对而作罢，并没有执行。元和十二年（817），由于杨於陵转运事务不给力，宪宗直接把宦官放到了馆驿使的位置上。这回又

第四章 威令复振：中兴事业的完成

有左补阙裴潾出来劝谏，希望皇帝能够收回成命，不过这次宪宗没听进去。

除利用程异、皇甫镈甚至是宦官来管理财政以摆脱危机外，宪宗还搞了另一招——进奉。没错，就是德宗姑息之政时接纳地方藩镇的孝敬。讽刺的是，宪宗即位之初重申了拒绝地方进奉的命令，不爱金钱、美女，就是为了重振朝纲。想不到为了朝纲，还是走回了老路。宪宗自己也很清楚，接纳地方藩镇的进奉不是明君所为，但为了洗雪祖宗的耻辱，没钱是不行的。德宗姑息的另一面就是朝廷实力不够，没有一支直属于朝廷的强大军队，更没有雄厚的财力支撑规模庞大的削藩战争。所以，德宗晚年大肆接纳进奉，放任裴延龄，也是有着积蓄实力的考量。德宗生前给儿孙留下了一堆烂摊子，但也留下了雄厚的财政积累——皇帝私人内库中的大量财富。

宪宗延续了德宗的政策，在规模数量上，比起祖父有过之而无不及。前面提到的助军钱，也可以算是一种进奉。元和时期也有大臣因为进奉被弹劾，宪宗也是虚心接受了这些弹劾意见。但转过来，又私底下通过各地藩镇在长安的联络机构，让他们继续给皇帝进奉送钱。当然，宪宗的进奉跟德宗时期还是有点不同，宪宗脑子还是比较清楚，对于德宗时期地方官员因进奉受宠从而滥用职权损害朝廷威信的行为，还是有所警惕的。宪宗所要的

元和中兴：朝廷的短暂振作

是，在政治、军事上听朝廷话，在财政上听皇帝话的"忠臣"。

当然，皇帝的内库收了这么多钱，也不能留着自己享用，否则真成昏君了，何谈中兴。其实从元和元年（806）的西川之役开始，内库的钱就多次拿出去劳军，这本来应该是度支的国库该干的，没办法，国库财政紧张，就只能内库来支援一下了。元和十年（815）以后，内库的财物不断地支援前线：十年十一月出内库缯绢五十五万匹供军，十二月出缯绢五十万匹；十一年（816）正月，以绢万匹购买战马征讨吴元济，又出缯绢六万匹供军，二月以内库绢四万匹赏幽魏将士，十一月分两批出内库钱共一百万贯供军；十二年（817）二月内库绸绢共九十万匹、银五千两付度支供军，九月出内库绫罗绸缎、玉金带及妇人首饰送度支供军；十三年（818）六月出内库绢三十万匹、钱三十万贯，九月又出内库绢十万匹供军；十四年（819）出内库钱帛共一万贯匹供军。粗略估算，内库支出的这些钱物比程异从江淮搞到的一百八十五万缗多出了不知多少倍。

如果按照政治道德的标准来看，宪宗这么做显然不是一个明君。但理想是丰满的，现实往往却是非常现实的。正是这一系列不道德的操作，保证了朝廷能够支撑大规模、持续的削藩战争。宪宗面对河朔藩镇的恐怖袭击、主和派的施压，依然顶住压力，坚守主战的立场，算是勉强避免了建中时期那样的大崩盘。

第四章　威令复振：中兴事业的完成

尽管宪宗君臣在财政危机下苦苦支撑战局，但如果淮西战场的局势未能出现根本性改观，这种坚守也终将崩溃。焦灼的战局最终由新任的彰义、申、光、蔡、唐、随邓观察使李愬打破，李愬的奇迹最终迎来了元和削藩的胜利曙光。

三、李愬的奇迹与《平淮西碑》

李愬是德宗朝平定朱泚叛乱、收复长安的功臣李晟的儿子。在前往淮西战场任职前，并未有特别显著的军功。不过，李愬出身于名将之家，李愬的兄弟李愿、李听都参与了元和年间的削藩战争。李愬本人有筹略，善骑射，显然是继承了其父之风。不过，由于李愬在之前并未有多大名气，这反而为他平定淮西提供了便利。

上任后，李愬面临的局面非常糟糕。自严绶、高霞寓大败于淮西后，袁滋又采取消极的态度，军中接连遭受摧败，士气低落到了极点，厌战情绪高涨。李愬眼看情形不对劲，却也不急于给将士们打鸡血提振士气，反而是采取了迂回路线。他的方法很简单，即以佛系态度治军，对于军事训练、军士整顿采取宽容的态度。袁滋是因为整顿军事不给力而被朝廷罢免的，结果李愬还是同样纵容，自然要引起某些人的焦虑。李愬面对疑惑，干脆坦白

元和中兴：朝廷的短暂振作

说："淮西贼寇早就习惯了袁尚书（袁滋）的不惹事政策，我也不打算改变。天子知道我李愬天性柔弱，能忍辱负重，所以派我来安抚各位，希望大家不要紧张。打仗这种事，不是我擅长的，所以我的政策是保境安民，不去惹是生非。"这些军人本来就被打怕了，听闻此言，都心生欢喜。

当然，这只是李愬的糖衣炮弹，有点政治敏感性的都应该意识到，李愬在这个时候被派到唐邓，如果不严格执行朝廷的主战政策，那不是自找死路吗？表面上佛系治军的李愬，却不动声色地开始实施他的计划。首先就是收买军心。他亲自巡视军营，像父亲一样关心军士的生活，对于受伤、生病者，亲自给予抚恤。同时，他还撤去了自己的伎乐，停摆了游宴活动，以表示跟将士同甘共苦。面对李愬的佛系态度，身边的人开始劝谏李愬："不能再这么搞下去了，朝廷是派您来打淮西的。"李愬这才说出了真实的想法："我也不是不知道，但袁尚书在位期间对淮西采取绥靖政策，滋长了对方的骄横态度。朝廷把袁尚书给罢免了，派我来接替，吴元济肯定意识到朝廷要派一个强硬的人来应对淮西。淮西听闻我来任职，肯定是要增加防备，这样我们打淮西就增加了难度。我之所以在军士面前重申袁尚书的政策，并强调我不是专门来打仗的，就是为了向淮西示弱。吴元济看到我如此懦弱，之前也没什么明显的军功，必然会有懈怠之心，那么我们就有机会了。"事实果然如李愬所言，吴元济真的没把李愬放在眼里。

李愬谋划的障眼法用了将近半年的时间，看到时机已经成熟，军中士气也有所改观，便开始实施下一步计划——谋袭蔡州。李愬请求朝廷给自己增兵以实施自己的计划，宪宗迅速做出反应，划拨泽潞、河中、鄜坊两千人。元和十二年（817）二月，李愬派出十将马少良带着十余骑巡逻，遇上了吴元济的捉生虞候丁士良，经过一场混战，丁士良被生擒。本来这只是一个战场上再普通不过的小插曲，但由丁士良被擒而引发的一连串事件，撕开了奇袭蔡州的口子。

丁士良是吴元济的骁将，多次袭扰唐邓边境，山南东道的军士对丁士良有着深深的恨意。不出意外的话，丁士良的结局应该是惨死。一开始李愬也顺从军士的意愿，但后来他把丁士良叫过来狠狠批判了一通。丁士良毫无畏惧之色，李愬见此竟感叹不已，于是下令松绑。李愬算是把收买人心的手段用到了一定高度，后面这招屡试不爽。丁士良见此，也就跟李愬说了实话："我本来是安州的军士，贞元中跟吴少阳作战被俘虏。本来我也不想活了，可是吴少阳不仅放了我，还重用我，我很受感动，所以就给他们父子尽力。昨日被李公所擒，本来也是要死的人，又承蒙您再生之恩，我愿意以死相报。"李愬也不含糊，不仅给衣给装备，还继续任命丁士良为捉生将，淮西这边是什么官，到了李愬

元和中兴：朝廷的短暂振作

这边继续。

丁士良投靠了李愬，总得拿个投名状以表忠心，淮西大将吴秀琳成了他的目标。丁士良向李愬献策："吴秀琳拥有三千人马，屯聚在蔡州西南一百二十里的文城栅，构成了蔡州防线的左臂。吴秀琳之所以能够三番五次阻挡官军，主要是因为手下大将陈光洽出谋划策。陈光洽有个特点，就是喜欢亲自上战场。我请求为您先擒拿陈光洽，失去了光洽，吴秀琳撑不下也只能投降了。"不久，陈光洽被生擒。

三月，李愬带兵至文城栅。唐州刺史李进诚怀疑吴秀琳假意投降，不可轻信。李愬为表诚意，亲自到城下招降，吴秀琳受到感召，率手下三千人束手投降，文城栅被官军拿下。文城栅军队被李愬改编，家属迁至唐州安置。这场胜利极大地提振了唐邓军队低落的士气，将士们跃跃欲试，期待早日打进蔡州城。吴秀琳的投降起到了很好的示范效果，淮西军中投靠官军者相继于道路，李愬则是给钱给粮，好好安置。不战而屈人之兵这招用得是相当成功。

三月二十九日，在攻下文城栅后，李愬又派出董少玢等分兵攻占蔡州各营寨，当天董少玢就攻下马鞍山，拔路口栅。四月初二，大将马少良又攻克嵖岈山，擒获淮西将柳子野。不久，妫雅、田智荣攻克淮西的冶炉城。初七，阎士荣攻下白狗、汶港二栅。十四日，妫雅、田智荣又破蔡州的西平县。十七日，王义破楚城。五月初二，李愬派遣柳子野、李忠义袭击朗山，擒守将梁希果。十八日，又攻下唐州青喜城。李愬攻城拔寨，取得了不少胜利，但从整个战局来看，还是没有取得实质性战果。甚至在五月二十六日李愬进攻朗山时，遭遇淮西的救援兵马，战况进展很不顺利。军士备受挫折，李愬却表现出乐观的精神。因为这情形正好符合了他的预期，为实施奇袭蔡州的计划，就必须不断使敌人放松戒备，官军进展越不顺，淮西就越容易放松警惕，奇袭也就越容易成功。

李愬也为奇袭做着充足的准备。招纳淮西降卒，打探淮西虚实，通过善待像丁士良这类淮西降卒，李愬获取了淮西内部大量的军事机密，这为他下一步奇袭蔡州提供了重要参考。其中值得一提的是，为了实现奇袭蔡州的目标，吴秀琳向李愬推荐了驻守兴桥栅的淮西大将李祐。李愬派出厢虞候史用诚，在李祐出栅割麦时，设伏生擒。李愬像对待丁士良一样，再次上演了一出义释的戏码，成功把李祐揽入军中。在李祐之前，李愬还收编了吴秀琳手下的将领李宪，不知是不是嫌这个李宪跟弟弟同名（李愬有个亲弟也叫李宪），李愬干脆给改名李忠义。

李愬、李祐、李忠义这三个老李家的，整天整夜都在密谋如何才能奇袭蔡州，军中其他人员都不知道这三人在干吗。这本来

元和中兴：朝廷的短暂振作

倒也没什么，毕竟这是军中机密，可问题是，李祐、李忠义是淮西降将，李愬不信任自己人，却偏偏相信这两个外人，那还了得？于是李愬手下的将领便劝诫他要提防李祐是间谍，李愬不听，反而对李祐更加厚待。这情形导致士卒更加不满，流言蜚语及各种诽谤纷纷而来，更有甚者竟根据抓获的淮西间谍供述，认为李祐就是淮西派过来的间谍。流言蜚语不可怕，但如果有了这种像样的"证据"，那就有点儿麻烦了。李愬认识到如果李祐的问题不解决，万一这些诉状被传到皇帝耳边，那李祐就要不保了。李祐的能力以及对淮西军事情况的熟悉程度自不必说，如果把李祐杀了，那李愬招揽淮西降兵的工作效果就要大打折扣，以后淮西兵看不到活路，更有可能负隅顽抗，这无疑将增加平叛的压力。李愬无奈，只能先将李祐按规定送到京城审问，同时又给皇帝写信，说明李祐对平定蔡州的重要性。宪宗这时充分体现出了明君的做派，很快就释放了李祐。为了彰显信任，李愬任命李祐为散兵马使，让他佩刀巡警，出入军帐，这等于把统帅的安危交给李祐了。这还不够，李愬还与李祐睡在一张床上，一聊到通宵。据帐外偷听者提供消息，李祐感动得热泪盈眶，哭泣声不断。

李愬的另一个准备工作就是打造一支精锐兵马，以实现奇袭的计划。唐、随节度使有牙兵三千人，号称六院兵马，是山南东

第四章 威令复振：中兴事业的完成

道的精锐。李愬把这支军队交给了李祐指挥，任命他为六院兵马使。后来在进攻朗山时，又组织了三千敢死队，号称"突将"，显然是为打攻坚战准备的。李愬亲自训练这支敢死队，让三千勇士随时做好准备，听从召唤进行蔡州斩首行动。

李愬上任后，之所以能够一路较为顺利地攻城夺寨、收编淮西降将，除了策略得当以外，还有一个很重要的因素，即李光颜在另一侧牵制了大量淮西主力。当其他几路讨伐淮西的大军，或被击溃，或拥兵自重时，李光颜依然主动出击，并取得了一些战果。元和十二年（817）四月，李光颜在郾城大败淮西军三万，杀敌近万人，获马千匹，兵甲三万余。郾城守将张伯良奔逃蔡州，守将邓怀金与郾城令董昌龄向李光颜投降，交出郾城。八月，李光颜、乌重胤联军在贾店又大败淮西军。相较于其他几路讨伐军，李光颜在对淮西的作战中几乎少有败绩。也正因为如此，为了应对李光颜、乌重胤持续不断的攻势，吴元济不得不在东部、北部派驻了大量兵马。相较而言，李愬在淮西西侧的唐邓随一线采取了示敌以弱的策略，成功减少了军事压力。

当然，面对官军常年的攻势，淮西虽能苦苦支撑，但也付出了巨大的代价。淮西所辖申、光、蔡三州，本身就空间有限，经过长期的战事消耗，也面临着府库短缺，民力枯竭的窘境。淮西本身不是产马地，为了组织一支骑兵，便以骡子代替，称骡军。

元和中兴：朝廷的短暂振作

在李光颜、李愬的攻势下，吴元济也感受到了越来越大的压力。至元和十二年（817）六月，吴元济甚至主动上表请罪，表示主动归朝，把淮西让出来。局势已经朝着朝廷所预期的方向发展，宪宗还派出了使者赐予诏书，承诺吴元济不死。可是，淮西军中的主战派董重质却不愿意把淮西乖乖交给朝廷，硬是逼着吴元济不出淮西。董重质是吴少诚的女婿，为人勇猛强悍，最关键的是这人善于用兵。吴元济上位后，淮西的军事多由董重质谋划，朝廷打了几年都未攻克淮西，董重质是发挥了重要作用的。元和十二年，当郾城被李光颜攻克后，吴元济把身边的亲信牙军及蔡州的守城部队拨给了董重质，在洄曲一带进行防御。彼时，董重质手握重兵，淮西早就不是吴元济说了算了。

到了元和十二年七月，眼见吴元济上表谢罪这事没了下文，朝廷大军连年征讨还是没有取得决定性胜利，朝中的主和派又开始要求罢兵了。宪宗在前一年末派出了枢密使梁守谦带着五百通空名告身（唐代官员的身份证明，空名告身用以授予有功将士官爵）及大量金帛前往前线督战，以此激励前方早日平定淮西。如今该用的办法也用了，各地的助军钱也搜刮了不少，再打下去困难越来越大。可以说，淮西之役到了最关键的时刻。彼时宰相裴度一言不发，直到皇帝亲自过问后，裴度才说出那句话："臣请亲自前往督战。"宪宗也是惊了一下，又问道："爱卿真能为朕前

第四章 威令复振：中兴事业的完成

往吗？"裴度回答："臣誓死不与淮西贼寇同生。臣看吴元济的上表已经透露出，淮西已经面临窘迫灭亡的边缘了，之所以还能苟延残喘，都是讨伐淮西的各支军队心不齐，不协力作战。如果我亲自前往行营，各路指挥官怕我夺走了他们的功劳，必然会争着破贼。"裴度是当时朝廷主持削藩事务的核心人物，宰相都亲往前线了，如果不打出点成绩，功劳都被裴度拿去了，那这些藩镇军队就白出兵作战了。

宪宗听到裴度的豪言壮语，顿时有了底气。元和十二年（817）七月二十九日，以裴度为门下侍郎、同平章事、兼彰义节度使，仍充淮西宣慰招讨处置使。门下侍郎、同平章事是原来裴度任宰相时所担任的职务，彰义节度使即淮西节度使，彼时吴元济官爵已经被削夺。淮西宣慰招讨处置使相当于讨伐淮西的最高军事将领。这里就出现了一个问题，韩弘先前已经被任命为淮西都统，成为讨伐军的总指挥，而裴度又带着宣慰招讨处置使，招讨淮西的相关事宜就成了裴度的事，这其中就暗含着军事指挥权的归属问题。所以，裴度很有政治智慧地请求把头衔改为"宣慰处置使"，去掉了招讨的权力。裴度还对诏书的文字进行了改动，如"翦其类"为"革其志"，本来充满杀气的意味减缓了不少，突出了招讨的目的。又把"更张琴瑟"改为"近辍枢衡"，"烦我台席"改为"授以成算"，强调裴度前往前线不是去替换韩弘的

元和中兴：朝廷的短暂振作

都统，而是作为朝廷的使者前来提振士气的，至于军事指挥，那依旧是韩弘的事。当然，事实肯定不是如此，但韩弘的面子还是得给足的。

宰相出征，团队成员也都是当时的一流精英：刑部侍郎马总为宣慰副使，左庶子韩愈为彰义行军司马，司勋员外郎李正封、都官员外郎冯宿、礼部员外郎李宗闵皆兼侍御史，为判官书记。这些人都是当时的翘楚，韩愈更是名声煊赫的文坛领袖。八月初三，裴度前往淮西前线，宪宗亲自到通化门送行。君臣相别，个中情感自难诉说。

最后的决战开始啦！元和十二年（817）九月二十七日，李愬以吴秀琳部进攻吴房县，攻克县城外围城墙，城内淮西军只能退守到内城进行防守。淮西将孙献忠带着五百骁骑偷袭李愬的后方，在李愬镇定的指挥下，孙献忠力战而死。此时，吴房县的攻陷只是时间问题，李愬手下的人也劝说乘胜进攻内城。但李愬却有着另外的考虑，他对吴房县围而不打，把敌人的兵力牵制在此处，下一步就准备偷袭蔡州了。

李祐向李愬指出："淮西的精锐都被派往洄曲与李光颜对峙，剩下留守蔡州州城的基本上是老弱病残，此时正是乘虚直抵蔡州，生擒吴元济的良机啊。"十月初八，李愬派遣掌书记郑澥悄悄赶到郾城，把偷袭蔡州的行动计划密报给正在前线督战的裴

第四章　威令复振：中兴事业的完成

度。裴度认为该计策出其不意，值得一试，立刻表示同意。当然，为了迷惑敌人，把偷袭的戏码做足，裴度也拿自己做诱饵，把淮西的精兵死死地钉在洄曲一带。裴度率领僚佐在郾城的沱口视察筑城情况，吸引董重质率军而出。裴度可是宰相兼朝廷的宣慰使，如果把裴度给抓了，那对战局的影响就大了。董重质也是一个猛将，差点就打到了裴度眼皮底下。李光颜及魏博的田布拼死作战，保护裴度进入了郾城中。这么一通有惊无险的操作，董重质的注意力被集中在郾城一带的宰相裴度身上，自然不会想到西边的李愬在密谋偷袭蔡州。

十月十日，李愬让马步都虞候、随州刺史史旻留守文城，命令李祐、李忠义带着亲自训练的三千突将为前锋，自己与监军带着三千人为中军，田进诚带着三千人作为后军，整军出发。军士连目的地都不知道，李愬只是告诉将士们："向东前行六十里。"当天夜里，李愬军队到达张柴村，尽数杀光当地的淮西守军后，下令士卒稍事休整，准备好干粮，整顿装备，留下五百人镇守该地，以截断洄曲及各地的桥梁，防止淮西军前来救援。这一夜，天气阴凉，突然风雪交加，半夜以后，雪越下越大，大风吹断了旌旗，人与马因严寒冻死者亦有不少，九千人的队伍中一夜之间冻死冻伤者就有两千多人。如此天气，再加上军旗都被吹断了，战马受到了惊吓不敢向前，明显是不利于行军的。天气恶劣也就

元和中兴：朝廷的短暂振作

算了，前方的道路也充满了各种艰险，道路崎岖不好走。可是，李愬都准备了这么久，各种迷雾弹也已经放出去了，怎能放弃，更何况这种天气和道路更适合发动奇袭。

做好布置后，李愬终于向军士们说出了最终目的：乘着夜色向蔡州进军。这下军中就怨声不断了，本来天气就不好，还在这时候出去打蔡州。监军使都要哭了，埋怨道："果然中了李祐的奸计。"李愬倒是很果决，没被监军影响，继续下令，从张柴村向东继续进军。将士们眼看军令已下，也无可奈何。从张柴村到蔡州城下虽说只有七十里，但在天气及地形的双重作用下，同时还要担心被淮西军发现，李愬一行人走得异常艰难。淮西军自以为有吴房、朗山的屏障，再加上天气这么恶劣，认为官军怎么可能打过来，李愬大军还在吴房一带鏖战呢，要想突击到蔡州城下，简直是异想天开。

这一夜李愬真的做到了，他真的带兵来到了蔡州城下。贞元二年（786），吴少诚占据蔡州后，官军已经三十余年未到蔡州城下。时间一久，蔡州城内自然容易懈怠，再加上淮西精锐都被派到洄曲去了，城内守卫十分空虚。李愬军队突击到蔡州城下，城中竟然没有发现。李祐、李忠义作为突袭蔡州的策划者，自然要身先士卒以证明他们的忠诚。二人率领敢死队，率先利用登城工具爬上城楼，解决完城门守卒后，打开城门放军队入城。为了迷

第四章　威令复振：中兴事业的完成

惑敌人，他们特意留下了晚上打更值守者。外围城门打开后，内围的城门也通过同样的方式被顺利打开。

黎明时分，伴随着鸡鸣声，太阳爬上了山头，大雪亦渐渐停止。李愬来到淮西节度使外宅，此时吴元济还在内宅里死睡。当手下人急匆匆来报官军打进来时，吴元济还以为是盗贼为祸，不足为虑。但又有手下来报说，蔡州城快要沦陷了。吴元济还很乐观地认为，是董重质的洄曲士卒来求取御寒的衣服。吴元济慢悠悠地起床，直到听见外面军中有传李愬军号，响应者声震寰宇，终于开始慌了。他万万没想到，李愬竟然能够打到蔡州城。没办法，吴元济只能慌慌张张地带着身边的牙兵登上内宅的城墙据守。李愬派出李进诚进攻牙城，攻破第一重门，占领了兵器库。李进诚又放火烧南门，打到下午，城门终于被攻开，官军涌进牙城。吴元济此时已经是笼中之鸟，只能在城上请罪投降。李进诚还特意沿着攻城梯爬上城头，将狼狈至极的吴元济生生给拽了下来。

蔡州终于被拿下了。听闻蔡州被攻下，吴元济被生擒后，淮西的另外两个属州申、光二州及各军镇两万余人相继向官军投降。对于董重质，李愬亲自到董重质家中慰问，让董重质的儿子董传道写信劝降。眼见吴元济都完蛋了，家人还在李愬手中，董重质也无可奈何，见大势已去，只能单骑前往蔡州向李愬投降。

元和中兴：朝廷的短暂振作

董重质离开洄曲后，李光颜迅速进入淮西军营，收编了万余人精锐。这把配合打得恰到好处，背后如果没有裴度运筹帷幄，统筹全局，恐怕也不会如此顺利。李愬取得蔡州后，告诫军队不得滥杀，军政一切照旧，等待彰义（淮西）节度使裴度的到来。

裴度先行派出副使马总前往宣慰。第二天，裴度一行旌旗飘扬，彰义军的旗帜格外醒目，万余人的淮西降卒护送着裴度，队伍浩浩荡荡延绵数里。李愬来到城门口，弯弓佩剑，甲胄齐整，恭恭敬敬地在道路左侧相迎。裴度一看这阵势，本想免除这种繁文缛节，可李愬却告诉他："蔡州脱离王化多年，不识君臣上下的名分大义。希望大人能够乘此机会，宣扬朝廷的威仪，感化蔡州百姓，使他们能够感受到朝廷的威严。"礼是中国古代最为重要的政治文化和制度，规定了君臣父子的等级关系，而各种仪式是展现等级关系的重要形式，通过具有威严的形式表达，从感官到情感上刺激人的心理，从而达到教化作用。李愬就是希望借助裴度仪仗队的威仪以及李愬的恭敬态度来彰显朝廷的威严以教化人心。

裴度入城后，作为节度使，特意让蔡州士卒充当守卫节度使衙府的牙兵，这是节度使的亲兵，最接近节度使。面对手下人的谏言，裴度却笑着说道："我作为彰义节度使，吴元济已经被擒，那么蔡州人就是我治下的军卒百姓，自己人有什么好怀疑的。"这番操作很快就起到了稳定军心民心的作用，毕竟官军刚刚占领

第四章 威令复振：中兴事业的完成

蔡州，首要的任务就是稳定局势，防止出现动荡。同时，裴度也废除了吴氏在位期间的系列苛政。吴氏父子在位期间，为了加强对百姓的控制，禁止两人间路边聊天，晚上也不得点蜡烛，甚至连吃个酒都要被治罪，重者处死。这真的是只许州官放火，不许百姓点灯了。裴度只保留了严禁偷盗、抢劫等内容，其余禁令一律取消，晚上往来也不再禁止。蔡州百姓总算是过上了正常的生活。此举获得了百姓极大的支持。

朝廷也紧接着打出组合拳，下令裴度、韩弘对平蔡州将士以及淮西的降将进行论功行赏，免除了淮西州县百姓两年赋税，邻近淮西的陈、许、颍、唐四州也免除第二年的夏税。对于战死者、伤残者也进行优厚抚恤。不过，中间有个小插曲。宪宗对吴元济的旧将还是不放心，就给在前线督战的梁守谦"尚方宝剑"，要求斩尽杀绝。照理来说，要这帮人死也不是找不到理由，但毕竟追究太过容易引起动荡。裴度正好遇上梁守谦，在裴度的努力下，能不杀的尽量不杀，尽力保全了淮西旧将。

元和十二年（817）十一月，吴元济被押送到长安，在举行宗庙献俘仪式后，被公开处决于独柳树下。淮西平定后，唐邓随节度使也完成了历史使命，又重新与山南东道合并，李愬自然就成为山南东道节度使，赐爵凉国公。韩弘、李光颜、乌重胤等都加官晋爵。李祐毕竟是淮西降将，虽说立下了大功，但朝廷似乎

元和中兴：朝廷的短暂振作

对他并不太信任，被任命为神武将军，入朝担任禁军将领，安置在眼皮下方便控制。十二月，淮西后续事宜处理完以后，裴度赐爵晋国公，再次征召入朝主持政事。淮西节度使由裴度的副使马总继任。董重质作为吴元济的谋主，屡次阻击官军，但在李愬的请求下，宪宗只好免其不死，贬为春州司户。

裴度入朝后，为了表彰平淮西的丰功伟绩，宪宗特下诏韩愈撰写《平淮西碑》。这篇碑文记载了韩弘、李光颜、李文通、李师古、李愬等讨伐将领以及前往督军的梁守谦的功绩。但在记述蔡州一役中，韩愈把更多篇幅放到了裴度身上。关于李愬雪夜袭蔡州，韩愈只用了不到五十字的篇幅，而碑文多次出现宰相裴度。这篇代表朝廷叙述功绩的碑文渲染裴度的功绩，倒也不算有太大的问题，毕竟裴度作为宰相前往淮西前线，算是最高指挥官，淮西能够平定那也是裴度领导有方。而且，李愬、李光颜等人的功绩也没有被埋没，甚至对韩弘等将领还有美化的成分。当然韩愈作为裴度的僚佐，给上司说几句好话是可以理解的。

但韩愈过于渲染裴度的功绩引起了武将的不满，关注点就在于如何书写蔡州一役上。李愬雪夜袭蔡州对于整个战局的影响是决定性的，如果要归功，李愬当为首功。从这个角度来说，韩碑对李愬的记载明显是不够的，这下李愬的夫人韦氏就看不下去了。话说李愬夫人并不是普通人，韦氏与宪宗属于表亲，她的母

第四章 威令复振：中兴事业的完成

亲是德宗的女儿韩国公主，深受德宗的宠爱。韦氏就直接跑到宫里向表哥宪宗陈述韩愈碑文的不实情况。宪宗了解情况后，下令抹掉韩愈的碑文，叫翰林学士段文昌重新撰写一篇。

关于韩愈《平淮西碑》被推翻，还有另一种说法。李愬手下有一个叫石孝忠的人，因不满韩愈碑文，愤然跑到石碑前想一把推掉，可石碑太高太重推不动，后来石孝忠被节度使控制下来了。为了引起皇帝的注意，石孝忠故意杀掉了关押的小吏。这招果然奏效，石孝忠被带到皇帝面前，声情并茂地现身说法，讲述了李愬的功劳不应该被忽视，李愬的功劳不应该仅仅与李光颜等人并列，他应该位列首功。宪宗听完后，不仅赦免了石孝忠，还下令重新撰写碑文。

宪宗之所以推倒韩碑，还是跟当时的局势有关。淮西虽然平定了，但还有幽州、成德、淄青等藩镇尚未归附，西北边境的吐蕃也对大唐虎视眈眈。中兴事业要进一步推进，还是离不开李愬、李光颜等武将。韦氏、石孝忠背后如果没有李愬等武将的不满，恐怕还不至于告状到皇帝面前。出于这种政治考虑，只存在了九个月的韩愈版《平淮西碑》被段文昌版所取代了。

《平淮西碑》碑文被镌刻在碑石上，唐代的碑有多高未留下准确的数据，但石孝忠一个壮汉都推不倒这块碑，可以肯定其重量是不轻的。明代人有记载《平淮西碑》高三丈，大概相当于二点七米，碑比人还高。这块碑被立于公共场所，高大宏伟的碑身赋予了碑文以巨大的视觉冲击，刺激着观众的感官和情绪。据说，唐代除了在淮西立碑外，在其余各地也有立《平淮西碑》。通过这种景观塑造，淮西平定的丰功伟绩，忠臣的事迹，叛贼的下场，随着人们的口口相传而永载史册。

李愬雪夜平淮西以及《平淮西碑》象征了一个时代。唐宪宗苦苦追求的平定河朔，以法度整肃诸侯，终于打开了具有战略意义的局面。有人将《平淮西碑》列入改变中国历史的文献之一，这无疑也是在肯定淮西平定对于推动唐代后期历史进程的重要意义。从文化角度来说，由于韩愈的文学影响力，《平淮西碑》作为一块名碑，也受到后人的重视，后世重立此碑以缅怀这段历史。

淮西平定后，两河的局面被彻底打开，成德、幽州、宣武、横海、淄青即将迎来最后的审判。

四、河朔藩镇的归附

对于河朔藩镇来说，吴元济的覆灭彻底改变了他们与朝廷交涉的政治规则。以后谁要是想学吴元济，不听朝廷的命令，那结局就很明显了。当然，他们也可以继续效仿前辈田承嗣、吴元

第四章 威令复振：中兴事业的完成

济、李纳等，继续跟朝廷对着干，打到朝廷妥协为止。以前成德、魏博、幽州、淄青、淮西等藩镇同气连枝，尽管内部存在着矛盾，但比起维系各自的统治，坚守父死子继的河朔故事来说，也就不算什么事了。万一朝廷跟某个藩镇进行军事对抗，其他河朔藩镇可以在政治上提供帮助，比如上奏皇帝请求赦免，背地里也可以提供一些经济或者军事援助，更直接点就直接联合对抗朝廷。但元和十二年（817）淮西被平定后，不仅游戏规则变了，整个地缘政治的格局也变了。魏博已经牢牢站在朝廷一边，朝廷要田弘正打哪里，魏博军队就打到哪儿。易定、淮西也已经被朝廷所控制。之前所谓的跋扈之臣，也就只有成德王承宗、淄青李师道、幽州刘总了，如果再算上墙头草，那还有横海和宣武。而王承宗、李师道、刘总这三位的上位方式，不就是朝廷刚刚在淮西所否定的吗？河朔的盟友越来越少了。

淮西已经平定，下一个就是成德王承宗。元和十二年五月，朝廷虽然撤销了征讨成德的河北行营，但王承宗还是罪人身份，理论上他依然是朝廷讨伐的不轨之臣。吴元济已经灭了，朝廷就能腾出手来对付成德。王承宗虽说成功各个击破了朝廷的讨伐军，但毕竟以成德一镇对付整个朝廷，尤其是当朝廷有效控制的地盘空前庞大时，成德是很难坚持到底的，万一外部压力激化了成德内部矛盾，再来一次军乱，那王氏家族的统治也就岌岌可危

元和中兴：朝廷的短暂振作

了。王承宗不仅具有卓越的军事能力，其政治敏感性也很强。殊死顽抗的代价太大，不如割肉止血，以保全家族的现有地位。

王承宗做出了他的抉择——献地请罪。元和十二年（817）十一月，就在吴元济被擒的两个月后，王承宗向魏博田弘正求救，上表待罪，表示愿意交出德、棣二州，并主动要求向朝廷上供租税，任免成德的官吏。这套说辞其实早就用过了，以前只是糊弄一下皇帝，大家都有个台阶下，但这回是真的不一样了。关于武元衡被杀案的真凶，虽说存在着疑点，但宪宗把矛头指向了成德，在讨伐诏书中公开王承宗谋杀宰辅的罪行。理论上说，光王承宗谋杀宰相一条，如果按照法律，他还能全身而退吗？可是政治的奥秘就在于，变脸可以比翻书还快，过往的历史在大局面前可以假装没有发生似的。

其实在王承宗请罪之前，裴度还是做了不少工作。早在朝廷撤销河北行营后，朝廷就有心采取招抚手段，毕竟再打下去朝廷压力也是很大的，尽管朝廷削平河北的决心坚定不移。裴度还在蔡州行营时，有个叫柏耆的，主动上门求见，提出解决成德问题的方案，希望能够获得朝廷的旨意，出使成德。柏耆是代宗、德宗时期的大将柏良器之子，与其父英勇善战不同，柏耆最擅长纵横之术，学习的榜样是战国名士苏秦、张仪，擅长以口才说服人，以利弊动摇人心。裴度看到这么个人才找上门，而且提出的

第四章 威令复振：中兴事业的完成

策略正好符合朝廷的意愿，很快上报皇帝。柏耆本来还只是个没官没职的处士，但代表朝廷出使需要有个身份，所以朝廷破格给了柏耆一个左拾遗头衔。柏耆先后出使魏博、成德，陈说朝廷的态度。魏博田弘正相对来说好说话，毕竟朝廷的旨意也不敢违抗。但成德王承宗可不容易对付。史书记载说，柏耆向王承宗陈说君臣大义，你的爷爷王武俊可是替国除贼才有了节度使之位，你们子孙不孝，怎么能够对抗朝廷呢？朝廷看在王武俊的功劳上，还是想优待其后人的。说得王承宗一把鼻涕一把泪，为做出违背祖宗的错误决定后悔不已。当然，这是明面上，背地里肯定是给王承宗分析了利弊，简单来说就是，不要以为你先前击退了几路讨伐军就可以嘚瑟了，瘦死的骆驼比马大，成德的实力还能打得起吗？再说了，吴元济的下场就摆在那里。

这次王承宗比元和四年、五年那次要虔诚多了，除了交出两州、输租税、请官吏外，王承宗还把两个儿子知感、知信作为质子送到朝廷。田弘正也连番上疏，替王承宗说话。当然，田弘正也不是没有私心，毕竟魏博与成德相邻，本来两镇因为朝廷削藩事宜闹翻了，这回田弘正替王承宗说话，这是多大的恩情啊。有了这份恩情，以后田弘正在与成德的交涉中就有了一定的本钱。

淮西灭了以后，王承宗投降请罪，另一个墙头草横海程权也坐不住了。虽然程权没犯什么事，人家该入朝觐见就入朝，该帮

185

元和中兴：朝廷的短暂振作

着朝廷打仗就也出兵。但程权的问题还是在于，自己是父死子继上台的，只是因为运气好，时势造就了他们程家的功业。可是现在时代变了，与其下一步被朝廷撸了，还不如主动向朝廷表忠心，没了沧、景二州，但子孙的富贵官位还是能够保住的。所以，在元和十三年（818）初，程权向张茂昭学习，很识趣地向朝廷表示要入朝，愿意留在皇帝身边，并希望朝廷能够派遣新的节度使。

德、棣二州从成德分出后，再加上程权的沧、景二州，朝廷重新调整区划，将上述四州合并为一镇，依旧称横海军，不过治所转移到德州。元和十三年（818）三月二十七日，朝廷下诏恢复王承宗官爵，以华州刺史郑权为德州刺史、横海军节度、德棣沧景等州观察使。至此，成德问题也暂时告一段落。

或许有人要问，为什么不把王承宗也给换了，像易定、横海那样，换成朝廷派遣的节度使呢？这就涉及一个关键性的问题——藩镇军队的地方化。安史之乱以后，藩镇军队不再直接隶属于中央，而是直接隶属于节度使。藩镇军队的来源主要是本地人，或者外地人成为本镇军士后就长期留在藩镇，甚至家族几代人都世代为兵。从军士补给来源说，地方藩镇军队的军费由本地供给。尽管藩镇的节度使及部分僚佐可以从中央或外地来回迁转，但绝大多数的基层士兵是不会离开本镇的。正是地方军队

第四章 威令复振：中兴事业的完成

人员和军费来源于地方，使得藩镇内部形成了一个强大的地方势力。这就构成了藩镇割据的基础，朝廷如果能够妥善处理与地方势力的关系，保护藩镇军士的利益，还能够维系藩镇的恭顺态度。但像河朔藩镇这样的强藩就不好办了。河朔藩镇为了与朝廷对抗，节度使与军士间早就形成了一个利益共同体，即便是节度使换了，但十几万的军队还在。在这种情况下，朝廷的注意力就不是集中在替换节度使，而是最大限度地对河朔藩镇进行削弱，分而治之。藩镇实力削弱了，后续节度使也就好换了。

淮西、成德都解决了，下一个就是淄青的李师道了。李师道本来想寄希望于淮西作为盟友，能够相互援助。他派出打探蔡州消息的牙前兵马使刘晏平回来报告说："淮西数万兵马在跟官军鏖战，局势已经非常危急了。可吴元济竟然还天天悠闲地跟仆妾嬉戏玩乐，全然没有一丝忧虑的样子。这种没有危机意识的人，距离灭亡也就不远了。"李师道听到这话，立马就不开心了。后来随便找了个理由把刘晏平给杀了。李师道害怕刘晏平动摇军心，内心里还是不愿意接受一切失败的可能性。但李师道害怕什么，就来什么。

成德问题的解决给后续处理淄青问题提供了经验，可李师道却没有像王承宗那样识时务。吴元济覆灭后，李师道更加疯狂。毕竟之前搞了这么多恐怖袭击，还把宰相武元衡给暗杀了，不怕

元和中兴：朝廷的短暂振作

被朝廷报复那才怪。当一个人处于高度紧张、极度忧虑的状态下，往往会变得喜怒无常、阴晴不定。李师道没有王承宗那种稳重的性格，从小就娇生惯养的他，在挫折面前显然没法正确应对，他是准备一条道走到黑了。淄青内部存在的主和派，倾向于归附朝廷。李师道的判官高沐与郭昈、李公度就不希望淄青抗拒朝廷，多次劝谏要三思行事。有亲朝派，就有抵抗派。判官李文会、孔目官林英作为李师道的亲信，涕泗横流地向李师道诉说："我们尽心为您做事，而高沐这些人竟然对我们心生嫉妒。他们想把淄青十二州土地交给朝廷，好成就他们的功名。可十二州土地是您祖上辛苦打下的基业，怎能白白让给朝廷呢？"李文会等人的前途是依附于李师道，李师道如果没了淄青十二州，那他们的前途也不会有了。李师道现下只想着怎么保住十二州土地，抵抗派占据了上风，亲朝派自然不会有什么好结果。高沐被外放为莱州刺史，后来还被李文会诬陷勾结朝廷，被李师道杀害。郭昈被囚禁，其他主张归顺朝廷的，多被李文会定性为高沐党羽，一律抓起来。而李公度等人，由于未被李文会抓到把柄，得以幸免。

元和十三年（818）正月，在李公度及牙将李英昙的劝说下，李师道又突然愿意效仿成德，向朝廷请罪投降，派出使者奉上请罪表，表示愿意派出长子作为人质，献上沂、密、海三州。李师道一会儿打击亲朝派，一会儿又提出归附朝廷，可见在削藩局势

第四章　威令复振：中兴事业的完成

变化下，淄青内部的斗争也非常激烈。

当然，朝廷也对解决淄青问题表达了较大的善意，尽力以和平方式解决。在淮西之役的过程中，朝廷对李师道多有包容，除了给李师道加司空头衔外，还派出给事中柳公绰前往淄青宣慰。面对朝廷的善意，李师道表面一套，背后一套，摇摆不定。到了十三年（818）正月，李师道终于再次表达了归顺的意愿，朝廷在正月初六派出谏议大夫张宿前往宣慰，沟通相关事宜，正月二十一日又派出左常侍李逊前往李师道的治所郓州。相隔半个月，派出两批宣慰使，足可见朝廷的诚意了。

本来淄青后续的事情照着成德的剧本走一切顺利，那也就完美落幕了。但淄青的抵抗派又跳了出来。从前面李师道的反复态度就可以看出来，这是一个没啥主见、动不动就被身边人牵着鼻子走的人。李文会诬陷高沐，李师道还真信了。李公度建议向朝廷投诚，他也听了。当然他应该是做好准备向朝廷投降了，至少在元和十三年（818）正月前后是这么想的。可是耳根子软的人，往往受不住枕边人的吹风。李师道跟吴元济一样，军政多交给身边亲信，重要决策并没有听从众多幕僚的建议，往往是一小撮人的一言堂。吴元济身边的董重质至少还是个有能力的猛将，可李师道身边的就只有妇人、女婢以及不识数的孔目官。

李师道老婆魏氏，男奴胡惟堪、杨自温，女婢蒲氏、袁氏及

元和中兴：朝廷的短暂振作

孔目官王再升，垄断了淄青的军政大事。如果把李师道比作唐高宗李治，那魏氏就是武则天了，可魏氏却没武则天的能力，人家心里想的就只是自己那些小心思了。儿子当作质子离开双亲，做母亲的舍不得是再正常不过的事，可如果把这事放到政治上，亲情就很容易让人迷失方向。魏氏不愿意儿子去长安，于是就跟蒲氏、袁氏一道在李师道身边吹耳旁风："你老爹李纳辛辛苦苦有了十二州的地盘，传到你这代，怎么能够无缘无故就割掉献给朝廷呢？我们淄青境内兵马也有不下数十万，拒绝献出三州，大不了打嘛。打不过再向朝廷献地也不迟啊。"说到底，没有深彻的绝望，人总是会有侥幸的心理，尤其是情感在作祟的时候。魏氏作为一个母亲，自然无可指摘，而且从王承宗的例子来说，人家这么想也只是在效仿成德。可问题是，现在形势大变，朝廷的敌人基本上已经被清剿了，淄青已孤立无援。魏氏此举无疑将她与李师道、整个李氏拉进了一个万劫不复的深渊。

李师道这回是变成了彻底的顽抗派，于是对劝谏他入朝的李公度、李英昙大肆进行清洗。李师道有心杀李公度，可幕僚贾直言认为，之前冤杀高沐已经搞得淄青军中人心惶惶，如果再把李公度杀了，无疑将激化军中的矛盾。因此，李公度算是免于被杀的命运。李公度在淄青军中颇有影响力，所以还能有保命的余地，可李英昙就不同了，在被外放到莱州的路上就被杀了，又一

第四章 威令复振：中兴事业的完成

个高沐。

朝廷的使者李逊来到郓州后，李师道也不是客客气气列队欢迎，而是以一队全副武装的军人给这位天子使者来了个下马威。李逊也是懂得体面的，是你李师道求着朝廷，我自然有责任代表朝廷来进行一顿"爱的教育"。李逊不慌不忙地来到李师道面前，在仪式性的寒暄后，陈述了当今局势。他也看到李师道摇摆不定的态度，内心里还是不愿意献地投降，干脆直接挑明，甚至吓唬他要直接报告给天子。李师道跟手下那帮狗头军师一合计，还想准备采取迁延态度，先把李逊打发了再说，于是说了一堆好话，明确表示我是要献地的。李逊没有被蒙蔽，看出了李师道并没有诚意，于是回朝后向皇帝汇报宣慰结果：李师道不开窍，反复无常，恐怕朝廷还是得用兵才行。果如李逊所料，没过多久，李师道就以被军中将士胁迫为由，表示无法交出质子、献出土地。此话一出，对于朝廷而言，那就只有一个办法——打了！

元和十三年（818）五月，李光颜从许州调到滑州，担任义成节度使，准备下一步讨伐淄青。这一月，河阳都知兵马使曹华收复被淄青所占据的会县。七月初一，李愬也被调到武宁担任节度使。两天后，朝廷正式下诏剥夺李师道的官爵，令宣武、魏博、义成、武宁、横海等五镇兵马分路进讨，以宣歙观察使王遂为供军使。这一月，新上任的横海节度使郑权率先在齐州福城县

元和中兴：朝廷的短暂振作

大破敌军，斩首五百余人。淮西之役中打酱油的韩弘，在看到淮西平定后，也开始害怕了。九月，他亲自带兵进攻李师道的曹州。十一月，乌重胤被调任横海节度使，董重质也因李愬之请到武宁军前效力。这副招讨兵马几乎是讨伐淮西的翻版。魏博田弘正主力从杨柳渡过黄河，在距离郓州四十里处驻军，此举极大震慑了淄青军。武宁军节度使李愬与淄青大战十一场，连战连捷。元和十四年（819）正月，韩弘攻陷曹州考城，杀两千余人。被李师道占据的海州涷洞县向楚州刺史李聪投降。十三年（818）十月李愬在兖州鱼台县破敌三千，十四年正月攻陷鱼台。田弘正也大破淄青军三万余人，生擒三千，又败淄青兵于东阿，后在阳谷又取得胜仗。李光颜在濮州濮阳县破敌，收斗门城、杜庄栅。进入元和十四年二月，李聪从楚州袭击海州，先后收复了东海、朐山、怀仁等县。李愬也在沂州取得胜利，攻下了丞县。各路讨伐军的表现与讨伐淮西、成德时完全不一样，可以说淮西一役后，不仅是藩镇的局势，就连官军讨伐的状态都发生了根本性的变化，谁都不敢打酱油了。

淄青的抗压能力连淮西的皮毛都不如，抵抗了半年左右，一个叫刘悟的淄青将领终结了李师道的疯狂人生，并立刻向朝廷投降。当然，淄青的崩溃还是内部矛盾积累到一定阶段的产物。李师道在位期间，残忍屠杀僚佐，高沐、李英昙、刘晏平等，想杀

第四章　威令复振：中兴事业的完成

就杀，军政大事又只跟老婆及身边的几个亲信商量，淄青众多将领对于这位节度使自然心情复杂。他们是靠着李家父子才有衣有粮有肉吃，可是李师道哪天要杀谁那也说不定，对于那些在军中颇有威望的将领来说，保不齐就被李师道猜忌了。刘悟正是属于这类人。

李师道对手下人不好，那刘悟就宽以待人，时不时给士卒点恩惠，这种收买人心的方式往往最有效，刘悟也被军中称为"刘父"，像士卒的亲爹一样亲。另一个"爹"节度使那肯定要不开心了，身边的人吹风说，要小心刘悟这个人。当朝廷军队讨伐淄青时，刘悟带着万余人的兵马在阳谷县与魏博作战，但是连战连败。李师道就怀疑刘悟跟魏博勾结了，于是就把他召回来，准备杀了。但身边又有人来吹风说，现在官军四面打过来，刘悟没有犯罪的证据啊，现在因为一句谣言就把他杀了，以后谁还替你去打仗呢？李师道又听进去了，留下刘悟十天后，赏赐了一堆金帛，重新派到前线去了。这么一反复，刘悟就算没疑心也要有疑心了。李师道翻来覆去地变脸，刘悟可是见多了。李师道为了牵制刘悟，把刘悟的儿子刘从谏任命为门下别奏，好控制在眼皮底下。刘从谏的门下别奏虽说没多少权力，但接近节度使，所以李师道干了啥，他都悄悄地报告给了刘悟。

李师道放了刘悟后，又被人吹风，还是要杀了刘悟。于是，

元和中兴：朝廷的短暂振作

李师道派出了两个使者带着节度使的帖子，交给刘悟的行营兵马副使张暹，令他暗中把刘悟给杀了。没想到的是，刘悟的人际关系异常好，连张暹都被刘悟慈父般的光辉感染。张暹接到帖子后，假意支开两个使者，赶紧跑到刘悟那儿，交代了实情。刘悟一看，你李师道终于要下手了，那就别怪我不义了，直接把两个使者抓起来杀了。那一天太阳西下，残阳如血，刘悟乘马回营，坐于帐中，增强了守卫的士兵，一个人在帐中思考了许久。当天夜里，刘悟征召诸将，发表了一顿演讲："我刘悟跟诸位拼了命抵抗官军，已经对得起李司空了。可今天李司空听信谗言，要来杀我。我死了之后，就要轮到各位了。天子下诏要诛杀的叛臣只有李司空一个人，如今官军气势汹汹，连战连捷，我们将要跟着李司空一道被灭族了。所以，我想跟各位打回郓州去，遵奉天子的诏令，不仅能够避免灭亡的结局，富贵也可以图谋了。"听闻此言，兵马使赵垂立于军前，犹豫了很久，问道："能成功吗？"刘悟很快意识到不能让这种情绪弥漫下去，为今之计就用铁血手段拉所有军士下水，不从者犹豫不决者，杀！直接骂道："你跟司空合谋来杀我吗？拉下去砍了。"一下子就杀了三十余人，对着这些尸首，军中只有一个声音："跟着刘大人干！"

当然了，威立了，那就要施恩了："进入郓州后，每人赏钱百缗，但不准抢劫军库。节度使的宅院以及逆党的家财，你们想

第四章 威令复振：中兴事业的完成

抢就抢，有仇的也任凭报仇。"军卒饭饱之后，趁着半夜，刘悟一行人悄悄夜行，顺利来到郓州城下。正值天黑，城中守军并未警觉，刘悟大军打开城门后，一路打进节度使衙门。李师道父子猝不及防，狼狈躲避未果，最后还是被刘悟抓起来杀害。至中午，待大局已定后，刘悟派出都虞候巡视郓州坊市，禁止掳掠，并集中兵民百姓，安抚城内民心。比较有意思的是，刘悟公开处斩了协助李师道谋逆者二十余家，淄青文武将吏是又怕又喜。怕的自然是被杀人震慑了，喜的是总算出了口气，显然李师道干了不少坏事。既然刘悟是替朝廷行道的，那被李师道关起来的李公度、贾直言就要好好对待了，重新将这两位安排到幕府中。

待郓州城内稳定后，刘悟派人带着李师道父子的人头前往田弘正大营，田弘正立刻上报朝廷。至此，淄青十二州平定。元和十四年（819）二月初八，田弘正的捷报到达长安。三天后，朝廷任命户部侍郎杨於陵为淄青宣慰使。杨於陵除了宣慰淮西将士外，还有一个重要任务，拆分淄青十二州。杨於陵根据这十二州的地形、土地情况、军事分布，将其分为三道：郓、曹、濮三州为一道，淄、青、齐、登、莱五州为一道，兖、海、沂、密四州为一道。三道实力大体均衡，能够互相制衡，不至于形成李氏淄青那样强大的藩镇。

另一个问题就是刘悟的处置。先前朝廷为了分化淄青内部，

元和中兴：朝廷的短暂振作

下诏指出：如果淄青部将能够杀了李师道，向朝廷投降，朝廷将以李师道的官爵赏给他。简单来说就是，淄青节度使要让刘悟来当了。刘悟也是这么认为的，已经做好准备接受朝廷授予的节度使节钺了。但这么做，不是又与之前河朔藩镇一样了吗？还是本镇推举的节度使。所以，宪宗还是想把刘悟迁到外镇去当节度使，但又怕刘悟不答应，弄不好就又要用兵了，于是下密诏给田弘正，叫他注意下刘悟的态度。元和十四年（819）二月十六日，朝廷任命刘悟为义武节度使的诏书下达，刘悟初闻诏书，傻眼了，出乎意料啊，但第二天就出发赴任。为什么呢？因为田弘正领着数道兵马，在郓州城外二里扎营，刘悟敢留下来吗？当然了，田弘正也还是很客气地在城外送别，非常礼貌地送别刘悟去滑州赴任。李公度、李存、郭昈、贾直言等亲朝派也跟着刘悟离开郓州。

稍微提一下撺掇李师道杀害高沐等人的李文会的结局。照理李师道覆灭后，他作为逆贼也活不了。可是，刘悟跟李文会关系好，算是没被划入逆贼行列。但李文会在李师道时期干了太多缺德事，仇家太多。如果等田弘正代表朝廷进驻郓州，那肯定要施行宽大政策，对李文会就不好意思下手了。于是，在刘悟前往滑州之际，郭昈、李存假传刘悟的帖子，命人把李文会召到丰齐驿给杀了。李文会坏事干太多，他的两个儿子，一个跑到哪儿不知

第四章　威令复振：中兴事业的完成

所踪，一个死在狱中，家产被人掠夺一空，田宅被官府没收。

自从广德以来，整整六十年，河南、河北的跋扈藩镇，坐拥三十余州土地，自己除授官吏，不上供税赋，至元和十四年（819）尽数接受朝廷的管理。至此，除了最后的一些收尾工作外，元和中兴基本实现。

最后还要再交代下两个两河"余孽"——宣武与幽州。宣武的韩弘本来就属于游离于朝廷与河朔藩镇之间的墙头草。韩弘是有实力和能力的，但这种优势需要在河朔藩镇与朝廷的对峙达到暂时平衡的背景下才能体现。当河朔藩镇被朝廷碾压后，宣武控遏河朔藩镇的地缘意义瞬间就要贬值了。而韩弘本人虽说没有公开造反，但对朝廷也没怎么表现出恭顺的态度。所以当吴元济、李师道被朝廷削平后，韩弘就慌了。解脱恐慌的办法就是放弃权力，向皇帝表忠心。于是，就在李师道覆灭五个月后，元和十四年七月韩弘带着汴州千余牙将入朝，诚恳地诉说对皇帝的不舍之情，愿意留在京城。当然，这个仪式还是要有的，尽管大家都知道韩弘要献出宣武镇了。

不过，韩弘能够入朝，倒还真不仅仅是他自己"悔悟"所致，裴度的工作也功不可没。大概在元和十三年（818）十二月左右，完成督战任务的裴度解决完淮西的后续事宜后回长安，裴度的行军司马韩愈在潼关写了一首《次潼关上都统相公》，这首

元和中兴：朝廷的短暂振作

诗全文为："暂辞堂印执兵权，尽管诸军破贼年。冠盖相望催入相，待将功德格皇天。"韩弘当时带有"平章事"的宰相头衔，而且还是讨伐淮西的都统，所以韩愈这首诗是写给"都统相公"韩弘的。这首诗的要点在于最后两句，韩愈诗中暗示希望韩弘能够入朝，成为真正的宰相，朝廷将铺好红地毯，热烈迎接韩相公的到来。韩愈写这种诗，不会是自己随便想出来的，肯定是代表裴度向韩弘以诗传情。

韩弘入朝后，也确实受到了皇帝格外的礼遇。红毯铺满地，大阵仗的欢迎仪式，皇帝亲自出面赐宴、慰问、褒奖，一系列仪式都表明朝廷给予了他充分的重视。朝廷还特封韩弘为中书令以表示对重臣的褒扬。中书令这个职务在安史之乱后就已经变成了特级功臣的专利。由于唐太宗曾担任过尚书令，后来就没人敢当。本来朝廷想把尚书令封给再造大唐社稷的郭子仪，但老郭怕折寿，死也不要，于是朝廷就换成了中书令。后来中书令的地位也逐步提高，慢慢变成了勋赏特级功臣的方式。郭子仪之后，平定朱泚叛乱，收复长安，也是再造大唐社稷的李晟也担任过中书令。韩弘当这个中书令，尽管没啥实权（中书省的实际权力掌握在中书侍郎手中），但这是彰显特殊政治地位的、荣誉感十足的标签。韩弘能跟郭子仪、李晟比肩吗？那肯定是不能的，但宪宗舍得下血本，面子给足了韩弘。

第四章 威令复振：中兴事业的完成

元和十四年（819）八月，户部尚书张弘靖为宣武节度使，宣武也被朝廷派遣的节度使控制。张弘靖到了汴州后，一改韩弘严酷的治理风格，采取宽缓的方式，赢得了宣武军民的好感。毕竟压抑久了，再加点恩惠，大家也乐意跟着朝廷混。所以，张弘靖治理下的宣武镇实现了平稳过渡。

元和十五年（820）十月，一代枭雄王承宗病逝。在河朔藩镇中，王承宗愣是以一镇之力连续两次力挫朝廷的多路讨伐军，并且在复杂多变的局势下，保全了家族的统治。抛开朝廷的立场，王承宗无疑是那个时代的杰出人物。王承宗死时，两个儿子知感、知信还在长安做人质。王承宗的二弟王承元，年仅二十岁，相比于两个儿子，更适合在此时稳定成德的局势。尽管宪宗在一定程度上否定了河朔父死子继或者说兄终弟及的家族传承方式，但毕竟成德还没由朝廷派遣的节度使接任过，在不少成德将士眼中，节度使由王家人继任顺理成章。但王承元才二十岁，军中也有不服气的，想造个反抢个节度使干干。王承宗的参谋崔燧敏锐察觉到军中异动，暗中与军中的大将商议，以王承元祖母凉国夫人的命令，让王承元掌管军政。

王承元不得已，只能暂时代理军政，不过军中大事基本上是由手下的僚佐做出决定。同时，王承宗暗中派人向朝廷请求派出新的节度使。十二月，朝廷派出的使者郑覃来到镇州宣慰。自从

元和中兴：朝廷的短暂振作

有了魏博田弘正的经验，朝廷就掌握了一套招揽河朔将士人心的手段——大把给钱。钱给多了，藩镇将士得了实惠，自然也愿意听朝廷的命令。这回郑覃带了一百万缗，多数成德将士收了朝廷的钱也不再有什么想法了。当然，也有几个顽固分子，还想着继续延续河朔的规则，王承元置之不理。朝廷任命王承元为义成节度使，前往滑州任职。出发前夕，王承元声泪俱下地向成德将士表述了一番要当忠臣，不要学李师道等反贼的决心，还把家里的钱都拿出来赏赐将士。那十余个顽固分子，就只能含泪杀掉了。

幽州在魏博、成德归附，淮西、淄青被平定后，也已经无法改变大局。不过，由于彼时刘总对朝廷的态度还算比较恭顺，幽州的问题要到宪宗去世的第二年，即长庆元年（821），才开始解决。刘总在元和五年（810），通过弑父杀兄的方式才登上节度使之位，所以内心里一直有阴影，经常梦到其父幽州节度使刘济、其兄刘缉出来追杀，以至于到后来连睡觉都不敢睡了。虽说这种伤天害理的缺德事在冷冰冰的权力面前不值一提，但权力是死的，人是活的。刘总再怎么冷酷，毕竟还是人，做了亏心事总是害怕遭到报应的，尤其是精神上的折磨让他生不如死。这种精神折磨在刘总晚年更加严重。后来实在受不住巨大的心理压力，再加上外部的局势也不利于再在幽州待下去了，于是，刘总上书请求落发为僧，想通过佛法来洗涤内心的罪恶，也请朝廷派遣节度使。

第四章 威令复振：中兴事业的完成

出家的上表还没得到朝廷回应，刘总就已经忍不住落发为僧，准备离开幽州了。朝廷本来已经授刘总为天平军节度使，但在听闻刘总出家的消息后，就赐僧人的最高待遇——紫色的僧袍，并赐号大觉师。刘总本来想遁入空门，以求得心理上的解脱，不过当他从幽州行至易州境内时，突然暴毙而亡，这回真的是解脱了。不管怎么说，刘总虽然通过不正当手段上台，但在任期间对朝廷也还算客气，与其他几个河朔藩镇相比，算是顺臣了。而刘总晚年也能够及时认清形势，刘氏家族也因为刘总的归附，得以保全并延续富贵。

根据刘总的计划，幽州一镇重新划分为三镇：幽、涿、营三州为一道，并请张弘靖为军政长官；瀛、漠二州为一镇，卢士玫为军政长官；平、蓟、妫、檀为一道，薛平为军政长官。不过，朝廷并未完全按照刘总的规划，只是同意了将瀛、漠二州分为一镇，设置观察使，其他几州仍然为一镇，由张弘靖出任节度使。

随着河朔藩镇的归附，自安史之乱以来，地方藩镇不听朝廷号令，不遵守朝廷法度的时代终于结束，朝廷的权威达到了安史之乱以后的顶峰，元和中兴最终实现！

第五章

君臣道合：元和君臣的奋进

元和削藩虽然曲折，但最终还是奠定了中兴局面。元和初年（806）到元和十四年（819），宪宗的历次削藩战争有成功，也有失败。总体上来说，朝廷的藩镇政策还是比较符合现实，也经过了实践检验。成功的原因自然有多方面，但很重要的一个方面就是宪宗君臣的努力。从德宗贞元姑息之政，到立志改变朝廷颓废的格局，再到一系列弊政的改革，战局胶着下的努力坚守，都充分表现出宪宗与大臣们携手共创中兴局面的奋进姿态。李吉甫、武元衡、李绛、裴度等名字与中兴之主唐宪宗一道，无疑在大唐中兴的历史中熠熠生辉。他们的奋进不应该被遗忘，君臣道合，

第五章　君臣道合：元和君臣的奋进

共同进退的精神也值得关注。

一、治乱经验与君臣关系

安史之乱是大唐由盛转衰的转折点，这场动乱对唐人的心理产生了极大的刺激。由治到乱已经成为现实，那由治到乱的根源何在，如何实现由乱到治，这成了萦绕在唐代皇帝以及士大夫心里的重大命题。当然，站在今人的角度来看，安史之乱的原因十分复杂，既有政治军事，也有财政经济，同时也有异族的影响。但中国古代在探讨历史治乱经验中，往往会从君主与大臣的关系入手。最为典型的就是明君贤臣与昏君奸臣的对照。治世的创造者，往往是明君与贤臣共同合力的结果，而乱世肯定是奸臣助长昏君恶行的产物。在这其中，君与臣的关系与国家的太平兴衰密切相关。

元和中兴就是在反思玄宗以来的治乱经验基础上的产物。在唐宪宗的孙子唐文宗在位的大和年间，史官蒋系参与了《宪宗实录》的编撰，实录即一朝皇帝的历史。蒋系在评价宪宗元和年间的政治时，就直接指出德宗贞元十年（794）以后，朝廷的权威日益削弱，藩镇跋扈越发严重。这其中自然与德宗对藩镇的姑息态度有关，但蒋系还特别提到了朝廷中枢的权力关系紊乱。简单来

元和中兴：朝廷的短暂振作

说，德宗身边出现了奸臣，而德宗本人也越来越像个昏庸的君主。

贞元十年（794）是德宗政治的重要转折点，标志性事件就是陆贽罢相。陆贽年少成名，十八岁就考中进士。德宗还是东宫太子时，就听闻陆贽的才华与德行，于是在即位后，就征召陆贽为翰林学士，以备咨询。德宗在位初期，陆贽是深受德宗信任的大臣，尤其是在奉天之难中，陆贽陪伴德宗度过了这段异常艰难的岁月。当时虽然也有宰相，但军务紧急，陆贽居于中枢参与机密，裁决政务，以翰林学士身份行宰相之实，因此当时人称陆贽为"内相"。德宗也经常亲切地以行辈称之为"陆九"，足可见德宗对陆贽的信任。陆贽也知无不言，竭诚侍君，多次秉直进谏，直指皇帝的缺失。尤其是在战事胶着之下，陆贽劝谏德宗下《罪己诏》，与河朔藩镇和解，并亲自起草诏书，其言辞恳切，使得闻者皆感泣，极大推动了平叛进程。贞元三年（787）起，陆贽在洛阳为母守孝，因他为官清廉，不受任何贿赂，生活十分拮据，靠朋友韦皋资助才能维持生活。贞元八年（792），陆贽迁中书侍郎、同平章事，成为宰相。贞元九年（793），他知贡举，即主持科举考试，选拔了韩愈、李绛、冯宿、欧阳詹等一大批有才之士，号为"龙虎榜"。

陆贽代表了当时士大夫眼里的完美形象，是正直的代表、忠臣的化身。陆贽才华出众，又能清廉自守、品德高迈，在成为宰

第五章 君臣道合：元和君臣的奋进

相后仍然多次直言进谏，不惜触怒龙颜。但共患难易，同享福就难了。陆贽仍然不忘初心，可德宗早就没了初心，毕竟被打得变了心。这时候，德宗身边聚集起了一帮近幸之人，他们有着一技之长，主要表现在理财方面，正好符合德宗捞钱的需要。其中有个叫裴延龄的，是这些近幸的代表，蒋系就直接点名裴延龄是德宗时期的最大奸臣，陆贽的下台也跟这个人有关。裴延龄干的那些事跟皇甫镈差不多，就是替皇帝拼命搞钱。但皇甫镈是为了削藩大业，即便再怎么缺德，多少还是有着为大局考虑的因素。但裴延龄搞钱的时候，朝廷还没那么大的财政危机，再加上在士大夫眼里，钱财之类都是身外之物，非正人君子所应该操心的，所以钱谷吏、理财之臣一般都是被看不上的。不仅如此，裴延龄这个财政大臣还凭借着皇帝的宠信排斥异己，可是排斥谁不好，他偏偏排斥百官的楷模陆贽。

裴延龄为了巴结皇帝，想方设法搞钱。最直接的方式，就是弄虚作假，府库里本来没多少财物，偏要在账簿里写上一大笔收入，等到皇帝来验收的时候，就把另外府库里的东西拿过来应付领导检查。还有一个方式就是把国库里的财物给挪到皇帝的内库里，德宗看到自己小金库有进账自然开心。裴延龄也经常给皇帝想出创收的项目，当然这些创收的法子有不少是存在弄虚作假成分的。但不管怎么说，裴延龄抓住了德宗想要捞钱的心理，一个

元和中兴：朝廷的短暂振作

劲儿地在皇帝面前努力表现。这种弄虚作假、谄媚作态的行为，在正直的大臣看来，自然就是奸佞了。所以，陆贽作为宰相，就一个劲儿地给皇帝上奏，陈诉裴延龄的罪行，痛斥其为奸邪。

德宗这个人本来就猜忌心很重，在即位初期就因为猜忌，处死了理财专家刘晏，后来陷害刘晏的宰相杨炎也因为被皇帝猜忌而死。德宗喜欢的是那种既能够迎合他的心意，又能够收敛锋芒表现乖巧的人。建中年间的卢杞就是这样的人，裴延龄也是如此。皇帝喜欢什么，他们就往这方面去专营。卢杞利用皇帝的猜忌之心斗倒了杨炎，但也引导皇帝做出了很多错误的决策，其中最严重的就是刺激了李怀光叛乱。当德宗被朱泚叛军围困在奉天城时，李怀光千里奔袭，回援关中救驾。奉天解围后，照理皇帝应该召见功臣李怀光，并赞扬抚慰一番。可卢杞愣是忽悠德宗不要见，还命令李怀光继续平叛。这个行为引起了李怀光的不满，毕竟人家是功臣，不能这么冷冰冰地对待吧。卢杞的错误引导，无疑进一步刺激了李怀光之乱。所以，江山易改，本性难移。皇位不稳时，紧跟在身边的大臣自然是值得信赖的忠臣，除了他们，也没什么人能用了，不信任也不行。但当皇位稳坐，危机解除时，那本性就暴露了，生怕下面的人，尤其是位高权重的宰相削弱自己的皇权。

早在建中年间及贞元初期，德宗对陆贽基本上是言听计从，

第五章 君臣道合：元和君臣的奋进

但此时德宗有了新欢，就像"渣男"一般把陆贽给抛弃了。陆贽越是痛批裴延龄不好，德宗就越是不信，对裴延龄的宠爱也越进一层。裴延龄在德宗面前表现出人畜无害的样子，却没说陆贽什么好话。他在皇帝面前指出："陆贽看上去是忠心，实则是沽名钓誉啊。陆贽总是给您提一堆不合时宜的建议，陛下您英明神武，这不是在打您的脸吗？宰相虽然是陛下的肱股之臣，但也不能逾越君臣大义啊！"这下真是痛戳了皇帝的神经了，皇帝怕的就是下面的人不听自己的。挑拨很成功，德宗很生气，后果很严重。这时候，盐铁转运使张滂、京兆尹李充、司农卿李銛等大臣就坐不住了，纷纷给陆贽求情。这还得了，他们的求情，在皇帝看来就是结党胁迫皇帝了。

于是贞元十年（794）十二月，陆贽罢相，为太子宾客。这还不够，本着斩尽杀绝的原则，裴延龄进一步对陆贽实施打击。当时正值大旱，裴延龄诬陷陆贽等人曾扬言因为大旱导致马料不够来动摇军心。结果几天后真的有神策军士来申诉度支不给马料了。裴延龄当时是度支使，因为大旱导致供应禁军的马料不够，应该是事实。但关键在于，在裴延龄的话语中，陆贽党羽把这件事公开抖出来，要把责任推给裴延龄甚至是背后的皇帝，那这就变成了一个严重的政治问题了。皇帝可以不管神策军的马料够不够，但必须要警惕大臣对皇帝的变相攻击啊。所以，到了贞元十一年

元和中兴：朝廷的短暂振作

（795）四月，陆贽被贬为忠州别驾，李充等人也同时被贬。

贞元十年（794）陆贽罢相之所以成为德宗政治的转折点，就在于自此之后朝中正直的大臣不再能够发挥作用，反而是裴延龄这种奸臣炙手可热，主导了长安朝廷的政治风向。此后，德宗进一步收归了宰相的权力，很多细碎的政务，本来应该由宰相及其下属机构决策的，多被集中于皇帝以及身边的一小撮近幸。这些所谓的奸佞之臣主导朝政，再加上德宗对藩镇姑息，不求生事，最终导致了贞元政治的败坏。

元和年间，宪宗与宰相在讨论贞元年间的政治时，李吉甫就指出，德宗自以为聪明，不用宰相，结果导致朝政紊乱，本来应该通过正常途径就能办的事，由于权力被皇帝侵占了，只能通过皇帝身边的幸臣才能做事，贪污纳贿、结党营私就来了。到最后就是，底层的真实信息无法准确传递到上级，朝廷处理事情也多用不公正之法。作为亲历者，李吉甫甚至认为当时有种乱世的感觉。

当然，元和君臣论述的历史经验还不止德宗时期。玄宗以来的君臣关系也是他们思考的话题。玄宗之所以能够开创盛世，自然要归功于姚崇、宋璟这对贤相，而由盛转衰就要归咎于李林甫、杨国忠这对奸相了。在探讨这段历史时，李绛就认为，心怀危机意识方能缔造治世，肆意宣泄欲望容易造成乱世。玄宗心知政事艰难，得姚、宋二位忠诚正直的大臣，他们以效仿尧舜为目

第五章　君臣道合：元和君臣的奋进

标。玄宗也励精图治，虚心纳谏，既有明君在上，又有贤臣辅佐，于是才有了开元盛世。可是开元二十年（732）以后至天宝年间，李林甫、杨国忠为相，身居高位的多是一些溜须拍马，善于逢迎的人，他们只讲好话，不敢向皇帝说实话。再加上玄宗晚年贪图享乐，国库收入不足，就受奸臣蛊惑，大肆兴利，千方百计捞钱，又在某些人诱惑下掀起边境战事，最终导致天下动荡，安禄山乘机而起，玄宗本人也灰溜溜地跑出长安。当今两河藩镇跋扈，西北边境被吐蕃蚕食，府库空虚，都是天宝末年的丧乱所引起的。归结根源，就是因为皇帝身边的小人引诱并麻痹了皇帝的心智。所以，宰相崔群干脆把大唐由盛转衰的分水岭定在开元二十年，因为这一年玄宗罢免贤相张九龄而专任奸臣李林甫。显然，这跟蒋系把陆贽罢相的贞元十年（794）作为分水岭是一个道理。

德宗的父亲代宗时期也有同样的问题。元和七年（812），宪宗在延英殿与宰相李吉甫聊到代宗时期纲纪不立，朝廷多事，提醒宰臣要以史为鉴。要说代宗时期倒没什么造反把皇帝逼出长安城，但西边的吐蕃却把皇帝逼着跑到了东边的陕州避难。当然，吐蕃能够对大唐的边境不断蚕食，甚至一度占领长安，背后与安史之乱以后唐内部的政治军事局势有关。但不得不说的是，这场皇帝跑路的尴尬场景还是离不开所谓的奸臣祸害，只不过这次变

元和中兴：朝廷的短暂振作

成了皇帝身边的宦官。

程元振是拥立代宗即位的功臣，在帮着皇帝斗倒了权势滔天的宦官李辅国后，程元振成为继李辅国后的又一个权阉。打手转正成为皇帝的管家后，程元振也开始作妖了。结党营私，招权纳贿，打压宰相就不用说了，程元振干了两件事，直接或间接导致了代宗在吐蕃进攻下仓皇逃窜的窘迫。第一件是就是唆使代宗杀害了来瑱。当然，来瑱之死自然有代宗方面的原因，但程元振是充当了打手的。程元振本来就跟来瑱有矛盾，为报私仇，诬陷来瑱谋反，来瑱因此下狱被处死。后来，又因为跟宰臣裴冕在政治上的冲突，程元振以贪污罪把裴冕给贬去施州当刺史。裴冕是扶持代宗父亲肃宗即位的元勋。来瑱和裴冕，一个名将，一个元勋，先后被程元振诬陷迫害，严重影响了朝廷的公信力。后来吐蕃打到长安城，代宗匆忙向各路节度使征兵，李光弼等手握重兵的藩镇都不敢轻易入关，就怕被程元振给害了。程元振干的第二件事，就是压着吐蕃进攻的战报不报，使得皇帝都不知道前线的情况。直到吐蕃快打到长安城了，皇帝才慌慌张张地跑路。

所以说，近在眼前的历史经验表明，大唐由盛转衰的原因在于，皇帝身边有奸臣小人误国，他们迷惑了皇帝的心智，最后导致大唐陷入安史之乱的旋涡中。玄宗以后的历代先君为了实现国家由乱到治，也是不敢懈怠。代宗、德宗都曾想解决藩镇跋扈，

第五章　君臣道合：元和君臣的奋进

结果却走上了姑息的道路，朝廷的权威自安史之乱以来，越来越弱。为什么会这样？在宪宗君臣看来，就是因为皇帝身边有奸臣，才导致了玄宗、代宗、德宗被敌人追着打，乘舆播迁的场景一次次重现。

所以，要想国家能稳定，实现太平治世，皇帝身边就要有正直的大臣，能够及时纠正皇帝的缺失，最好是像姚崇、宋璟这样的贤相。同时，皇帝也不能像玄宗晚年那样安于享乐、宠信佞臣，要时刻节制自己的私欲。从德宗贞元年间的政治教训来说，所有的一切都要归结一个问题——给予宰相充分的权力。只有君臣在各自的位置上各行其责，国家才能稳定运行，乱臣贼子也就不会来祸乱天下了。

蒋系在评价唐宪宗元和中兴的功绩时，就特别强调宪宗自以太子身份监国到后来登基称帝，整个元和时期，中枢的军国大事，都归于宰相谋划。也正是宰相权力得到了充分保障，才使得朝野上下出现了政通人和的局面，国家法度得以重新彰显，以至于削除叛乱的藩镇，重振朝廷的权威。

应该说，蒋系的评价体现了元和君臣协作，共创中兴盛世的成就。在元和削藩最艰苦的淮西之役过程中，若不是宪宗坚定地支持裴度，裴度在战事最为胶着的时刻给予皇帝以信心，最后亲赴前线督军，协调前线各将领的关系，淮西之役恐怕还会重蹈德

元和中兴：朝廷的短暂振作

宗贞元年间的覆辙。

历史的意义在于，从以往的经验中吸取教训，从而避免再次犯同样的错误。德宗没有做到这一点，所以他还是没有走出历史治乱的困境。元和君臣认识到了这个问题，协调君臣关系以避免政治混乱，在很大程度上纠正了德宗贞元时期的弊端。

历史教训可以总结，但人却往往无法百分百避免历史过错的重演。英武的宪宗皇帝毕竟不是圣人，为了实现中兴，他还是像德宗一样，重用了皇甫镈、程异这类理财之臣。皇甫镈的所作所为，在裴度等大臣看来，跟裴延龄没什么区别。程异相对还好，为人低调，但他仍然被蒋系归为与皇甫镈并列的奸佞小人。蒋系也毫不避讳地将宪宗晚年聚敛财富，重用皇甫镈、程异，当作政治紊乱的表现，只是因为程度还没到德宗那样恶劣，所以才勉强不影响中兴的局面。但不管怎么说，历史的治乱经验深刻影响了元和的政治。

二、元和时期的宰相群体

元和中兴的实现，离不开宪宗与宰臣的共同努力。杜黄裳、李吉甫、武元衡、裴垍、裴度、李绛……他们与唐宪宗一道共同缔造了元和中兴。宪宗在位共十五年，任用宰相二十九人，另有

第五章　君臣道合：元和君臣的奋进

使相十一人。使相为带有"平章事"头衔的地方节度使，一般是朝廷用于勋赏或者安慰功高或实力强大的藩镇。在二十九个宰相中，除了贾耽、韦执谊、杜佑是前朝留下来的以外，其他二十六位都是宪宗任命的。这些宰相中有坚决的主战派李吉甫、武元衡、裴度，也有倾向于主和的韦贯之、张弘靖，还有靠着理财的能力获得重用的皇甫镈、程异。此外，还有主动入朝而受到礼遇的前地方节度使，如于𬱖、韩弘，不过他们入相后基本上没有实质性的权力。尽管宰相内部存在着不同政见的争论，但大体上来说，他们还是能够维护朝廷的主张的。当然，不同宰相对元和削藩及中兴事业做出的贡献也不同。

这些宰相中，对元和中兴做出贡献最大的主要有杜黄裳、李吉甫、武元衡、李绛、裴垍、裴度。杜黄裳启发宪宗要以法度整肃藩镇，并支持宪宗对西川刘辟进行用兵，而且在整个西川之役中发挥居中指挥的作用，开启了元和中兴的序幕。当然杜黄裳比较特殊，他担任宰相虽说也是宪宗任命，但当时宪宗刚被俱文珍等宦官拥立，所以杜黄裳能够对宪宗具有启发中兴的作用，也只能是君臣偶然的相得。但杜黄裳以后的几个重要宰相，就是宪宗自己选择中意人选的结果。

李吉甫是代宗时期名臣李栖筠的儿子，少而好学，才华横溢，非常熟悉唐朝的历史与制度沿革，也因此颇有名气。李吉甫

元和中兴：朝廷的短暂振作

在德宗时期就被宰相李泌赏识，后来因为某些原因被陆贽贬到明州，后又迁为忠州刺史。巧合的是，陆贽正好被贬到忠州，而且还是李吉甫这个刺史的副手。照理来说，仇人见面分外眼红，更何况这个仇人还是自己的下属，那更好欺负了。但李吉甫到忠州后，对陆贽异常恭敬，二人也相谈甚欢。几年后李吉甫又成为饶州刺史，倒霉的是李吉甫前面四任刺史接连死在任上，当地人都觉得有鬼在诅咒。李吉甫到任后，淡然处之，该干吗还干吗，最后什么事都没发生，当地人心也逐渐稳定下来。

这样既有胸怀，又有胆略，还有才华的人，本身就具备了面对严峻挑战的能力。宪宗即位后，李吉甫先是拜考功郎中、知制诰，回到长安朝廷与宪宗奏对后，被提拔为翰林学士，又迁中书舍人。李吉甫入朝后，干了两件事，使他最终收获宪宗心腹的地位。第一件就是治罪操弄权术的中书省小吏滑涣。滑涣是宰相的议事机构中书门下的堂后主书，相当于秘书人员，该机构设置于中书省。元和初年，滑涣跟枢密使刘光琦勾结，充当了刘光琦的话筒，向宰相传达枢密使的态度，以实现弄权的目的。当时的宰相杜佑、郑絪面对颐指气使的滑涣都不敢说话，毕竟刘光琦是拥立宪宗即位的宦官，不敢得罪。只有宰相郑余庆忍不住大声斥责，把滑涣赶了出去，郑余庆也因此受到报复而罢相。身为中书舍人的李吉甫才不管你背后有枢密使呢，直接上书皇帝，揭露滑涣贪

第五章　君臣道合：元和君臣的奋进

污受贿，侵犯宰相权力。宪宗也不磨唧，直接下令查，查出罪状后直接赐死。刘光琦倒是没什么事，但人家滑涣不就是老刘的人吗，李吉甫这不是啪啪打枢密使脸吗？第二年，当杜黄裳罢相后，李吉甫竟然被皇帝升为宰相。这后台硬的，就是不一样。

第二件事就是坚决支持宪宗打西川。在处理西川事件的过程中，强硬派其实并不完全占据优势，相当一部分官员主张按照贞元年间的老规矩处理。李吉甫是少数几个坚决主张强硬招讨的官员，也是除了杜黄裳、武元衡之外，给皇帝下定心丸的官员之一。在西川战役中，李吉甫也积极出谋划策，提出从江淮征兵，从三川东部的长江三峡一线开辟战线，以缓和东川一线高崇文的军事压力。宪宗对这些意见也是予以采纳，足见其被信任的程度。

李吉甫两次入相，当时重要的军国大事都有参与决策。其中比较重要的就是元和二年（807）至三年（808）大规模的节度使人事调动。这一政策在很大程度上改变了贞元年间节度使长期任职导致权力做大的局面，初步构建了元和年间的政治新秩序。同时，李吉甫还主张要把藩镇权力下放到刺史，使刺史能够充分行使职权，从而削弱节度使对州级的控制。这个方略后来逐步在各地得到贯彻。

武元衡在王叔文专权时坚守正道，受到宪宗欣赏和提拔。在

元和中兴：朝廷的短暂振作

西川事件中，武元衡也坚决主张讨伐，要树立朝廷的威严。元和三年（808），在西川平定后，接任的节度使高崇文请求朝廷派遣新的节度使。由于当时西川刚刚平定，需要派出重臣来稳定局势，再三考虑下，宪宗任命武元衡带着宰相头衔出镇西川。武元衡在西川节度使任上，进一步废除了韦皋时期的弊政，充实府库，加强了朝廷对西川的控制。

武元衡与李吉甫是宪宗即位初期遇到的两个亲密战友。元和三年（808），李吉甫受到制举案牵连，不得已离开朝廷，带着宰相头衔前往淮南赴任。在唐代，西川和淮南是宰相回翔地，这两镇节度使很多都是由前宰相担任，离任后也多回到朝中继续担任宰相。元和六年（811），李吉甫再次回到朝中担任宰相，八年（813）武元衡也回朝任宰相。二人在元和九年（814）的淮西之役初期也都发挥了重要作用，武元衡更是主导了早期的军事决策。元和九年（814）末李吉甫去世后，武元衡成为处理削藩事务的核心，但也因为主战的态度在第二年被刺客暗杀。

在武元衡、李吉甫罢相到再次入朝的间隙，负责中枢事务的宰相主要是裴垍。裴垍是贞元年间科举对策的第一名，后来当到了尚书省礼部的员外郎。由于礼部负责科举考试，吏部侍郎郑珣瑜推荐裴垍负责词判考试的阅卷工作。请托在唐代科举考试中是很常见的现象，但裴垍却坚守原则，拒绝请托，考试成绩都根据

第五章 君臣道合：元和君臣的奋进

实际才能而定。元和初年，裴垍被诏入翰林，从考功郎中、知制诰，做到中书舍人。李吉甫由翰林学士拜相后，还特别叮嘱裴垍要为宰相多多推荐人才。裴垍一连推荐了三十余人，结果这些人都各称其职，足见裴垍识人之明。元和三年（808），作为主考官的裴垍受到制举案牵连，裴垍也还是没被外放，只是罢免了翰林学士，宪宗因为裴垍正直不徇私，对其依然信任有加。同样受到影响的宰相李吉甫被迫外放淮南，临走前向宪宗推荐裴垍作为继任者。裴垍也因此坐上了相位。

裴垍年少骤然居于宰相之位，尽管年轻但他的执政却比那些经历丰富的资深官员还要稳重且令人信服。作为皇帝信任大臣的裴垍，做事小心谨慎，同时又举止得宜，给人一种稳健的感觉。成为宰相后的裴垍，依然坚持法度，权贵高官都知道裴相公正直无私，想要走后门，那是压根没有可能的。裴垍也延续了为国举才的原则。李绛、崔群被推举为翰林学士，掌管内廷诏书，韦贯之、裴度成为知制诰，李夷简被提拔为御史中丞，这几位在后来都相继成为宰相，在朝野都有不错的名声。其他还有不少官员都量才录用，选人得当，深受舆论的好评。一般对于谏官这一群体，宰相多是不太喜欢的，毕竟整天被这帮人指着鼻子批评，谁受得了。可是，裴垍却很大度，对公正直言的谏官非常欣赏。有一次，独孤郁、李正辞、严休复从拾遗升到补阙，当他们到中书

元和中兴：朝廷的短暂振作

参拜宰相表示谢意时，裴垍当面就直言："独孤郁、李正辞敢于直言，忠于职守，这次升官是当之无愧的。但严休复跟这几位相比还是有点不足啊。你要好自为之。"裴垍说这话，就是希望严休复能够尽职尽责，向独孤郁、李正辞学习。

所以，裴垍担任宰相的几年间，无论在选人还是在处理政务上，都取得了很好的效果。尤其是在官员的任用上，出现了人尽其用，知无不为，朝中没有奸佞小人的氛围。当然，这种表述自然是有过度美化的嫌疑，但裴垍执政期间的成绩是有目共睹的。此外，裴垍还在两税法上进行了改革，大大加强了朝廷的财政力量。可惜的是，裴垍在元和五年（810）突然中风，最后不得不罢相，并于第二年去世。

裴垍去世的当年，李绛成为宰相。不过由于元和以后牛李党争日益激烈，所谓的牛党在后来的政治斗争中最终胜出，他们在史书记载上多有抹黑对手李党的行为。李吉甫的儿子李德裕作为所谓李党的代表，连带影响到了李吉甫的政治形象。为了抹黑李吉甫，就要拔高李绛的形象。所以，在目前看到的史书记载中，李吉甫往往跟李绛对着干，但总是被李绛"正直"的言论给怼得无话可说。李绛的真实形象因为被美化过，还真的比较难还原，但有一点可以肯定，李绛的很多建议确实对元和中兴产生了重要的推动作用。

第五章 君臣道合：元和君臣的奋进

　　李绛在元和政治中最鲜明的形象就是直言进谏。李绛在元和初期先后任监察御史、翰林学士，尚书主客员外郎、司勋员外郎、知制诰，一直都在朝中，因此能够孜孜不倦，匡正皇帝的缺失。比如元和二年（807），浙西李锜被诛杀后，李绛主张把李锜的家财充当浙西六州贫民租税，以彰显朝廷的德政。李绛也经常在皇帝面前揭露宦官借着皇帝的威严欺压百姓，地方藩镇无缘无故进献财物等问题。在担任户部尚书时，面对宪宗暗示要求户部进献财物，李绛仍然坚持认为，皇帝不应该如此贪财，这有违圣德。此外李绛还针对当时西北边境的军备问题、朋党问题、历代君臣事迹等问题都有精辟的论述，大意在于揭露当时存在的弊端，告诫皇帝要信任大臣，从历史兴亡的教训中汲取经验，努力做明君等。可以说，李绛相当于元和朝的"魏征"。

　　当然，最能体现李绛风骨的要数他跟宦官吐突承璀的恩怨情仇了。吐突承璀是宪宗的亲信宦官，在宪宗还在东宫时就跟在身边。如果要论亲近程度，与皇帝的关系渊源，李绛是没法跟吐突承璀相比的。不过，李绛就不管吐突承璀跟皇帝的关系，只要觉得人家有问题，他就敢直接跟皇帝告状。

　　元和四年（809），宪宗想让吐突承璀作为讨伐成德王承宗的统帅，遭到了朝臣的强烈反对。李绛当时是翰林学士，也是属于坚决的反对派。皇帝任命吐突承璀为招讨处置使的诏书，按照规定,任命统帅是要翰林学士用白麻纸撰写的,可李绛直接拒绝撰写,认为宦官当统帅不符合规矩,皇帝的命令都不听了。宪宗无可奈何,只能叫中书省撰写诏书。等到吐突承璀回朝后,李绛又因出师无功,要求处分吐突承璀。

这还只是二人交锋中的一个回合。也是在元和四年(809),掌管长安寺院的功德使吐突承璀迎合皇帝的喜好,大修安国寺。当然,宪宗修安国寺有着利用宗教强化皇权的考量。所以,为了更好地拍皇帝马屁,吐突承璀奏请立一块异常高大的圣德碑,宣扬皇帝文成武德,泽被苍生。碑立了,但碑文得请大文豪来写啊,翰林学士个个都是,所以吐突承璀奏请翰林学士撰文。李绛直接表示反对,陈述圣德碑根本无益于皇帝的圣德,只能让天下看到皇帝好大喜功,在做无意义的形象工程。这番话直接刺激了皇帝,毕竟宪宗是要当中兴之主,是要追求历史地位的,总不能让天下人抓到把柄,那太难看了。所以,宪宗果断下令用数十头牛推倒巨大的碑石。

此后,李绛与吐突承璀还有多次交锋,李绛揭露吐突承璀的罪行,吐突承璀也暗中坑李绛。宪宗当然看在眼里,但一方是耿直的大臣,一方是心爱的家奴,他更多采取政治平衡的态度。元和六年(811)十二月,李绛成为宰相,就在一个月前,吐突承璀因为涉及一项贪污案被贬为淮南监军使。有一种说法认为,吐

第五章 君臣道合：元和君臣的奋进

突承璀去淮南是为了给李绛入相铺路，毕竟一山不容二虎，要给宰相充分的执政权力。到了元和八年（813），宪宗想把吐突承璀召回朝中，先是罢免了李绛的相位，再重新任命吐突承璀为神策军中尉。

当然，按照士大夫的政治道德标准来说，宪宗重用宦官，而且还是个能力也不行，德行也有亏的家奴，那肯定是个昏君。不过，从另一个角度来说，皇帝所处的内廷在国家大事中也发挥了重要作用，他需要宦官来充当皇帝意志的执行人。在宦官与宰相的冲突中，宪宗往往采取政治平衡策略，尽量保障宰相权力。这也让李绛等宰相能够在元和中兴中充分发挥作用。

裴度是元和政治后期的宰相代表，也是最终实现中兴的关键人物。相比于前面几位，裴度进入宪宗视野的时间较晚。贞元五年（789），裴度进士及第，后来又参加了皇帝临时举行的制举，在贤良方正、能直言极谏科两个考试中，对策被评为高等，因此授官河阴县尉，后来迁监察御史。作为监察御史的裴度，由于上疏抨击德宗身边的权贵幸臣，被贬出长安，担任河南府功曹。裴度后来进入了浙西李锜的幕府，但看到李锜的一系列不法行为后，对这位节度使深感绝望。于是在元和初期，裴度离开了浙西，回到朝中担任起居舍人。元和七年（812），裴度出使魏博，成功宣慰协调田弘正归朝，最终朝廷兵不血刃解决了魏博。也因

元和中兴：朝廷的短暂振作

为这次出使，裴度因功拜中书舍人，逐步进入元和中枢政治的核心。

经历了贞元年间因言获罪的打击，裴度在元和朝仍然不忘初心，继续说真话，敢说话。元和九年（814），裴度成为御史中丞，负责督查百官，纠正不法。当时，皇帝内廷的宣徽院五坊小使借着皇帝的淫威欺行霸市，贪污索贿。下邽县令裴寰看不惯这帮人，在五坊小使出宫办事时，愣是不给额外的孝敬，一切都按照规定办事情。这就惹得这帮五坊小使不满了，他们在皇帝面前说了一通坏话，皇帝也没细查，一怒之下把裴寰关了起来，准备以大不敬治罪。裴度顶着皇帝的怒气上言裴寰无罪，皇帝哪还听得了这些话。不过，裴度也是会说话："按照圣旨，裴寰是有罪，但裴寰作为县令，也是因为担心陛下的百姓才得罪了五坊小使，您看他也是爱护您呢！"这好话说进了宪宗的耳朵，皇帝的怒气也消了，最后下令释放裴寰。

元和十年（815）六月，武元衡被当街杀害，裴度也遇刺重伤。武元衡被杀后，宪宗失去了靠得住的主政大臣，当时虽有宰相韦贯之、张弘靖，但二人更倾向于罢兵求和。而裴度在刺杀案前，曾亲赴前线调研，对于淮西战场有比较清楚的了解。最重要的是，在河北藩镇一系列的恐怖袭击之下，裴度是坚决支持皇帝削藩政策的大臣。再加上裴度又是刺杀案的幸存者，以裴度作为

第五章　君臣道合：元和君臣的奋进

宰相显然能提振军心，彰显朝廷的强硬态度。因此，裴度成了武元衡之后，朝廷削藩战事的话事人。此后，裴度在淮西之役最困难的时候亲赴前线，协调各将领的军事行动，最后成功平定淮西，后又招纳成德王承宗归附，宣武韩弘入朝。可以说，裴度担任宰相期间，把元和削藩的战果推向了高潮，也最终奠定了元和中兴的局面。

当然，元和时期也还有其他宰相，像李藩、崔群等都在如何实现由乱到治方面对皇帝有一定的影响，权德舆、张弘靖、韦贯之、李鄘等虽然在藩镇政策上与裴度等人有所不同，但他们在国家财政、藩镇改革上也发挥了一些作用。元和宰相群体中也有像皇甫镈、程异等遭到批判的理财官员，但他们客观上保障了元和削藩的财政运行。

从杜黄裳到李吉甫、武元衡、裴垍、李绛，再到裴度，正是在这些宰臣的辅佐下，唐宪宗历经十五年时间，最终削平了两河藩镇，改革内政，实现了朝廷权威的重振。

三、李巽、裴垍的财政改革

除了改善君臣关系，调整中枢机构的权力关系，保障宰相权力的充分行使外，元和君臣还在财政领域进行了改革，此举加强

元和中兴：朝廷的短暂振作

了朝廷的财政实力，从而保障了削藩战争的运行。按照时间先后主要有李巽的盐铁改革以及裴垍主持的两税法改革。这两次改革主要针对当时的税收主要来源地江淮地区的现状。

李巽的改革要追溯到德宗时期李锜担任盐铁使时的财政状况。德宗晚年采取了偏重于财政经济的用人策略，直观的表现就是裴延龄、李锜等钱谷吏手握财政大权替皇帝搞钱。但生财有道还好，如果生财无道，那就要反过来影响朝廷的财政收入了。贞元末年就出现了地方藩镇手握财权，影响朝廷财政收入的局面。唐代后期中央掌管全国财政的为度支使、盐铁转运使以及户部使，即后世所谓的财政三司，不过那时候三司还没有合并在一起，彼此各有财政执掌。由于唐代后期的长安朝廷依赖于江淮财赋的转运，所以有时候盐铁转运使会由江淮的节度使兼任。盐铁转运使本来是中央的官，现在让一个地方节度使兼任，如果兵权与财权相结合，很容易削弱朝廷对地方的控制力。

德宗末年，浙西李锜兼任盐铁转运使，产生了一系列负面影响，最直接的表现就是朝廷的财政收入锐减。盐铁使掌管的收入中，数量最多的部分是食盐收入。在德宗即位的大历末年，食盐收入在刘晏主持下高达六百万缗，占了当时朝廷财政收入的50%。可是到了永贞元年（805年，即德宗驾崩的贞元二十一年）这部分收入仅有三百零一万缗左右，下降了50%。可是，盐价却

第五章　君臣道合：元和君臣的奋进

是一涨再涨。食盐官营初期，盐价大概在每斗一百一十文左右，建中元年（780）增加到二百一十文，贞元四年（788）左右涨到三百一十文，到了贞元末大致在三百二十六至三百七十文。照理来说，盐价提高，官营的食盐收入也应该增加。可是刘晏时期盐价远没有贞元年间高，收入却是贞元的两倍，这就很奇怪了。这里很大一部分原因就是被地方克扣了。李锜能够有钱豢养私兵，就是通过吞噬盐利，将这些纳入自己的私库。当然，李锜贪污的这些盐利也有不少被用来进奉给皇帝，进了皇帝的内库。这些钱也被用来结交朝中权贵。公家收入进了私人的腰包，受损的还是朝廷的利益。

其次是盐铁转运管理混乱。江淮地区水道纵横，为了便于航运灌溉，多有设置堰埭。这些堰埭即是调节水量的阀门，同时也相当于水上交通的关隘，方便官府征收过路费。李锜为了搞到更多的钱，多设堰埭，增加收费的关口。围绕堰埭所产生的反复收税、各种名目的非法税赋，严重影响了大运河沿线的交通。

李锜在食盐的销售法则上也违反市场规律，大搞虚估。所谓虚估，就是名义上的价格高于实际的价值。在食盐销售中，德宗以前就存在商人用绢帛购买食盐的方式，大历时期以一匹绢值四千文的标准进行兑换。可是两税法实行以后，绢帛的实际价格不断下降，本来一匹绢可以值四千文，那现在一匹或许只有一千

元和中兴：朝廷的短暂振作

文甚至更低。德宗时期食盐价格提高了，向政府批发食盐的商人自然要把成本转移到百姓身上，所以高盐价下老百姓吃不起或者少吃食盐，这就导致了食盐销售量的减少。可是朝廷在食盐销售上是有硬性指标的，高盐价低销量严重影响朝廷的食盐收入。为了完成指标，食盐主管部门只能向商人妥协，继续允许商人以一匹绢四千文的标准进行兑换。也就是说，如果绢的实际价格，实估是一匹三千两百文，但在官府的销售中还是以一匹四千文标准计入账簿，这个一匹四千文就是虚估了。官府的销售指标就是以虚估的账面来算。如果绢的实际价格一跌再跌，虚估还是一匹四千文，那与实估的差距就越来越大。到后来甚至到五百二十文的实估价对应四千的虚估价。

在这种情况下，官营食盐的运行就乱套了。一方面虚估价不变，但实际的绢帛价是在变动的，那么如何计算官府的实际收入呢？随着绢实际价格的变动，虚估与实估之间的计算方式就很容易产生混乱。另外，绢帛的虚估价不变，实估价下降，这也就意味着，作为官营食盐收入的绢帛是掉价的，绢帛匹数不发生变化，但折合成实际价格就下降了。虚估的账面收入是没有发生变化，但实估的收入却明显减少了。这也就是刘晏时期的食盐收入有六百万缗，可是德宗末年却减少到三百万左右的重要原因，当然其中还包括官员克扣、中饱私囊的因素。但根源还是在于食盐

第五章　君臣道合：元和君臣的奋进

销售的定价管理出现了混乱。

要想解决财政收入减少、管理混乱的问题，首先就要把财政权力收回朝廷。这个任务并不是由宪宗完成，反而是由王叔文做到的。永贞元年（805），宰相杜佑兼领度支盐铁转运使，王叔文为副使，李锜的盐铁转运使就这么被取消了。当然，王叔文是给了李锜好处的，他把浙西从观察使升格到节度使，扩大了李锜的军事权力，所以李锜对失去财权也没有太大的不满。对于王叔文来说，财权在手就可以结交人脉，扩大自己的势力范围，毕竟没人不爱钱。不过王叔文怕自己当正使被人当靶子打，于是拿出德高望重的杜佑来充当挡箭牌。虽说王叔文夺李锜财权的动机并不单纯，但客观上确实把盐铁转运的财权转到了长安朝廷手中。

王叔文下台后，杜佑着手对中央财政机构的权力关系进行了改革，把裴延龄任度支使以来侵占中央各机构的财政权力都返回到原机构，并清理了多余的吏员，提高了中央财政机构的效率。不过，杜佑毕竟年老，他也无力进行更多的改革，尤其要跑到地方去实地办公。于是，杜佑推荐了一个年轻人李巽来担任副使。

李巽也是进士出身，不过他最大的特点就是对手下人一切按照规章制度办理，如果有偷奸耍滑，小偷小摸，那就严格执法了。所以，他手下的吏员都不敢做什么出格的事，毕竟有李大人的眼睛盯着呢。这种人如果没什么太坏的心眼，作为改革者，那

元和中兴：朝廷的短暂振作

是再好不过了。到了元和元年（806），杜佑眼看李巽辅佐自己整顿财政干得不错，再加上自己实在不好兼着财政职务，所以强烈要求把李巽转正，宪宗也同意了。

李巽成为度支盐铁转运使后，首先把盐利划归到度支使下，度支是中央最重要的财政职务，主管两税等事务，一般国库收入使用由度支管理。这么一改革就把中央的财政收入归结到度支的管理之下。其次是盐铁使上交的盐利一律以实估计算。这个方法一下子就纠正了食盐经营中的混乱局面，对于官府来说也不至于因为绢匹价格下跌导致收入减少。再次就是取消了江淮地区私自设立的非法堰棣，共二十二处。这些非法的设施都是李锜所设立，此举也是整顿江淮盐运管理的重要步骤。

当然，为了使盐运改革能够顺利推进，李巽也积极与部分藩镇节度使进行友好沟通。比如他给宣武节度使韩弘、武宁节度使张愔写信，陈述自己的工作，消除彼此猜忌，希望他们能够支持朝廷。韩弘所在的汴州、武宁所在的徐州，是江淮转运至北方的重要据点，交通位置重要，如果没有他们的支持，李巽的改革将受到很大的阻力。

经过李巽的改革，元和三年（808）的食盐收入达到了七百二十七万缗，已经超过了刘晏时期的规模。此后几年的食盐收入也都在七百万缗左右。盐铁转运的财权回归中央，中央的财

第五章 君臣道合：元和君臣的奋进

政权力和收入又进一步集中到度支手中。同时，通过对大运河沿线交通的治理，江淮地区的物资，尤其是粮食，得以高效地转运到北方，保障了朝廷的正常运转。

元和四年（809），宰相裴垍在李巽改革的基础上，又对两税法进行了改革。唐德宗推行两税法，规定两税以现钱缴纳，而不是缴纳绢帛等实物。本来这对老百姓来说是好事，他们不用在土地里耕作获取实物地租，可以通过其他的方式获取营生，如商业、手工业等，只要能获取现钱缴上税就行了。可是，两税推行后，出现了"钱重物轻"的现象。社会上对铜钱的需求量上升，可是铜钱的流通量又没法满足这么大的需求，再加上官方的铸钱量也没法跟上，所以铜钱的价值就高了。俗话说物以稀为贵，当铜钱越来越少但需求量很大时，老百姓要想获得铜钱，就要花费更多的物资去交换，于是物品价值就变得轻了。这种现象最直接地体现在物价上。两税法以前，一匹绢的价格可达到三四千文，可是两税法推行后不久，绢价就跌到了每匹不到一千文。懂点简单数学的就可以计算，如果一个人要缴四千文的两税，以前只要拿出一匹绢就可以了，现在却需要拿出四匹以上的绢。在两税数额没变的情况下，老百姓的实际负担是加重的。

因此，裴垍首先把两税纳现钱改为允许直接缴纳实物进行所谓的"折纳"，也就是说农民不用去市场上兑换铜钱了，而是可

元和中兴：朝廷的短暂振作

以直接缴纳绢帛作为两税。当然，缴纳现钱也并未被全部替换，仍有部分税收以现钱的方式缴纳。绢帛折纳的标准以省估，即尚书省制定的官方定价，作为标准。这样就有了一个统一的折纳标准，整顿了地方各级官吏收税过程中利用估价剥削百姓的弊端。由于老百姓缴纳的绢帛未必都能达到完整的匹、段标准，或许还有不足长度的情况，朝廷也许可百姓通过折纳丝绵进行替代。为了杜绝各级官吏在折纳、缴纳现钱过程中克剥老百姓，裴垍明令禁止，各级官吏不得剥削加征，节度使、刺史、县令各级都要明确告知朝廷的政策，不得怠慢，否则就要依法处置。

在两税征收、运送、分配过程中，裴垍也进行了调整。两税三分为上供、留使、留州三个部分，本来只要上够给朝廷的，朝廷也懒得管了。但这里面就存在一个管理上的隶属关系问题。唐代后期的行政管理层级事实上已经变成了中央—道（藩镇）—州—县。藩镇是可以到下属的州县进行征收税款的，朝廷没法直接插手。这就给藩镇直接控制州县提供了便利，朝廷就鞭长莫及了。裴垍规定，考虑到地方州县两税既要上缴中央，又要上缴到节度使，事务太重复了。为了提高效率，两税留使部分由节度使所在州（使府州）原有的留使以及上供的钱充当，如果数额不够再从其他属州进行调配。藩镇原来用于上供的部分收入就由其他属州直接送到中央。裴垍这么一改，藩镇的留使钱主要来自于节

第五章　君臣道合：元和君臣的奋进

度使所在的使府州，上供中央的两税数额不变，只是减少了藩镇一级上供的工作量，这部分工作量转移到了属州这边。除使府州之外的其他属州，减少了上缴两税到节度使的数量，两税上缴的重心转移到长安。如此，藩镇在两税征纳过程中，对属州的接触就少了，朝廷却可以通过上供这个流程与州直接发生联系。这种纳税流程的变化，有助于加强朝廷对地方州县的控制，而节度使的影响则更多被限制在使府州。

由于江淮地区是当时两税征收的重点地区，因此这种通过估价进行压榨的情况在江淮地区特别明显。所以裴垍的改革影响最大的就是江淮地区。采取省估并严厉打击各种税收违法行为，在一定程度上减轻了百姓的负担。同时，经过税收征收的数额和程序的重新调整，朝廷对地方财政的控制，尤其是对各州县的控制得到了加强。这在一定程度上削减了藩镇一级的实力。

当然，为了配合朝廷对江淮的控制，增加江淮地区上供到朝廷的税收数额，朝廷还采取了另一个方式——削减兵额。两税三分中的留使、留州部分数额是根据支出所制定的，其中养兵的费用占了很大一部分。削减兵额，意味着藩镇和州的支出就少了，两税征收的总额肯定不会变，那多出来的这部分收入自然就要成为上供部分，如此朝廷的财政收入就增加了。另外，削减地方的军事力量，也能够防止地方势力做大，威胁朝廷的统治。所以在元和六年（811），宪宗下令废除了舒、庐、滁、和四州团练使额，团练使级别低于节度使，但也是属于地方军队的统帅。废除团练使，地方的军队未必都解散了，但肯定是要削减。同年朝廷又停掉了润州丹阳军额，丹阳军就这样解散了。元和五年（810），又把原来的丹阳军与镇海军合并。六年（811），又把台、明、温、婺四州的一千五十八个军额停掉，军人转为农民。同年，浙西镇海军、荆南永安军、宣州采石军、越州义胜军、洪州南昌军、福州靖海军都取消了。这些军队都在江淮地区，通过系列裁军，朝廷进一步增加了对地方的控制，也增加了江淮地区上供到朝廷的财政数额。

李巽、裴垍的财政改革以振朝抑藩为主线，扭转了德宗贞元以来的财政乱局，加强了朝廷对地方的控制，增加了朝廷的财政收入。元和削藩能够成功，与这些改革的顺利推行密不可分。

四、元和中兴的政治隐喻

唐宪宗君臣削平藩镇，重振朝廷的权威，被称为元和中兴。宪宗作为中兴之主的形象，除了有削平西川、浙西及两河藩镇的丰功伟绩作为基础，也跟元和君臣极力塑造的政治形象有关。在元和朝的政治中，"中兴"作为一种振兴朝廷威信的政治口号，

第五章 君臣道合：元和君臣的奋进

也一直被元和君臣提及并不断强化。

唐代皇帝中兴，最有名的当数唐中宗李显，没错，就是武则天的儿子。武则天晚年遭遇张柬之等人发动的神龙政变，被迫把皇位传给了儿子李显，李显重新打出大唐国号，恢复了李唐社稷，他的庙号中宗就是因此而来。李显恢复大唐后，公开下诏称"中兴"，寺庙名称以及其他各种场合都有皇帝中兴的表达。不过，武则天发动武周革命，革了大唐的江山，李显又革了武周的命，可是李显是武周皇帝武则天的儿子，你把老妈的江山给革了命，否定了亲生母亲，那这个"中兴"就带有了不孝的色彩。所以，在伦理亲情面前，李显又下令禁止言及"中兴"，改为"龙兴"。

唐玄宗时期也曾称自己中兴，比如他在开元五年（717）设置并州为北都的诏书中就提到他是"守祖宗之大宝，恢中兴之洪业"，之所以要讲中兴，是因为中宗恢复李唐以来的朝政积弊需要改革，再创新的盛世。但这套中兴说辞似乎没有中宗恢复李唐的影响大，尽管玄宗确实开创了开元盛世。

安史之乱后，长安朝廷被叛军占领，朝廷权威一落千丈，各种叛乱不断。在这样的背景下，唐肃宗、唐代宗父子担负起了中兴大唐社稷的使命。由于彼时肃宗、代宗的使命是平定安禄山、史思明发动的叛乱，收复被叛军占据的长安、洛阳两京，所以这

元和中兴：朝廷的短暂振作

个时期的中兴从两京光复上升到了兴复李唐国运的角度，这个基调经过代宗时期的塑造，逐渐定型。

德宗时期也把"中兴"作为一种政治术语使用。贞元十年（794），陆贽在揭露裴延龄奸臣乱国的罪行时，援引建中年间被朱泚叛军逼着跑出长安一事，提到德宗最后"成中兴之功"，这里主要指平定朱泚叛乱。

上述中兴，除了玄宗时期的中兴不涉及改朝换代外，其他几个皇帝的中兴表述中，都有一些共同的特点：长安朝廷被叛军攻陷，需要收复京城，夺回设在长安城内的宗庙社稷；这些叛军都曾改朝换代，自称皇帝。如果我们不去考虑叛乱者的正统性问题，无论是安史还是朱泚，他们所干的事情跟武则天革命是一个性质，只是结局不一样罢了。因此，这里的中兴就变成了改朝换代后再次复兴王朝。而玄宗的中兴就只是大唐社稷还没有中断下的衰落后的再次复兴。

元和中兴的对象自然不用说，就是指安史之乱以来，藩镇跋扈，朝廷权威日益削弱的局面，更直接的就是德宗姑息之政所造成的系列弊端。

早在宪宗的父亲顺宗刚即位时，大臣提请顺宗服丧过后听政，在所上的奏表中提到，现在兵车还在奔驰，边境地区危机不断，河南河北的贼寇还没有除掉，老百姓战争的创伤还没有愈

第五章　君臣道合：元和君臣的奋进

合，天下经历危乱后正期盼着能够安定，过上太平的日子，这正是现在应该做的事情。所以希望陛下克己复礼，顺从天下苍生的心愿，"成先帝之大功，继中兴之盛业"。当然了，先帝的大功有多大，具体是指什么，没有说，但既然中兴跟先帝的大功相对，那应该是肃宗和代宗的事业了。可是，奏表中又提到了当时所面临的一系列问题，那这个中兴就还有很多事情要干了。顺宗在位只有半年左右的时间，再加上本人还中风，无法独自处理朝政，所以他的中兴使命自然就要交给儿子宪宗了。

元和三年（808），宰相李吉甫领衔给皇帝上尊号，在册文中，李吉甫使劲地吹捧皇帝的丰功伟绩：考察前代王朝，像大唐那样经历十一君，两百年还能"中兴厥祚"，几乎是没有的。册文中没多讲什么实际的事情，基本上是比较空洞的虚美之词。不过，当时宪宗之所以要加这个尊号，很重要的原因是西川、夏绥、浙西的叛乱被平定，所有的胜利当然要归功于皇帝的英明神武。这次宰相领衔上的册文把宪宗当作中兴大唐国祚的明君。这是目前看到官方最早对宪宗作为中兴之主进行阐述的文献。

当然，这一时期，宪宗也多次跟大臣讨论历代君臣治国经验，其中也会提到中兴。比如有一次，宪宗与翰林学士李绛讨论太宗、玄宗缔造盛世的原因时，李绛就提到，要端正自己的身心，不断告诫自己要遵守道德，远离邪佞，重用忠诚耿直的臣

235

元和中兴：朝廷的短暂振作

子，在做到这些之后，就能够与祖宗的道德品质相一致，可以称得上中兴了。简而言之，中兴要学习太宗、玄宗的治国之道，如果解决了当下藩镇跋扈，百姓愁苦，边境危机等问题，那就能接近或达到太宗、玄宗的治世，自然就是中兴。

元和六年（811），李吉甫对宪宗的吹捧进一步升级，更加直接，他说道："睿圣文武皇帝陛下（即宪宗），秉持上圣的资质，开启我唐中兴的气运。"一年后，李绛在一次君臣奏对中也把宪宗的事业称作中兴之业。不过，李绛还比较务实，不像李吉甫这样吹得太过。李绛提及中兴，只是希望皇帝能够广泛访问智慧有才略的人才，简拔贤良，虚心采纳有利于国家的建议。元和十年（815），韩愈在给宰相裴度写让官的奏表中又使劲吹捧了皇帝一番："臣真切地看到陛下文武兼备，有神圣的姿态，开启了中兴的宏图伟业，现在正是太平的时期了。"同一年，韩愈又在另一个奏表中吹捧："我大唐创业建国以来，列位皇帝功德没有能高于陛下，陛下您真是显赫高大，光照千秋啊。这都是上天赋予陛下英武的德行，使您成为我大唐的中兴之君啊！"元和十年，淮西之役已经打响，李师道的恐怖袭击也时有发生，局势并不能称得上太平。韩愈等大臣这么吹捧皇帝，自然不太符合现实情况。但由于之前宪宗打击藩镇取得了一定的成果，所以韩愈等人称宪宗中兴倒也不算是毫无依据。

第五章 君臣道合：元和君臣的奋进

元和十三、十四年，两河藩镇基本平定，或被朝廷所灭，或主动归附朝廷。唐宪宗元和中兴的话语被推向高潮，中兴逐渐成为当时的共识，被频繁提及。元和十三年（818），柳宗元向平定淮西的李愬献《平淮夷雅》二篇，在写给李愬的信中，提到"今天子中兴，而得阁下"，把李愬的功劳跟宪宗中兴相联系。柳宗元在第二年，代替当时的桂管观察使裴行立写给皇帝贺表，祝贺朝廷平定了淄青李师道叛乱。柳宗元提到："陛下不违上天，与神明相合，光盖周宣王的中兴之业，远眺汉光武帝再造汉室的功勋。"周宣王的父亲周厉王在位期间，周王室的权威严重衰落，甚至周厉王都被国人赶出了王城，宣王在厉王死后重新复兴了周王室的权威。汉光武帝参与了消灭篡汉的新莽王朝的战争，后平定各割据势力，重新建立了大汉，是为东汉。这两位都是振兴王室的中兴代表。元和十四年（819），韩愈的学生李翱也历数宪宗即位十五年以来削藩的功绩，称赞宪宗神断武功，自古以来的中兴之君都没有能够比得上的。同年，李翱又接着吹捧宪宗："陛下即位以来，招揽不来朝觐的臣子，诛杀贼寇，洗刷了玄宗、肃宗、代宗、德宗、顺宗五位先皇愤恨在心的耻辱，为后世奠定了太平的根本。自古中兴的盛世，谁能比得上呢？"

这些都是大臣上奏或在平时论政过程中的中兴言论。元和时期正式对宪宗"中兴"进行定位的，应该是在元和十四年七月，

元和中兴：朝廷的短暂振作

宰相崔群率领众臣上的《元和圣文神武法天应道皇帝册文》。这篇册文把武丁、周宣王、汉宣帝的中兴与元和相类比，提到他们的中兴与唐宪宗相比不遑多让。武丁是商朝的王，在武丁以前的商王小辛和小乙时期，商王朝衰落，武丁励精图治，使得国家重新振作。同时，这篇册文明确提到，元和中兴就是天宝以来的复兴："天宝末年，奸邪嬖幸之臣祸乱天下，天子征伐，逆贼望风而亡。但逆贼的余孽仍未消灭，因此国家用兵不得休息，到现在已经六十五年了。元和一朝致力于天下太平，武力征伐不臣之徒，皇帝居中睿智谋划，大军所到之处，所向披靡。两河的叛臣已经平定，太平的基石也已铺好，曾经历过天宝盛世的百姓等得头发斑白，感动得欣喜若狂，终于盼来了太平盛世的再次出现。"这篇公开的册文，把宪宗平定两河藩镇作为中兴的标志。至此，唐宪宗元和中兴的形象也基本上塑造完成。

当然，宪宗君臣对中兴事业的这套表述，肯定不会只是想把自己的事业塑造成中兴而已，毕竟前面已经有好多皇帝都称中兴。要想在历史上留下更大的存在感，那就要塑造出与众不同的中兴形象来。宪宗孙子唐文宗期间的史官蒋系评价宪宗说，"唐室中兴，章武而已"，"章武"是唐宪宗死后的谥号，蒋系把唐宪宗称为唐代中兴第一人，其他的中兴干脆就不说了。那就需要再解释下，"中兴第一人"的逻辑是什么了。

第五章　君臣道合：元和君臣的奋进

元和中兴如果要成为大唐第一的中兴，那首先就要面临中宗中兴的挑战。把武周改回李唐，这么大的功劳是没法否认的，如果没有中宗恢复李唐，后面的大唐社稷还有吗？中宗因为亲情因素不愿意公开称中兴，但中宗的侄子玄宗就不管了，还是把中宗称为中兴之主。开元七年（719），玄宗还在太庙所用的乐章中特意加了《中宗孝和皇帝室奠献用太和之舞一章》，其中有文"礼物还旧，朝章中兴"，还在强调中宗的中兴。

可是元和初年的一场礼仪争论中，中宗的中兴地位就受到质疑了。这场争论是由顺宗死后的迁庙争议引起的。按照礼制规定，天子九庙，太庙里的排位，除了太祖、高祖、太宗三个始祖不动外，后面六个牌位是要根据与现任皇帝的亲属关系进行调整。如果要迁入新驾崩皇帝的牌位，那么上溯超过六代（不包括六代）皇帝的牌位要迁出太庙，以保证天子九庙的配置。宪宗的父亲顺宗驾崩后，其牌位就要放进太庙，正好轮到中宗的牌位超过了六代，照理是要迁出太庙，另外迁到一个地方供奉。但有关部门认为，中宗有恢复李唐的中兴之功，地位特殊，不应该迁出宗庙。于是由此引起了一场关于中宗能否称得上中兴的讨论。

太常博士王泾认为，中宗先是继承父业登上皇位，后来又被武则天给废了，再后来又是从母亲手上继承皇位，所以李唐天下是中宗自己失去而后又重新获得的。二十年间，从皇帝再到皇太

元和中兴：朝廷的短暂振作

子，再到皇帝，失江山在自己，得江山也在自己，这中兴表现跟中兴的含义不一样啊。中宗无法跟历代的中兴功德之主相类同。司勋员外郎蒋武也指出，所谓的中兴是不因自己的原因而失去江山，却因自己的奋斗而恢复江山，比如东汉的光武帝，东晋的晋元帝。从自己手上失去，又从自己手上再次恢复，这就不是中兴了。所以，中宗不是中兴之君。他的牌位还是得迁出去。

相似的迁庙之议也发生在宪宗的孙子唐武宗在位时期。会昌元年（841），有大臣提出要把宪宗立为不迁之庙，就是把宪宗的牌位与三个始祖并列，永远安放在太庙中。皇帝下令大臣进行商议。宰相李德裕针对此事发表了自己的看法。李德裕提到了两种中兴的形式，一种是像光武帝、晋元帝这样，社稷被人家革了命，再次恢复王朝，叫"王业中兴"；另一种是王朝没被人革命，但国势衰落后再度恢复，叫"王道中兴"。李德裕接着话锋一转，提到中宗朝政事多有紊乱，后妃参与政治，争权夺利，这种情况下不能称为中兴，等于否定了中宗中兴。之后，李德裕又称赞唐宪宗选贤任能，着力于政事，平定了藩镇叛乱，光复了祖宗的土地，宪宗的这些功勋足以与周宣王、汉宣帝等历史上的中兴之主相媲美。

李德裕把宪宗的中兴归结为"王道中兴"，即社稷衰落后的再次恢复。如果考虑玄宗的中兴没多少影响，中宗的中兴明显是

第五章　君臣道合：元和君臣的奋进

唐代最重要的中兴话语。此后的肃宗、代宗中兴，都跟中宗的中兴一样，都在指改朝换代后，再次恢复的"王业中兴"。唐宪宗在安史之乱后，削平藩镇，使得河南、河北藩镇都束手归附，这是安史之乱以来，历代皇帝都没有达到的成就，从这个角度来说，元和中兴又显得与众不同。以前几乎很少有人把"王道中兴"拿出来讲，更多从"王业中兴"的角度来解释中兴，这自然跟元和以前的政治局势有关。元和削藩胜利后，宪宗的"王道中兴"含义就具有了非常重要的地位，"王道中兴"就是朝廷权威的振作。

既然宪宗实现了玄宗以来的五代帝王都没能完成的事业，重新振作了长安朝廷的权威，那很明显，宪宗的功绩肯定是超越了肃宗、代宗等皇帝的中兴表述了，而中宗中兴的性质又被否定了，那大唐中兴的第一人就只能是唐宪宗了。

至此，通过元和君臣的一系列政治形象建构，再加上宪宗君臣在解决藩镇问题、改革弊政方面取得的成果，大唐中兴第一人的形象就这样被树立起来了。武宗时期有大臣欲令宪宗的牌位与太宗一样享受不迁的待遇，也可见唐宪宗在唐代后期政治中的重要地位。不过，宪宗的不迁之议到后来不了了之，因为此举与传统的礼制有冲突，所以也就没了下文。

第六章
再失河朔：梦断兴复一场空

元和十五年（820）正月二十七日，大唐帝国的卓越雄主、元和中兴的伟大舵手、两河藩镇的铁面制裁者、太平重现的卓越引路人，唐宪宗李纯突然驾崩于中和殿。宪宗暴崩的内情，因事情敏感，就成了一段宫廷秘事，成为后人茶余饭后的谈资。相关的情节充斥着各种猜测，但也有不少线索指引我们去考察历史背后的一些问题。宪宗的驾崩，仿佛成了元和中兴梦碎的一次预演。随着这位皇帝的驾崩，元和君臣缔造的中兴局面也瞬间瓦解。宪宗的儿子穆宗即位后，河朔藩镇再次发动叛乱。这次朝廷没能像元和年间那样取得军事上的胜利，最终只能与河北藩镇再

第六章 再失河朔：梦断兴复一场空

次妥协。河朔故事最终确立下来，直到唐王朝灭亡，长安朝廷也再也未能像元和时期那样控制河朔。

一、宪宗暴毙之谜

元和十五年（820）本来应该是充满希望的一年。就在前一年，淄青的李师道完蛋了，成德的王承宗也乖乖束手，元和中兴几乎已经实现，剩下的只是一些收尾的工作。元和十五年正月初七，王承宗还上奏请求朝廷同意在成德的州、县设置属员。一切仿佛正在朝着从胜利走向胜利的大好形势发展。正月初一这天，照例皇帝应该要主持元日的朝会，可是皇帝却突然感到身体不适，因此朝会停罢。此后一段时间，宪宗身体依然没有传出好转的消息，多日不上朝会。皇帝不上朝，朝野上下就多有不安了，毕竟宫廷秘事，涉及国家机密，一不小心就可能影响国家稳定，更何况是作为国本的皇帝了。正月二十三日，从郓州移镇义成的刘悟入朝。二十五日宪宗在麟德殿亲自宴请刘悟。宪宗再次出现在公开场合，暂时稳定了人心，似乎皇帝的健康并没有什么大碍。可是两天后，即二十七日，宪宗突然暴毙。六天后，即闰正月初三，太子李恒即位，是为唐穆宗。

从这个时间轨迹来看，唐宪宗的死亡与身体不适有关。而史

元和中兴：朝廷的短暂振作

书记载宪宗身体不适是由服用金丹引起的。所谓的金丹，一般是一堆矿物经过药炉千锤百炼所捣鼓而成的产品，其中的主要原料为丹砂、铅、硫黄等，这些东西对人体是有害的。生老病死是人之常态，脱离世间的生理更迭，从而成就长生不老，是自古以来人类不懈的渴求。上至帝王，下至普通百姓，有多少人期盼着再活五百年，更又有多少人痴迷于永生永世。金丹是道教修炼文化中的重要内容，古来帝王多有热衷于求仙问药以求长生，即便是缔造了丰功伟绩的伟大帝王都不能幸免，秦始皇如此，汉武帝如此，唐太宗如此，唐宪宗也是如此。抛开宗教文化因素，从科学角度来说，金丹对人体是有毒性的，服食越多，体内积累的毒素也越多，身体不出现问题才怪。宪宗身体不适就是金丹中毒的表现。

当然，宪宗晚年沉迷于丹药跟身边几个近幸有关。皇甫镈虽然因为理财能力而深受宪宗宠信，但他刻薄严酷的作为，为他招致了很大的政治攻讦。皇甫镈面对的是以裴度、崔群等宰相为代表的士大夫群体，他们占据了道德的制高点，把皇甫镈定义为奸佞小人。如果没有皇帝的庇护，皇甫镈早就完了。所以为了巩固皇帝的宠信，皇甫镈与金吾将军李道古合谋，引荐了方士柳泌、僧大通，说是可以帮助皇帝长生不老。

柳泌算是懂医术的，但他不好好治病救人，反而经常说一些

第六章 再失河朔：梦断兴复一场空

虚假狂妄之词，那这个医生就要变成神棍了。柳泌被推到皇帝面前，自然是要表现一番。他自称自己能够替皇帝找到仙药。哪里去找呢？天台山。柳泌倒也不是没有依据地张口就来。天台山在唐代是道教的洞天福地，六朝以来天台山的道教文化逐步发展，成为众多道教人士隐居修仙的场所。在神仙传说中，天台山上灵草众多，群仙汇聚，所以柳泌要去天台山给皇帝求仙问药。皇帝一听就乐了，直接把柳泌从一个平民升格为台州刺史，让他在台州好好给皇帝找寻仙药，并赏赐紫色的官服。台州刺史为从三品，唐代五品以上就是高官了。这样的行为，如果魏征再世，那肯定要把宪宗骂成昏君了。谏官当然要进谏，宪宗却说："以一郡之力而能够招致神仙，求得长生，这多划算啊。你们要反对，是不想我好吗？"带头进谏的裴潾因为情绪太到位，表现太过激被宪宗贬黜，于是大臣们都闭嘴了。柳泌到台州后，倾尽一州之力找了一年都没什么收获。要不是皇甫镈、李师古一再保证能够找到仙药，柳泌估计早就脑袋搬家了。

大通和尚也不是什么高僧，把自己包装成一百五十岁的"大师"，自称是吃了仙药所致。另外还有一个叫田佐元的，吹嘘自己有奇术，能够点瓦砾成金，宪宗还真信了，直接提拔为虢县令。按照现代人的看法，宪宗真是糊涂，这种妖人鬼话比渣男的甜言蜜语还不可信。当一个人走上人生巅峰时，往往也是跌落的

元和中兴：朝廷的短暂振作

开始。宪宗战战兢兢近十五年，终于实现了朝廷的中兴，打了一辈子仗，享受享受怎么了。于是，安逸、懈怠、放纵随之而来。只要能够长生不老，何必吝啬几个官职呢？

柳泌没在天台山找到灵药，尽管有内援说话，但皇帝的仙药总得搞出来，否则真要去见神仙了。既然灵药找不到，那就自己炼。炼丹这活儿，历史上可是积累了丰富的经验，所以照着前人的方子搞呗，当然方子肯定是秘方了。丹砂、铅、硫黄一股劲儿捣鼓进去，炼出来的东西那就是金丹了。宪宗以为这是长生不老的灵药，可实际上却是催命的毒药。

服食大量金丹后，最明显的症状就是躁怒，这其实是铅中毒的症状。皇帝一躁怒，倒霉的就是身边的宦官。一不如意，这些宦官就被安上个什么罪名，轻点就被打几下，受点皮肉苦，重点就死无葬身之地了，毕竟伴君如伴虎，更何况宦官还只是家奴。眼见身边小伙伴被皇帝歇斯底里地折磨，宦官们就人人自危了，鬼知道皇帝的下一个折磨对象会是谁。然而突然有一天，皇帝死了。

关于宪宗之死，当时比较流行的说法是内常侍陈弘志杀的。当然了，对外宣称宪宗是服药过度而亡。照理来说，如果是，或者即便传说是陈弘志所杀，那陈弘志肯定是活不下去的。可奇怪的是，陈弘志直到宪宗的孙子文宗在位的太和九年（835）才被

第六章 再失河朔：梦断兴复一场空

处决。这十五年时间里，陈弘志竟然平安无事。可见这里面猫腻多了去了。欧阳修的《新唐书》还给陈弘志安排了个同伙，就是后来大名鼎鼎的宦官王守澄。这就让我们怀疑宪宗之死不是偶然，而是有预谋的团伙作案。

欧阳修还在宪宗的本纪部分讲到陈弘志杀了吐突承璀及澧王，这就提示我们要把宪宗之死放到更广大的政治空间中去考察。吐突承璀与澧王最主要的交集就在于宪宗的继承人之争。元和六年（811）末，唐宪宗第一个太子昭惠太子李宁去世，太子之位就空悬下来。李宁是宪宗的长子，安史之乱以来，代宗、德宗、顺宗、宪宗都是以皇长子的身份继位，所以李宁继任太子并没有多大的阻力。

不过，元和六年后，身为长子的太子死了，那谁来当太子就成了问题。太子的热门人选有两个，一个是宪宗的第二个儿子澧王李宽，另一个是第三子遂王李宥。本来按照年长来说，那肯定是澧王，但遂王背景太特殊了。遂王母亲郭氏是宪宗在东宫时期的正妃，宪宗即位后封为贵妃，虽然还没立为皇后，但由于郭氏是作为正妻嫁给宪宗的，照理应该也是嫡母。郭妃的祖父是大唐名将郭子仪，父亲郭暧，母亲是代宗的女儿昇平公主。按照辈分来说，郭妃跟宪宗的父亲是表兄妹，是宪宗的表姑，但皇家的婚姻可不讲这些，注重的是郭氏背后的煊赫背景。有这么厉害的母族撑腰，遂王应该有雄厚的资本。可是在宪宗看来，郭氏后台越硬，他就越需要考虑更多。怎么办呢，那就只能打压一下，皇后就不立，后宫来个雨露均沾，就是要淡化郭氏的存在。

立长与立嫡一直是中国古代政治的重要课题。立长有政治先例，所以李宁当太子没什么大的问题。但长子去世后，二子澧王是否适用立长原则，三子遂王应该是嫡子，可又仿佛不是（母亲未被立为皇后），于是太子之争就来了。

吐突承璀支持澧王，建议皇帝立为太子。不过，宪宗有自己的想法，元和七年（812）七月，遂王改名李恒，封为太子。遂王作为嫡子，在继承人之争中具有很高的支持率。从宗法血缘角度来说，遂王是具有合法性的，再加上老郭家的政治影响力，所以遂王收获了一大批朝臣的支持。宪宗在准备立太子前，特意命令翰林学士崔群替澧王写一个让表，毕竟人家是兄长，兄友弟恭的样子还是得做一下的。不过崔群却认为，遂王本来是嫡子，继位是顺理成章，没必要写让表。宪宗似乎认为澧王也是可以当太子的，只是因为某些原因不得不让出来，可是崔群觉得遂王是天经地义的太子。这些许的认知差异，就已经隐含了后续皇位争夺的不安因素。

宪宗之所以立三子遂王为太子，除了朝臣强大的支持外，恐怕也是想安慰以郭氏为代表的武将群体。要知道，郭子仪虽然死

第六章 再失河朔：梦断兴复一场空

了，但他的门生故吏、部曲家奴很多已经飞黄腾达，无论在朝中还是军中都根深蒂固。宪宗要削藩，就要获得他们的支持，所以继承人就得选择郭子仪的曾外孙了。当然，宪宗究竟怎么想的，作为后人的我们很难获得准确答案，不过有一点可以确定，遂王的上位符合了当时朝野比较广泛的期待。可是，澧王、遂王的政治分裂还是不可避免，政治冲突也在宪宗晚年进一步爆发。

吐突承璀选择澧王，那也是没得选的结果。遂王背后是一堆朝臣，他们平时基本上对吐突承璀没什么好颜色，很多还都是政敌。吐突承璀能选的只能是澧王，而相较来说，澧王在太子之争中并没有很大的优势，作为宪宗亲信的吐突承璀显然是最好的外援。吐突承璀投靠遂王是锦上添花，支持澧王则是雪中送炭，澧王这边的预期回报可是高多了。当然，皇位争夺的风险也是巨大的。

李恒虽说当上了太子，但宪宗对这个儿子以及郭妃似乎并不那么友好。元和八年（813），群臣多次上表请立郭氏为皇后，但宪宗以郭氏家族煊赫，如果让她当上皇后，后面的妃子就没法进位了。意思就是说，如果皇后名花有主了，那宪宗的后宫要被郭氏给管死，其他妃嫔要被压制了。这也是与宪宗后宫嫔妃众多、雨露洒得太多有关。如果皇后强势，其他后妃也不好争宠啊。听着总有点宫斗剧的味道。但大臣的上奏又不好直接驳回，就找

元和中兴：朝廷的短暂振作

了一个岁时禁忌的理由给搪塞过去了，说是现在立后不是良辰吉日。就宪宗不愿意立郭氏为皇后这事，外人看了都明白他对郭氏是有嫌隙的，更何况郭氏本人呢。

吐突承璀就是看准了宪宗对郭氏母子心有嫌隙，所以即便遂王已经被立为太子，还是继续努力想把澧王弄上位。元和十五年（820）正月当宪宗因病暂停朝会后，太子李恒感觉到吐突承璀有密谋换储的嫌疑，非常忧惧，暗中派人向司农卿郭钊求助。郭钊是太子的舅舅，也就是郭子仪的孙子。郭钊的回答很见水平："殿下只要做好您的本分，好好尽孝就可以了，其他的就不要考虑了。"从李恒的状态可以看出来，元和十五年正月宪宗生病期间朝廷已经是暗流涌动了。

欧阳修记载是陈弘志杀了吐突承璀及澧王，那最大受益者就是太子李恒了。后来李恒即位当上了皇帝，是为穆宗，再加上陈弘志在穆宗时期活得好好的，这就不得不让人怀疑穆宗及其母郭氏参与了这场政变。不过，穆宗母子的参与情况，史书基本没有留下多少明确的记载，反而是神策军的内斗在这次政变中表现得特别激烈。

宪宗驾崩后，右神策军中尉梁守谦与马进潭、刘承偕、韦元素、王守澄等宦官扑灭了吐突承璀及澧王一伙，拥立太子李恒即位。刘承偕是郭氏的干儿子，就这层关系来看，郭氏很难跟宪宗

第六章 再失河朔：梦断兴复一场空

之死无关。吐突承璀是神策军左军中尉，左神策军的驻地在大明宫东内以东，而宪宗驾崩所在的中和殿大致在东内范围。相反，梁守谦的右神策军则在大明宫的西北角。如果从驻军方位来说，如果中和殿出事，吐突承璀应该是能够最先赶到的。再加上宪宗时期，神策左军一直都是在右军之上，所以吐突承璀在这场政变中本来是占据着一定优势的。可是，吐突承璀的左神策军竟然被不占政变优势的梁守谦右军给打压下去，最后吐突承璀也死于这场政变。那比较合理的解释就是，中和殿有右军的人，或者说梁守谦比吐突承璀预先知道了宪宗驾崩的消息。

再回到陈弘志杀宪宗的问题，穆宗李恒母子是有很大嫌疑的。文宗杀陈弘志是因为当时郑注、李训想诛灭宦官，而陈弘志及当时的神策中尉王守澄是所谓的元和逆党（即杀害宪宗一党），所以他们不得不死。穆宗是文宗的父亲，郭氏是文宗的祖母，自然不敢否定他们。而当宪宗的儿子且不是郭氏所生的宣宗即位后（穆宗以后的敬宗、文宗、武宗都是宪宗的孙子，穆宗儿子，宣宗是继武宗后登基且是武宗等人的叔叔），就没有这层顾虑了。宣宗本来就怀疑郭氏参与了弑杀宪宗的行动，再加上宣宗的母亲郑氏与郭氏有宿怨，所以在宣宗即位的第二年，即大中二年（848）某一天，郭氏心情抑郁地想从勤政楼上跳下去自杀，虽然被救下来，但当晚郭氏就去世了。这其中的爱恨情仇真是够

元和中兴：朝廷的短暂振作

精彩。不管怎么说，郭氏的嫌疑很难洗清，但目前的资料也无法提供翔实的证据。

梁守谦在元和年间当了很长时间的枢密使，像讨伐淮西、用兵成德这种重要军事行动，都有他参与的身影。而梁守谦与吐突承璀跋扈的性格不同，他善于调和与外朝宰相的关系，可以说，梁守谦很大程度上充当了元和之政调和人的角色。也正因为梁守谦在枢密使任上与裴度等宰相建立了较好的关系，所以从正月二十七宪宗驾崩到闰正月三日，梁守谦与宰臣合作，仅用六天时间就稳定了皇帝驾崩后的局面，并顺利拥立太子李恒即位。同时，梁守谦把亲信马进潭安插进左神策军担任中尉，亲弟梁守信成为左神策军正将兼押牙。在元和十五年（820），梁守谦已经控制了左右神策军，所以当年吐蕃大规模进攻西北边境时，梁守谦带领着左右神策军前去支援。

吐突承璀在政变中完蛋了，皇甫镈、柳泌就不用说了。元和十五年闰正月初四，穆宗即位的第二天，皇甫镈贬为崖州司户，后死于贬所。初九柳泌及僧大通直接被杖杀，其余忽悠宪宗修仙的方士一律流放岭南，李道古被贬循州司马。搞笑的，柳泌在被京兆府关起来后，还装模作样地跟狱卒说："搞这些花样干吗，我可是活了四百岁的，有仙术。"这有模有样的说辞还真把狱卒给糊弄住了，就怕他突然消失不见了。结果行刑的时候，什么变

第六章　再失河朔：梦断兴复一场空

化都没有，跟正常人一样，烙铁弄下去还是伤痕累累。柳泌至死都在装！

　　一代雄主就这样突然莫名其妙地驾崩了。宪宗究竟是死于金丹中毒还是陈弘志弑杀，这恐怕只能是各有各的说法了。司马光也没直接说是陈弘志所杀，只是说当时人是这么说的。宪宗之死到穆宗即位，神策军开始发挥决定性作用，此后的皇位交替中，多有宦官与神策军主导的流血政变。元和十五年（820）这次政变深刻影响了此后近四十年的政治，宦官专权、南衙北司之争逐渐进入白热化。

　　这位缔造大唐中兴的皇帝竟然以这种方式走下了历史舞台。这位中兴之主留给新即位的唐穆宗一片形势大好的局面。可是，这位郭子仪的曾外孙却因为处置失措，最终引发河朔藩镇的再次反叛。

二、长庆销兵与河朔再叛

　　穆宗即位后，元和中兴的政治影响力还在继续。元和十五年十月，成德王承宗死后，其弟王承元放弃了节度使之位，移镇滑州。长庆元年（821）正月至三月，幽州节度使刘总请求出家，希望朝廷派遣节度使，并提出了分割幽州的方案。一切都在朝着

元和中兴：朝廷的短暂振作

好的方向发展，穆宗君臣也觉得天下已经太平了，后面该做的事情就是接着把太平再巩固巩固。在宰相萧俛、段文昌的主持下，一场轰轰烈烈的销兵运动就此展开。

唐代后期藩镇跋扈的根源在于节度使手上有兵，枪杆子里面出政权，尽管他们一般还不敢公开搞出什么政权，但藩镇军队肯定是影响天下太平的重要因素。长庆元年（821）全国军队总人数达到了九十九万，大概是三户百姓资助一个士兵，而元和二年（807），全国兵额才八十三万，大概两户资助一个士兵。过了十四年时间，虽说军队与纳税百姓的比例是下降了，但全国的军队数增加了十七万人。军队人数增加的直接原因应该与元和年间的削藩行动有关。朝廷在南方地区的政策是尽力减少军额，保持南方地区低水平的军事存在。所以，元和年间增加的军队应该是北方藩镇以及朝廷的禁军。禁军是朝廷自己的军队，南方藩镇是软柿子，北方藩镇就不好对付了。包括西北边境的神策行营在内的朝廷禁军大概有二十万，再加上十多万的西北边军，关中地区兵力大概占了全国总兵力的三分之一。其余的三分之二主要分布在河南、河北地区，而像河朔三镇及宣武这种藩镇，是可以有十余万的军队实力，合起来就能跟朝廷的神策军相抗衡了。藩镇体制是改变不了的事实，要想进一步削弱地方藩镇的力量，削减军队肯定是最好的方法。再加上两河藩镇也已经臣服了，之前那些

第六章　再失河朔：梦断兴复一场空

影响太平的乱臣贼子要么死翘翘，要么乖乖听话。那接下去就要为太平做进一步打算——削减兵额。

本来这个想法是挺好的，但实施起来却出现了问题，因为没有考虑到现实情况。段文昌、萧俛规定，各军镇每年一百人里只能允许八人及以下的士兵逃、死，如果超过八人，那多出来的兵额就不再递补，直接取消。唐代后期藩镇的逃兵空额问题还是比较严重的，士兵逃亡原因很多，但士兵逃跑或者死亡后，照理空出来的兵额应该再招募人补上，这样军队就与账簿上的数额一致了。可是萧俛的销兵规定，百人里超过八人的，就要把军簿中的军额予以销籍。比如一支千人军队出现了一百个逃兵，照理可以允许八十人逃、死，那多出来的二十人就要销籍，这支千人军队就变成了九百八十人的军额。在当时逃、亡问题比较严重的情况下，穆宗君臣看到了机会，以实现逐渐削减兵额的目的。可是问题在于，那些被裁去了军籍的逃兵没有安置且数量不少，他们没有了谋生手段又无处可去，就只能落草为寇了。这些吃军饷的士兵对销兵不满，毕竟销兵是要砸军人饭碗。所以，长庆销兵推行后，就已经潜藏了很大的社会问题，穆宗君臣没有看到这个。这些被裁撤军额的逃兵后来参与了河朔再叛。

穆宗君臣缺乏远见还体现在对幽州的处置中。刘总在离开幽州前，已经提出了三分幽州的策略，而朝廷只是分出了瀛、漠二

元和中兴：朝廷的短暂振作

州。刘总为了防止幽州本地的将领给朝廷派来的节度使张弘靖捣乱，特意把麾下有实力且不容易控制的将领送到长安，希望朝廷能够给予加官晋爵，好好优待，这样就可以招揽幽州镇的人心。这些将领以都知兵马使朱克融为代表。朱克融是朱滔的孙子，人家老朱家虽然节度使不当了，但在幽州还是有很大影响的。本来刘总什么都给朝廷考虑好了，按照他的剧本，幽州后续也应该是比较顺利的。

可是，继萧俛、段文昌为宰相的崔植、杜元颖也没远略。朱克融来到长安后，本来还满怀期待朝廷能够给官给钱，结果等了很久，一点儿反应都没有。长安米贵，居住不易啊。朱克融等人本来想着到了长安，朝廷肯定得好好赏赐一番，结果啥都没有，到最后只能靠借钱过日子，还要天天到宰相所在的中书省去求官。崔植、杜元颖却假装没看到，后来朝廷任命张弘靖为幽州节度使，两人把朱克融一伙重新打发回了幽州。朱克融本来是满怀期待来到长安城谋求飞黄腾达的，结果又被打回了原籍，而且还在长安受到了一顿羞辱。这帮幽州的猛将本来就有脾气，被这么一刺激，更加有气了。

穆宗君臣短视的另一个表现就是用错了张弘靖。张弘靖的祖父张嘉贞是玄宗时期的宰相，父亲张延赏是德宗时期的宰相，张弘靖本人也是宪宗时期的宰相。张弘靖家族一门三宰相，妥妥的

第六章 再失河朔：梦断兴复一场空

官宦士族。一般这种家族出身的人从小生活条件优越，又享受着优质的文化教育资源，没过惯苦日子，所以见惯了繁华世界的老张，无论在生活作风还是思想观念上，都表现出贵族的派头。当然，张弘靖的能力还是可以的，他在继韩弘后坐镇宣武，非常妥善地处理了后续问题，在宣武任上政绩突出。

可是到了幽州，张弘靖就出问题了。张弘靖就是长安城里的公子哥，所以进幽州城，那得有威仪啊。为了彰显雍容华贵的气质，在万人的瞩目中，张弘靖端坐在轿子上，下面一群人肩扛着，队伍慢悠悠地步入城中。人家裴度进蔡州城是军旗招展，那是军威，而张弘靖进入幽州城就变成摆谱了。幽州所在的河北地区生态环境没有长安所在的八百里秦川那么好，河北北部多是苦寒之地，靠近游牧区。所以，幽州乃至是河北的节度使，多能够与将士同甘共苦。他们对于长安朝廷那套华丽奢靡的作风并没有什么好感，放在其他地方，张弘靖或许是在展现威仪，但在幽州人看来，张弘靖的雍容华贵就是完全陌生的场景，他们根本无感，反而觉得惊讶。

张弘靖上任后继续摆谱。照理节度使进入幽州后，应该立即着手处理军务，可张弘靖好像觉得自己是前任宰相、士族子弟，总不能这么轻易就出场吧。十余天后，张弘靖才出来理事，也没有下基层去接触各级将吏，接触的僚佐将吏也没几个。所

元和中兴：朝廷的短暂振作

以节度使说了什么，也没几个人知道，节度使什么情况，幽州的军士也不清楚，上下级之间的联络无法相通。按照德宗时期的中枢经验，那是要出事的。节度使不怎么管事，但事儿还是得有人干，张弘靖便抛给了幕僚。判官韦雍也是个世家子弟，年少轻薄，嗜酒放纵，如果是文豪那就算了，但韦雍偏偏是要处理公务的，那这种性格就要出问题了。韦雍也效仿张弘靖搞排场，出行时一群人鸣锣开道，晚上回家都是蜡烛照满大街，一路上都是亮堂堂。张弘靖赴任，朝廷按照惯例赏赐幽州军士一百万缗，张弘靖留了二十万，剩下八十万给将士。韦雍等人挖出了克扣军士军粮的蛀虫，绳之以法，这也算是好事，可是韦雍却对身边办事情的幽州吏卒诟骂，使用了"反虏"这种具有歧视性的称呼，还很嘚瑟地跟军士说："现在天下太平了，你们虽能挽大弓，还不如一个读懂文字的男丁。"这是在骂幽州人没文化，只会逞勇斗狠。尚武之风是河朔藩镇的优良品质，至少在他们看来这是他们的生活方式。韦雍显然在按照自己的观念错误地激化了矛盾。

钱给扣了二十万，还这么看不起幽州人，张弘靖及其手下带着长安城的贵族做派，完全就是一副高高在上的模样。矛盾一触即发！

长庆元年（821）七月初十，韦雍仪仗队出门，突然有个小

第六章 再失河朔：梦断兴复一场空

将策马冲进了前行的队伍。韦雍非常气恼，下令把小将从马上拽下来，准备当街杖打一通。河朔官员一般能与将士同甘苦，甚至还把士兵当爷一样供起来，哪敢随便行刑，不像长安城内当官的动不动就杖打小厮。韦雍此举瞬间引起了当场幽州士兵的不满，他们表示拒绝执行。韦雍当街奈何不了小将，干脆直接到张弘靖那儿告状。张弘靖下令军中虞候把小将抓起来治罪。一看到这小将被韦雍这么对待，幽州军士本来就已不满的情绪一下子爆发了。

当天夜里，幽州军士连营喧闹，发动叛乱，一路打进了节度使的官舍，把张弘靖的钱财以及宅中妇女洗劫一空。可怜的张弘靖就这么稀里糊涂被关到了蓟门馆。毕竟人家是节度使，造反的幽州军士总有几个脑子清楚的，杀了张弘靖，后面局面就不好控制了。但张弘靖下面那几个幕僚就无所谓了，文职幕僚如韦雍、张宗元、崔仲卿、郑塤，武职如都虞候刘操、押牙张抱元，都被杀了。这次作乱纯粹是情绪上头，再加上平时韦雍这帮人不得人心，所以参与作乱的军士感觉还是得请张弘靖出来主持局面，万一朝廷打过来就麻烦了。面对幽州将士的"悔罪"，张弘靖理都不理。那没办法了，张弘靖如果出来主持局面，还可以当作军中的小矛盾，但如果张弘靖不肯出面，那就要被认定是挟持节度使的叛乱了。张弘靖不合作，那就只能学河朔的老规矩，选一个

元和中兴：朝廷的短暂振作

节度使出来。

于是，经过商议，作乱的幽州士兵把朱克融的父亲朱洄推了出来。朱洄当时卧病在床，推辞说自己既老又病，无力主持局面，干脆让朱克融来吧。老朱家毕竟三十几年前统治过幽州，还是蛮有根基的，朱克融就这样被推上去了。七月二十号，幽州监军向朝廷汇报幽州军乱，三天后朝廷就下令要把张弘靖贬到东都去，两天后再下诏贬为吉州刺史。当然，张弘靖被关在蓟门馆，朝廷也只是想通过下诏贬黜来稳定幽州的军心。

但贬黜张弘靖还是没法解决幽州留下的烂摊子，幽州局势显然已经无法通过普通的安抚手段解决了。在下诏把张弘靖贬到吉州的第二天，朝廷又任命了泽潞节度使刘悟为幽州节度使，但刘悟认为朱克融现在不好打，干脆先给朱克融节度使节钺。这一听就知道刘悟不靠谱，不愿意去幽州，朝廷无奈只能让他继续待在泽潞。

幽州的朱克融这边才刚闹腾起来，魏博和成德这边也出了问题。王承元入朝后，朝廷派出的继任节度使是魏博的田弘正。田弘正政治立场自然没有问题，但魏博的田弘正跑到成德就出问题了。元和时期，田弘正多次与成德军作战，杀伤了不少成德军士。对于很多成德人，田弘正有着杀父、杀兄之仇，所以从情感来说，田弘正去成德就有点危险。基于此，田弘正就向朝廷请求

第六章 再失河朔：梦断兴复一场空

允许带着魏博的两千兵马奔赴成德的使府镇州（原名恒州，因避穆宗李恒的讳改），用以自卫，并希望朝廷度支能够供应粮草赏赐。有了这支亲卫军，田弘正至少还能制衡一下成德的反抗力量。田弘正这么考虑也还是很有道理的，可是主管财政的户部侍郎、判度支崔棱也跟宰相一样没有远见，认为魏博、成德各自都有兵马，如果单独给魏博的两千兵马粮赐，恐怕此例一开，影响不好，所以坚决不给。田弘正四次上表争取，都没成功，不得已只能把这两千兵马遣散回了魏博。

朝廷主政者的短视已经先让田弘正赴成德处于不利地位，而军赐转运不及时最终成为田弘正遇害的导火索。当然，田弘正家族奢靡的生活也是引发军乱的原因之一。田弘正兄弟子侄受到朝廷的厚待，所以有不少人在长安、洛阳置办产业，日子过得甚为奢侈，据说每天要花费二十万钱。这么一大笔消费只能从魏博、成德的府库里拿了。这么赤裸裸地挪用，让那些爱钱如命的河朔藩镇将士很是不爽。而按照惯例，田弘正移镇成德，朝廷要赐钱百万缗，可是度支转运滞缓，赐钱等了很久都还没到，河朔军士就更加不爽了。

军中充斥着不满情绪，那就容易造反啊。成德的都知兵马使王庭凑，祖上是回鹘阿不思部落，曾祖五哥之认了王武俊当干爹，所以就姓了王，成了老王家的人。王庭凑看到有机会，就想

元和中兴：朝廷的短暂振作

着刺激一下军中的情绪，待时机成熟就有机会搏个光明前程。魏博的两千亲卫军还在时，王庭凑还不敢公开作乱，但当这两千魏博兵被遣返后，王庭凑看到机会来了。长庆元年（821）七月二十八日，王庭凑勾结牙兵，杀田弘正及其僚佐、各将吏及家属三百余人。王庭凑自称留后，逼迫监军宋惟澄上奏朝廷授予节钺。八月，当宋惟澄的上表送到朝廷后，朝野震骇。讽刺的是，崔棱这个间接导致田弘正遇害的责任人，竟然没有受到影响。由于他跟宰相崔植是堂兄弟，所以没人敢站出来公开指责崔棱的罪行。当然了，在此之前朝廷中也有人对魏博、成德的人事调动提出不同意见，比如从淮西投靠过来的杨元卿，还特意拜见宰相陈述其中的利害关系，可是没人听啊。成德发生军乱后，穆宗虽说赏赐了杨元卿白玉带，但也没有什么用了。

长庆元年七月幽州、镇州的两次军乱，瞬间引发了一系列的连锁效应，河朔三镇的联合大动乱就此开始。瀛、莫二州虽说单独分为一道，但瀛莫将士的家属很多都还在幽州。于是朱克融暗中与莫州都虞候张良佐勾结，偷袭莫州城，刺史吴晖不知道所在。不久，瀛洲也爆发军乱，乱军把观察使卢士玫及监军、僚佐等都抓了起来，送到幽州。至此，朱克融基本上控制了原来的幽州镇地盘。王庭凑也派人杀害了冀州刺史王进岌，并分兵控制了冀州。此后，王庭凑又派出大将王立进攻深州，不过被深州刺史

第六章 再失河朔：梦断兴复一场空

牛元翼给抵抗住了。深州打不下来，王庭凑便寻求与幽州朱克融的合作。不久幽州兵南下与王庭凑合兵围困深州。九月，魏博的相州也发生军乱，刺史邢濋被杀。朱克融又带兵焚烧掠夺了易州的涞水、遂城、满城等县。

此时幽州、成德已经联合起来作乱，魏博再不能出事了，可往往事与愿违。田弘正移镇到成德后，魏博的节度使由平定淮西的李愬接任。从人选上来说，李愬应该是非常合适的。在田弘正被杀后，李愬穿着素服给田弘正哭丧，还对着魏博将士历数田弘正的恩惠，以此激励士气，又把宝剑、玉带等赐给成德的良将、深州刺史牛元翼。所有的准备工作都已经好了，就在出兵平叛途中，李愬突然生病。主帅身体出现问题，那就打不了仗了。朝廷很快就把前泾原节度使田布起复为魏博节度使。田布是田弘正的儿子，父亲死了儿子是要服丧三年的，但此时情况紧急，已经顾不了这么多了，只能特殊情况特殊考虑了。田布本来是魏博人，去当节度使是很适合的。田布虽坚决推辞，但朝廷已经决定了，没办法，在与妻子宾客声泪俱下地告别后，田布走上了前往魏州的道路。距离魏博三十里时，田布披头散发，光着脚，嚎啕大哭进城，居住于服丧的垩室。田布把俸禄、魏博的田家旧产都变现颁给士卒，对于魏博旧将都当兄长对待。田布的这些手段，也只是暂时稳住了局势。

元和中兴：朝廷的短暂振作

三、回到"河朔故事"

长庆元年（821）八月十四日，朝廷正式下诏魏博、横海、泽潞、河东、义武诸军各自出兵进讨成德，并以前线对抗王庭凑的深州刺史牛元翼为深冀节度使。十天后，即二十四日，以殿中侍御史温造充镇州四面诸军宣慰使，到泽潞、河东、魏博、横海、深冀、易定等道进行联络，传达朝廷的进军计划。二十六日，又以河东节度使裴度为幽、镇两道招抚使。裴度于元和十四年斥责皇甫镈，被宪宗外放到了河东担任节度使。最初，朝廷还没采取特别强硬的态度，只是希望通过军事压迫以达到招抚的目的。但到了十月，朝廷的态度就变了。穆宗眼看幽州、镇州的兵马强盛，各道讨伐军不敢进攻，但穆宗想早日结束战事，所以干脆直接来硬的。他把裴度的头衔改为镇州四面行营都招讨使，而经由宦官推荐的右领军大将军杜叔良为深州诸道行营节度使，牛元翼为成德节度使。大致裴度的主攻方向是王庭凑所在的成德使府镇州，直捣王庭凑所在，杜叔良则是去解救被幽、镇两道叛军围困的深州。

就这样，平叛战争终于拉开了序幕。裴度从河东的承天军故关向镇州进军，可是朱克融、王庭凑采取了围魏救赵，分散河东

第六章 再失河朔：梦断兴复一场空

注意力的方式，两镇军队差不多在裴度出兵的同时进攻河东的蔚州，这在一定程度上影响了裴度的进军。不过，其他几路讨伐军还是有一些战果：十月十六日，易州刺史柳公济败幽州兵于白石岭，杀千余人；十七日，横海节度使乌重胤在饶阳败成德兵；十八日，魏博节度使田布率领全军三万人讨伐王庭凑，屯于冀州南宫县以南，攻陷两座营寨。

表面看，朝廷的开局还算可以，但问题很快就出来了。首先是中枢机构的翰林学士元稹跟枢密使魏弘简勾结，阻挠裴度的军事行动，其实就是把裴度的奏章给扣押了，导致皇帝不知道前线的情况。元稹跟裴度没什么宿怨，只是因为裴度功高，元稹不想裴度再次立功入朝，挤占他上升的空间。其次是皇帝瞎指挥导致前线战况恶化。横海节度使乌重胤以全军救援深州，在东南面牵制了幽、镇联军。但乌重胤看到敌军气势汹汹，如果强行硬攻，损失太大，不一定能胜利，所以应该先按兵不动，以寻找战机。可是远在朝廷的穆宗只想着早日结束战事，直接下令把乌重胤给撤职了，换上了杜叔良。乌重胤好歹是经过元和削藩的洗礼，战场经验丰富。杜叔良原来隶属于神策军，平时也没多少显著的军功，主要还是靠结交宦官上位，顶多算得上是听话，这时候没能力的听话节度使是没用的。杜叔良上任后，第一时间贯彻朝廷的旨意，主动发起进攻，打了几回合，基本是遇上敌人就败北。镇

元和中兴：朝廷的短暂振作

州的士兵经过几次接触已经看到杜叔良这人不行，转而多次主动挑衅。十二月初八，朝廷收到军报，杜叔良在博野被王庭凑的军队打得溃不成军，损失七千余人，杜叔良勉强逃了出来，但节度使的旌节却丢了。没办法，朝廷只能把凤翔节度使李光颜调到东部，任忠武节度使兼深州行营节度使，代替杜叔良。

这时候，朝中宰相也看到同时对付幽州和镇州压力太大，再加上宪宗削藩打了十几年，穆宗即位后到处赏赐，国库早就虚弱了。现在再打财政压力太大了，干脆缩小一下目标。宰相认为王庭凑杀田弘正罪大恶极，相较来说，朱克融保全张弘靖罪责较轻，请赦免朱克融，集中力量征讨王庭凑。于是在长庆元年（821）十二月二十三日，朝廷授予朱克融幽州节度使。要说这个建议还是比较狠的，之前幽州与镇州联合对抗朝廷的讨伐军，此时朱克融被朝廷承认了，就没理由跟朝廷对着干了。不过朱克融一方远没有那么快结束对抗。

长庆二年（822），幽州兵攻陷沧州的弓高。弓高的沦陷比较有戏剧性。本来弓高守备甚严，有宦官晚上来到城下，守将坚决不开城门，直到白天才放宦官进城，因此也惹得宦官非常生气。其实弓高守将也是尽职尽责，但还是惹不起皇上身边的宦官。幽州一方听到这个事情，不知道哪个大聪明想到了夜里伪装成宦官入城，这回守将不敢再得罪宦官了，只得乖乖开门。城门一开，潜伏的幽州军

第六章 再失河朔：梦断兴复一场空

队就顺势攻进了弓高城。攻下弓高后，幽州军又围困了下博。弓高、下博的沦陷对战局产生了很大的影响。深州的西、南两面被王庭凑围困，深州只能从东面的横海接受军需粮草的供应，而弓高、下博是横海支援深州的必经之路。这两个地方被攻陷，粮道被切断，深州牛元翼粮草短缺，真是彻底孤立无援了。

针对这个情况，中书舍人白居易提出了应对方案：下令李光颜统率诸道精锐兵马约四万人东进迅速恢复弓高粮路，解除深州之围，与深州城的牛元翼内外合击。同时，命令裴度率领太原全军以招讨使名义全力压境，在东面牵制王庭凑军队。敌人在东西两路压力下，内部就很有可能出现变故，朝廷就可以乘势采取行动。另外，为了保证战斗效率，希望朝廷下诏李光颜只留下精锐部队，其余不可用者遣返回本道，以减少军费支出。为了减少监军对指挥的干扰，请下令停罢各道的监军，只保留东、西两路军的都监。

此外，白居易还特意提到魏博的问题：魏博田布带着全军进讨镇州，没有多少进展，这并不是田布不肯用力，而是无可奈何。魏博这支军队自从田弘正归附以来，屡次受到优厚的赏赐。田弘正上任后朝廷给了一百万缗，魏博替朝廷打仗，朝廷又给了优厚的军费，平定藩镇后又有优厚的赏赐，魏博将士们已经习惯了朝廷的好处。当对某些事情习以为常的时候，也往往就是变心

元和中兴：朝廷的短暂振作

的开始。换句话说，朝廷给的钱还是那么多，就还听朝廷的，不给钱或者少给，那就是朝廷的亏待，感到亏待就容易出事了。所以，白居易提出让魏博兵马回到原地，这样也能减少支出。魏博这帮兵油子如果还在成德境内，朝廷就要不断供给钱物，如果朝廷的供给出现问题，魏博军队一旦人心浮动，就要闹事了。

穆宗没有理睬白居易的建议，结果魏博真的就出事情了。魏博与幽州、成德三镇都是安史叛军的核心成员，以前一直都是相互协助才得以抵抗朝廷的攻势。此时幽州与成德已经反了，魏博虽然与成德有世仇，但河朔藩镇相互厮杀的仇恨也不少，这仇也未必不可化解。此时最大的问题是，以前长期合作的两个哥儿们都不跟朝廷玩了，那魏博何去何从？田布带着军队在南宫驻扎，穆宗不停地催促进攻，魏博将士骄横惯了，军心涣散，让他们去打仗，多少不情愿，他们更愿意白拿朝廷的钱。当时又遇上了大雪，度支转运的军费跟不上来。田布没办法，只能拿魏博六州的租赋供军。这下魏博将士就群情激愤了，因为按照规定，藩镇离开本镇去给朝廷打仗，军费是要朝廷提供的，而田布竟然拿魏博六州百姓的血汗钱替朝廷打仗，魏博人不情愿啊！

这些异动正好被田布手下的史宪诚看到。史宪诚原来是田弘正的牙将，因工作称职受到提拔，当田布成为节度使后，委任其为先锋兵马使，把军中的精锐都交给了史宪诚统率。史宪诚看到

第六章　再失河朔：梦断兴复一场空

军中有不满的迹象，就经常暗中煽风点火，挑起魏博士兵的情绪。正巧朝廷下诏要把魏博的军队部分分给李光颜统帅，前去救援深州，这直接成为军乱的导火索。长庆二年（822）正月初八，田布军队哗变，多数军士跑到史宪诚麾下，而田布没法控制这批军队，只能带着中军八千人回到魏州。田布回到魏州后，与诸将商议对策。这些将士早就对田布有所不满，但又碍着田氏家族的影响力，所以让田布做出选择：如果能行河朔故事，那我们还全力支持您，如果还要替朝廷打仗，我们不干。

田布听闻此言，基本上已经绝望了。田布的忠心无可置疑，但无奈局势不是他所能控制的。凭借着老田家的影响力，田布当然可以继续田家天下，但代价就是要放弃做忠臣，这是他内心里无法接受的。再加上，田布家属都在长安、洛阳，他怎么能够反抗朝廷。进也不是，退也不是，田布能做的，唯有以死明志。在起草完临终遗表，交给幕僚李石后，田布对着父亲田弘正的灵位抽刀而泣："上以谢君父，下以示三军。"说完便把刀刺向心脏，田布、田弘正父子无愧为大唐忠臣！

田布自杀后，史宪诚公开向魏博将士保证，遵循河朔故事，不帮朝廷打仗。魏博军士听闻此言，便拥立史宪诚回到魏州，推为留后。正月十六，田布的死讯传到朝廷，第二天朝廷就任命史宪诚为节度使。朝廷处置如此迅速，本来是希望史宪诚能继续帮

元和中兴：朝廷的短暂振作

着朝廷讨伐王庭凑，可是史宪诚表面对朝廷恭敬，但背地里却与幽州、镇州相勾结。至此，河朔三镇的联盟又再次形成。按照以前的经验，朝廷已经从战略上彻底失败，向河朔藩镇妥协只是时间问题。

长庆元年（821）正月十八，德州刺史王日简代替杜叔良为横海节度使，杜叔良被贬为归州刺史。王日简不久被赐名李全略。李全略原来是成德王武俊的小将，王承宗死后，归附朝廷，被授予代州刺史。长庆初年，镇州军乱，李全略向穆宗陈述镇州局势，请求军前效力，被授予德州刺史。杜叔良军败后，以横海属州德州刺史李全略继任节度使，是当时较为合适的人选。

但朝廷在以深州为中心的战线上已经陷入了难以扭转的败势。为了营救牛元翼的深州，裴度以河东军从西侧，李光颜率领横海诸军从东侧，陈楚以易定军从北侧，三面对王庭凑形成了攻势。但这三路军都因为军粮缺乏，无法进军。除了东部的弓高一带粮道被切断外，朝廷度支的财政补给不及时也是重要原因。没有粮食就打不了仗，就连名将李光颜也只能坚壁自守，军士就地挖野菜充饥，每人只能吃一勺的陈米。深州的牛元翼就更加惨了。没办法，这回再也没有李愬突袭蔡州的奇迹了。

长庆二年（822）二月初二，朝廷下诏任命王庭凑为成德节度使，军中将士官爵都予以恢复，并派出兵部侍郎韩愈为宣慰

第六章 再失河朔：梦断兴复一场空

使。河朔再叛的结局基本上已经奠定，但后续还有一些事情没完成。朱克融拿到节度使节钺后，就把张弘靖和卢士玫给放了。成德的节度使既然给了王庭凑，那牛元翼就得重新处置。长庆二年（822）二月初四，朝廷任命牛元翼为山南东道节度使，还顺带任命了左神策行营乐寿镇兵马使傅良弼为沂州刺史，瀛洲博野镇遏使李寰为忻州刺史。这两位在幽、镇之间，抵挡住了朱克融、王庭凑的诱惑，坚守堡垒，故朝廷以官爵赏之。

朱克融、王庭凑在拿到节度使节钺后还是死赖着深州不解围。牛元翼就算要出深州去山南东道赴任也出不来。二月二十四，朝廷派出宦官去深州催促牛元翼赴镇，当然是做给幽、镇看的。裴度也以元臣宿望的身份给朱克融、王庭凑写信，摆事实、讲道理，其实就是说好话。朱克融收信后很识趣地撤出了包围深州的军队。深州归属于成德，但王庭凑只是后退了一段距离，但就是不放牛元翼出来。三月十五，朝廷还给朱克融、王庭凑加检校工部尚书，算是对解深州之围的褒奖。但王庭凑的兵还是在深州城下。

这时候就轮到宣慰使韩愈出场了。韩愈在元和年间干了两件事，让他在跟成德交涉的过程中有了很大底气。第一件就是作为裴度的僚佐参与了平定淮西的战争，也算是元和中兴的功臣。第二件就是元和十四年（819）上表进谏宪宗迎拜佛骨，这件事惹

元和中兴：朝廷的短暂振作

得宪宗大怒，韩愈甚至一度面临极刑，有赖于裴度等人的营救，韩愈才只是被贬潮州。在皇帝面前都不怕死的韩愈，还会怕成德的兵威吗？

韩愈来到镇州后，迎接这位宣慰使的是王庭凑拔刀配弓的全副武装，面见王庭凑时，还有军士站立在堂。王庭凑假惺惺地说："跟朝廷搞事情的都是我身边这些军士，我也是被逼着没办法，不是我的本心啊。"

韩愈厉声说道："天子认为王尚书有将帅的才能，所以授予节钺，想不到尚书您竟然不能让手下的军士听从将令。"

此时，堂上甲士某上前带着质问口气说道："先太师（王武俊）为国家征讨朱滔，他的血衣都还留着，我们成德军为何要辜负朝廷，成为叛贼呢？"

韩愈顺着话题说道："你们多亏还能记得王武俊尚书的事迹。俗话说，顺天者昌，逆天者亡。安禄山、史思明以来的乱臣贼子，像吴元济、李师道这样的，能有好结果吗？他们的子孙现保有爵禄富贵吗？魏博田弘正归附朝廷，他的子孙即便还是孩子，都被授予高官；王承元以成德军归朝，年纪轻轻就已经是大镇的节度使了。像淄青的刘悟、淮西的李祐，现在也都成了节度使。你们难道不知道吗？"

王庭凑见手下人被韩愈说得有点动摇了，赶紧把这些人叫出

第六章 再失河朔：梦断兴复一场空

去，并对韩愈客气地说道："韩侍郎前来，想要我做什么？"

韩愈回答："神策六军像牛元翼这样的将领多如牛毛，少一个不少。但朝廷顾全大体，不想抛弃大将。王尚书为何围着深州城不撤呢？"

王庭凑听闻此言，当即表示撤兵。当天热情地招待了韩愈，礼貌地恭送韩愈回朝。不久之后，牛元翼带着十余人突围而出，深州大将臧平等向王庭凑投降，王庭凑以负隅顽抗为由，把臧平等一百八十余人给杀了。

至此，这次平叛战争宣告失败，河朔藩镇不听朝廷号令，自设官吏，不纳两税，土地传与子孙的河朔故事又得以回归。唐宪宗在河朔藩镇辛辛苦苦打下的局面，最后还是没有维持下来。

穆宗长庆年间的这次平叛，无论是在政治环境还是人员储备上，都远比元和时期要好。元和中兴所缔造的藩镇格局是有利于朝廷的，而且元和削藩中涌现的元臣宿望裴度，当时的名将李光颜、乌重胤等，都是宪宗留给穆宗的重要遗产。可是，昏庸的穆宗以及主政的宰臣毫无远见，硬是把好牌打得稀烂。长庆销兵造成的逃兵问题、平叛过程中监军干预指挥、军需补给的不及时，再加上长安朝廷的指挥方略失误，朝令夕改，最终导致了这场平叛战争的失败。当然，需要说明的是，元和削藩的后遗症也间接造成了这次平叛的失败，这主要表现在财政方面。宪宗大规模的削藩战争，早就造成了天下疲敝、府库紧张的局面。而仅仅过了两三年时间，朝廷又要大规模用兵，财政上的压力可想而知。所以在战争后期，由于财政跟不上，军粮短缺，李光颜等人的优势根本发挥不出来。

四、后元和时代的藩镇

尽管穆宗长庆年间河朔故事又不得不被朝廷承认，河朔割据的局面再次形成，但如果把河朔再叛后的藩镇格局与元和中兴前相比，宪宗君臣所缔造的藩镇秩序还是被穆宗及之后的君臣所继承并加以维护。经过元和削藩及长庆再叛的调整，原来七个河朔藩镇，最后只剩下魏博、成德、幽州三个。三镇版图除了成德失去了德、棣二州外，也基本上没有变化。长安朝廷把河朔三镇定性为特殊的存在，而其余的藩镇基本上遵循宪宗元和时期所制定的政治规则。

在河朔三镇，朝廷不干预节度使的选择，父死子继或兄终弟及成为河朔藩镇节度使的选任原则，同时朝廷对河朔藩镇的税赋、行政、官员任命、军事等也不干预，顶多就是形式上行使承认的手续。河朔三镇也不参与朝廷的军事行动，除非双方达成一定的默契使得河朔藩镇主动参与。河朔三镇基本上相当于一个独

第六章 再失河朔：梦断兴复一场空

立自治的个体，在政治上还是承认长安天子的政治地位，但在其他方面强调了自身的独立性。这个局面一直到唐末五代藩镇混战后才被打破。

对于河朔三镇以外的藩镇，元和以后的历朝皇帝基本上以遵守朝廷法度的顺臣定位对待。这些藩镇就与河朔三镇不一样了：节度使由中央派遣的官员担任，且基本上是从外镇或者长安朝廷而来；遵守朝廷的法度，税赋、行政、军事等都要听从朝廷的号令；节度使逐步由文官担任，不过不同地区实现的时间有所不同（南方地区在代宗以来就逐步由文官担任，关东地区是在元和中兴以后，西北边境则要到唐宣宗时期）。

元和中兴确立藩镇的归顺，再经过长庆初期的调整，最终奠定了唐代后期藩镇的基本格局。长庆再叛后，尽管有零星的藩镇叛乱，但黄巢之乱前大规模、长时间的朝藩战争并没有发生。元和年间奠定的藩镇版图也持续到黄巢之乱，中间半个世纪也未有变动。

安史之乱后，唐王朝的政治格局发生了根本性变化。为了平定安史之乱，玄宗将原来设置于边镇的藩镇体制引入内地，在州级以上有了藩镇。朝廷无法应付复杂多变的政治军事形势，只能将军事、财政及行政权力下放，尽管长安朝廷仍然具有天下之主的正统地位，但赖以维系正统性的实力却已经明显削弱了。相应

元和中兴：朝廷的短暂振作

地，地方藩镇获得了军事及财政上的权力后，对于长安朝廷的态度就要发生变化。权力往往能够带来利益，权力越大，利益也越大。当权力集中在朝廷时，地方自然要向朝廷靠拢。可是当地方也获得了很大的权力时，其利益就会被捆绑在地方。藩镇军队的地方化其实就是最典型的表现。所以，朝廷想要夺取地方的权力，其实就是变相削弱或结束地方藩镇的既得利益。但在藩镇制度下，朝廷不可能完全剥夺地方的权益从而回到安史之乱以前的政治局面。所以，朝廷能做的就是在保证藩镇最基本的权益基础上以实现朝廷权力的最大化。那么，如何确定彼此权力的底线，就是一个非常重要的问题。代宗以来，朝廷与藩镇之间经过半个世纪的接触、冲突与妥协，逐步摸索出了各自能够接受的政治规则。这其中自然有朝廷的武力压制，也有政治妥协。

宪宗把朝廷对地方的控制力释放到最大范围，但如果细细考察元和削藩的几次战争，朝廷并没有在军事上战胜河朔三镇，唯一具有战略意义的胜利也只是在淮西一役上。长庆再叛后，朝廷又无力平定三镇的联合反抗。所以，淮西、淄青在元和以后成为朝廷的顺地，而河朔三镇则最终还是回到了河朔故事的老路上。

易定、横海两镇并不是朝廷武力控制的河朔藩镇。相较来说，易定在张茂昭归附后，仍然有着强烈的河朔藩镇色彩。元和以后，易定军乱仍然不止，而且还一度有父死子继的情况出现。

第六章　再失河朔：梦断兴复一场空

文宗太和三年（829），易定节度使柳公济卒，朝廷任命太原兵马使傅毅为节度使，可是易定将士表示拒绝，并推举了易定都知兵马使张璠，朝廷最终同意了。张璠在开成三年（838）死于任上，朝廷把易州刺史李仲迁转到定州担任节度使，也算是易定本镇人接任。可是易定军中又爆发军乱，推请张璠的儿子张元益为留后，后来觉得做得有点激烈，就又给朝廷上书，很客气地说李仲迁不合适。朝廷没办法，只能收回李仲迁的任命。

当然，史书记载说张璠临死之前告诫儿子张元益不要效仿河朔藩镇，赶紧束身入朝。张璠死后暂代军务的李士季也表示反对张元益袭位，最后被乱军所杀。易定马军都虞候何清朝在本镇待不下去，主动归朝。面对易定事变，朝廷的态度是准备打，考虑到成本太高，还是采取了观望的态度，先是任命张元益为河东的代州刺史，想把他调离易定，后来又表示对于谋立张元益的军士赦免不问罪。河东节度使裴度也以元臣宿望的身份，专门给张元益写信做思想工作。在张元益母亲侯莫陈氏游说下，易定将士才接受了张元益离镇。朝廷顺势把蔡州刺史韩威迁到定州担任节度使。

不过，韩威控制不了易定军队，局势还是不稳。所以第二年，即开成五年（840），陈君赏进入易定担任节度使，并迅速平定了军乱。陈君赏是张茂昭的外甥陈楚的儿子，如果往上算，陈君赏家族跟易定本地有着很深的渊源。陈君赏的母亲是张孝忠的

元和中兴：朝廷的短暂振作

孙女，在陈君赏之前的易定节度使，除了浑镐、柳公济、韩威外，其他都是张、陈两个家族的成员或者是张璠这种易定的本土派。经过张、陈两代人的经营，陈君赏早已在易定本镇形成了盘根错节的关系网。易定尽管不像河朔三镇那样具有明显的独立性，但也并不像南方藩镇那样具有完全恭顺的性格，河朔性格仍在后元和时代表现得非常明显。朝廷不得不起用与易定具有深厚渊源的藩帅来稳定局势。

另一个横海也是沉陷于河朔性格的影响。长庆再叛后，李全略成为横海节度使。李全略初登节度使之位，对朝廷表现得还很客气，派出儿子李同捷入朝，名为侍奉皇帝，实则是人质，而且还带了大量的钱财进奉。朝廷见李全略这么恭顺，第二年就让李同捷回去。而李全略顺势就奏请朝廷授予李同捷沧州长史、知州事，同时统率中军兵马。朝廷当然知道李全略这么干，大概率是要给儿子铺路的。但没办法，一来人家给的钱多，二来穆宗君臣也不愿意多生事端。所以还是让李同捷上位了。经过此事，李全略算是看透了长安朝廷，自从宪宗驾崩后，朝廷的进取之心就消磨了很多，长庆年间平叛失败后，朝廷就不像宪宗在位期间那么硬气了。现在之所以能够局势安稳，全靠宪宗留下的老本。所以，李全略心里也有了另类的想法。

要想巩固权位，首先就要拉帮结派，培植自己的死党。所以，

第六章 再失河朔：梦断兴复一场空

李全略不惜用钱用权，恩威并施，私底下拉拢了不少军士。表面看李全略还对朝廷忠心耿耿，顺从异常，但内心里早就在准备当第四个河朔藩镇了。棣州刺史王稷是德宗、宪宗时期的理财专家王锷的儿子，王锷给国家搞钱很积极，给自己捞钱也很努力，所以王稷继承了老爹留下的巨额遗产。当然，王稷本人也善于笼络军心，这就让李全略有点忌惮了。毕竟王锷还是朝廷的人，不可能跟李全略一条心，再加上他还这么有钱。于是，李全略暗中叫军士把王稷给杀了，全家都不能幸免，女儿充作小妾，并以军乱向朝廷汇报。一个刺史就这么被杀了，朝廷应该是知道内情的，但竟然没有深究。所以李全略越发不把朝廷看在眼里了。

敬宗宝历二年（826）四月，李全略死于任上。李同捷此前已经是副大使，对，就是之前河朔藩镇搞出来的节度使接班人。父亲死后，李同捷不经朝廷许可，擅自统领军务，自称留后。留后可以自称，但节度使的节钺是没办法给自己颁的，没有朝廷的正式任命，李同捷就名不正言不顺。这是所有想要世袭的藩镇都需要求助于朝廷的地方。河朔三镇经过斗争，在这方面已经与朝廷达成了默契。可是，横海还不是河朔三镇，所以节度使节钺依然是朝藩博弈的焦点。朝廷的主政者明白其中的利害关系，但无奈敬宗只顾玩乐，对于这种朝政并不上心，朝廷没有一个主心骨。这种情况下，朝廷采取了稳妥的方式，吊着节钺不给，就这

元和中兴：朝廷的短暂振作

么耗着。

到敬宗晏驾，文宗即位，朝廷终于要对李同捷下手了。文宗与敬宗不同，还是有效仿祖父宪宗振作的决心的。李同捷想着新皇登基，总是要施行恩惠以笼络人心，所以就派出弟弟李同志、李同巽入朝，掌书记崔长带着上表，非常恳切地表示要遵守朝旨。李同捷本来想朝廷能明白他的意思，可是文宗下旨，李同捷为兖州刺史、兖海节度使，天平节度使乌重胤为横海节度使。为了防止河朔三镇跟李同捷联合，文宗特意给幽州李载义、魏博史宪诚、成德王庭凑等节度使加官，并私底下进行安抚沟通。李同捷眼见要移镇了，又学以前河朔藩镇的老套路，假借三军将士的名义，拒绝赴镇。文宗也很果断，那就打吧。太和元年（827）八月，朝廷下诏削夺李同捷官爵，命令诸道节度使进讨李同捷。

在讨伐李同捷的过程中，魏博的史宪诚、成德王庭凑都不安分，要么替李同捷出头请求节钺，要么暗中勾结提供帮助，唯有幽州的李载义拒绝了李同捷的"好意"。王庭凑暗中以军队及粮草资助李同捷，被朝廷公开削去官职，成为被讨伐的对象。此时虽有河朔藩镇在暗中捣乱，但王智兴率领的武宁军一路高歌，在乌重胤突然死亡后，朝廷也两度对横海节度使人选进行调整，最终新任命的横海节度使李祐率领诸道讨伐军打到了德州城下，李同捷只能投降，最后被斩首。王庭凑尽管被朝廷公开讨伐，但因

第六章 再失河朔：梦断兴复一场空

为用兵讨伐李同捷已经消耗了太多的军费，再打下去朝廷又要撑不住了，其他藩镇也给王庭凑求情，朝廷也只能找个台阶赦免王庭凑。

横海一役，虽说有点重复元和以前的削藩套路，但最起码扼杀了李同捷效仿河朔，父死子继的传统，朝廷还是控制了横海镇。

后元和时代的藩镇中，除了河朔三镇外，昭义（也称泽潞）也一度出现家族内部继承的情况。这就要说到李师道的老部下刘悟、子刘从谏，以及刘从谏的侄子刘稹三代人了。刘悟归附朝廷后，先是被封为义成节度使，穆宗即位后转为泽潞节度使。本来刘悟已经做好准备做一个顺臣，可是河朔再叛期间遇上的事情让他的心态有所变化。当时泽潞作为其中一路讨伐军，朝廷派出了刘承偕担任监军，就是那个拥立穆宗登位的宦官，也是郭太后的干儿子，算是"皇亲国戚"了。监军刘承偕仗着自己后台硬，几次三番当着众人羞辱刘悟，又放纵手下人违法乱纪。某一天，朝廷有宦官来到军中，刘承偕请刘悟前去赴宴。刘悟身边人担心刘承偕要坑害主帅，于是发动军乱，直冲冲来到刘承偕牙门前，杀了两个仆人，要不是刘悟出手阻止，刘承偕也要完蛋了。在裴度的居中调停下，朝廷不得已贬黜了这位"干儿子"，也算是给了刘悟一个交代。但此事却刺激了刘悟，一来太后的"干儿子"恃宠跋扈，这么不把我们藩镇放在眼里；二来我们来点硬的，朝廷

元和中兴：朝廷的短暂振作

不还得妥协嘛。这样的朝廷真是欺软怕硬，怕他干吗？自此之后，刘悟就有点放飞了，有心思效仿河朔三镇，招纳失意之徒。这些人基本上对朝廷有不满，或者被朝廷打压，朝廷不要的人刘悟要啊。这还不够，上章奏事时，刘悟也多用过激的语气，说一些臣子不该说的话，颇为不逊，这显然不是一个顺臣了。穆宗对刘悟也没怎么治罪。

宝历元年（825）九月刘悟死于任上，临终前上表让儿子刘从谏接任节度使。照理来说，泽潞又不是河朔藩镇，压根就没有父死子继的可能性。当时的仆射李绛，也就是那位元和时期的宰相就认为，泽潞的情况与河朔三镇不同，不应该给予节钺。支持这种主张的朝臣占了多数。而宰相李逢吉、神策中尉王守澄收受了刘从谏的贿赂，却授予了节钺。当然，彼时李绛与李逢吉是有矛盾的，所以李逢吉跟李绛对着干也就容易理解了。刘从谏上位后，一改父亲烦杂苛刻的治理风格，代之以宽厚的施政策略，收服了不少军心。当然，刘从谏在位期间做的最有影响力的事情，就是凭借强藩的身份，替甘露之变中遇害的宰相王涯等发言，指斥仇士良等宦官罪行，在一定程度上支援了被宦官打压的南衙宰相。

会昌三年（843），刘从谏死后，大将郭谊等隐匿丧事不报，准备让刘从谏的侄子刘稹继任节度使。彼时朝廷由李德裕执政，且武宗也不是像穆宗、敬宗那样的昏庸之辈，所以君臣在泽潞一

第六章 再失河朔：梦断兴复一场空

事上的态度很明确：不允许。李德裕提出让刘稹带着刘从谏的灵柩回归洛阳，听候朝廷的旨意。刘稹没办法，只能用老办法，造反啦。朝廷也不客气，下令河阳、河东、成德、河中等道讨伐，削夺了刘从谏及刘稹的官爵。当时尽管北方有回鹘因国破而南下侵扰、河东太原有杨弁军乱，李德裕还是果断调兵遣将，机动处置。为了安抚河朔三镇，李德裕派出刑部侍郎兼御史中丞李回至三镇宣慰，强调了朝廷遵守河朔故事，不寻求改变现状，以此换取三镇对泽潞事宜的支持。三镇在获得朝廷保证后，也乐于参与朝廷讨伐的战争。泽潞在四面军事压力下，内部也发生了动摇。本来泽潞内部就有人对刘稹的处置不满，在外部压力下，本来还是刘稹死党的大将郭谊为了保命，只能出卖刘稹。会昌四年（844）八月，郭谊斩杀刘稹向朝廷投降，叛乱平定。

以上是后元和时代几次重要的藩镇叛乱，其他还有零星的军乱，但相较来说，这些零星叛乱多由经济问题引起，且规模和影响力较小，对于大局没有很大影响。

总的来说，元和以后河朔三镇的特殊性最终被长安朝廷承认。武宗时期，李德裕指出，"河朔习乱已久，人心难化，是故累朝以来，置之度外"。在朝廷看来，河朔藩镇不听朝廷号令，搞自治，那当然是习惯于乱，也是人心难化。朝廷打来打去就是没法把这三个藩镇给打趴下，所以累朝以来，只能置之度外，放

元和中兴：朝廷的短暂振作

弃对河朔藩镇的诉求。这正是朝廷自代宗以来，到长庆初年为止所积累并确定下来的政策。但三镇以外的藩镇，朝廷就没有理由同意接受河朔故事了。因此，穆宗以来，直到黄巢之乱，朝廷对河朔三镇以外的藩镇，总体上还是坚持了朝廷命帅，反对效仿河朔藩镇的政策。尽管出现横海、泽潞这样的特殊情况，但这一格局也基本上被维持着。

当然，如果从横海李全略父子以及泽潞刘悟三代的情况看，皇帝的态度以及朝中的政治斗争又深刻影响了朝廷的藩镇格局。穆宗、敬宗在唐代后期并不是什么睿智的皇帝，文宗虽晚年受制于宦官，但前期仍对振兴朝政充满了雄心。武宗委政于贤相李德裕，才赢得了外平回鹘、内定泽潞的功绩。但元和以后的唐朝廷已经深陷于党派争斗、宦官专权的泥淖中，政治内斗不断消耗了朝廷的公信力，尽管文宗、武宗、宣宗都曾想效仿宪宗中兴，也多少取得了一些成果，毕竟还是无法达到唐宪宗归附两河，平定天下的功绩。

由此，元和中兴后，朝廷再失河朔，多少是梦断兴复一场空，大唐王朝再也没有爬上那个太平盛世的顶端，只能在时间的消磨下一步步波浪式下滑，最后消逝在历史长河中。古今多少事，都付笑谈中！

结束语

　　唐代诗人元稹《连昌宫词》借一个老人之口，回忆了玄宗盛世下的繁华，渔阳鼙鼓敲动，军兴不断，繁华落幕，而今唯有破败的宫阙以及经历盛衰两重天的老人。想当初大唐风华曾是印刻在每个人心中的荣耀，可如今军阀混战却成萦绕于老百姓梦中的阴影。只有失去才懂得珍惜，只有饱经战乱，才知太平的珍贵。

　　元稹感慨"我闻此语心骨悲，太平谁致乱者谁"，是谁，究竟是谁？是昏庸无能的皇帝，谄媚贪婪的奸臣还是跋扈残暴的藩镇？围绕着再创太平盛世，半个多世纪以来，唐人苦苦追求，前仆后继。唐宪宗元和中兴促使两河藩镇归附，朝廷的法度在全国范围内得以实行，这极大地鼓舞了时人的心理。刘禹锡在听闻淮

元和中兴：朝廷的短暂振作

西平定后，兴奋地写下了《平蔡州三首》，借一个老人之口感慨道："官军入城人不知。忽惊元和十二载，重见天宝承平时。"藩镇归服，不用打仗，天下即将太平了。

这种对太平的渴望耗尽了几代人的心血。宪宗的中兴也并不仅仅是元和君臣共同努力的结果，同时也有元和以前大唐历代君臣的功劳。代宗以来的唐代诸帝虽然在削藩一事上多有失败，甚至因姑息之政而被人诟病。但当安史之乱被平定，唐朝廷却也因此元气大伤，遭遇了严重的政治军事财政危机。代宗以来的历代君主都立志于从危机中恢复，重振朝廷。朝廷扭转衰败的局势，重新振作的途径就是要强调朝廷的权威性和控制力。这就跟地方的利益发生冲突了。彼时藩镇制度虽然已经推行到全国，但面对朝廷与地方的权力分配仍处于不断博弈中。代宗时期的姑息，在一定程度上是中央与拥兵藩镇间的一种"磨合"。朝廷想通过各种方式控制地方，可是地方又不愿意放弃已有的权力，因此相互冲突，爆发战争，最后又无奈妥协。双方都在相互摸底、彼此适应，在这个过程中寻找彼此能够接受的政治规则。代宗对河朔藩镇的政策虽说窝囊，但也勉强以稳妥为上，而对待山南东道来瑱的强硬则在藩镇中产生了严重的负面影响。德宗即位初期对藩镇强硬，却遭到了大溃败，不得已下诏罪己，承认了河朔藩镇的诉求。而晚年的姑息之政，只是在朝廷实力无法直接用武力控制藩镇的背景下，转而采取的政治控制。

但不可否认的是，代宗、德宗在对其他藩镇，尤其是作为税赋重心的南方藩镇的治理上，还是取得了很大的进步。代宗时期南方藩镇就开始推行朝廷外派节度使，并多以文官担任，若无重大军事需要，朝廷也不轻易增加南方的军事力量。所以，宪宗时期的藩镇政治规则，其实早在他的祖父以及曾祖父时期就在部分地区实施，而宪宗只是把这些经验进一步推广到了更大范围而已。代宗与德宗尽管对河朔藩镇无可奈何，但在平定某些藩镇的叛乱中还是取得了一定的效果。

尤其值得一说的是，唐德宗虽然为孙子留下了一个政治烂摊子，但德宗充满争议的一系列政策也为宪宗削藩留下了宝贵的遗产。雄厚的内库财富保障了这位新皇帝实现雄心的物质基础，德宗亲自打造的那支神策禁军，尽管在元和后期削藩战争中的表现不如人意，但在早期平定西川之乱中也还发挥了重要作用。同时神策禁军犬牙交错在关中西北边境地带，有效地抵御了吐蕃、回鹘的军事进攻，保卫了长安朝廷。唐后期朝廷能够跟藩镇博弈，这支庞大的中央禁军也是其底气所在。

所以说，宪宗的胜利实则是历代皇帝积淀的结果，其中有成功的经验，也有失败的教训。元和中兴的实现，实际上是安史之乱后，朝廷重新构建政治秩序的完成。但如果站在后来人的角度

元和中兴：朝廷的短暂振作

看，这个中兴的政治秩序显然隐藏着巨大的危机，而正是这种危机使得元和中兴只是朝廷权威的短暂振作而已。

宪宗所获得的成就比代宗、德宗都要伟大，他用十四年时间不断削弱藩镇的力量，从军事、财政及政治上进一步加强了对地方藩镇的控制。到了宪宗末年，所有藩镇都表示要服从朝廷的号令。但宪宗的中兴表面看是以一系列削藩战争的胜利为基础获得的，但对于河朔藩镇，朝廷并没有在军事上胜利过，只是通过相互间的政治妥协才获得了河朔藩镇的归附。所以，宪宗是切了藩镇的奶酪，甚至把部分藩镇的奶酪给剥夺了不少，但藩镇的奶酪还是有得吃，只是少了一些而已。

宪宗为了重新切好这块奶酪，不仅给官给钱，还发动数十万人，发动规模庞大、持续长时间的军事行动。这么多的人力、物力、财力哪里来？自然还是出在老百姓身上。

所以说，元和削藩虽胜利了，但真的太平了吗？元代文学家张养浩在潼关怀古时，面对关中秦汉宫阙都做了土，不禁感慨"兴，百姓苦；亡，百姓苦"。玄宗开元盛世时期，杜甫便有"朱门酒肉臭，路有冻死骨"的无奈，安史之乱就更不用说了。唐宪宗实现了中兴，但老百姓的生活还是没有什么变化。

长期的削藩战争下，官府超强度剥削导致百姓困苦。战争本身是一种高度耗费人力、物力和财力的暴力行为，尤其是元和九

结束语

年（814）以后，朝廷的财政以优先保障战争需要为方向，在战争目的没有完成前，整个国家机器都要源源不断地为战场输入供给，国家不得不最大限度地加大剥削以供应战场。为了供应淮西战场，老百姓疲于转运，连耕田的牛都没了，更惨的破产到什么都没了。元和十四年（819），李渤前往泽潞代表朝廷吊祭去世的节度使郗士美，在途经京兆府的渭南县时，看到渭南县长源乡原来有四百户人家，实际却只剩下一百户了，阌乡县原来的三千户只剩下一千户。李渤途经其他州县看到的情况也大致相同。一调查才知道，都是因为逃户太严重了。逃户的原因不外乎严重的赋税徭役剥削，或者土豪的盘剥兼并。渭南县属于京畿之地，天子脚下的百姓竟然生活不下去要跑路，而且官府把逃户的赋税徭役均摊到其他现存户口之上，这样子老百姓的压力能不越来越大吗？朝廷要用钱打仗，为了保证税收，官府哪管百姓死活。

此外，宪宗为了搞到更多的钱，支持和放任官员、地方藩镇进奉财物。皇帝圣旨中虽经常强调不准从老百姓身上加征，不准违反规定随便进奉财物。但给皇帝送钱的官员哪管这些，只要皇帝要钱，那肯定要想尽办法搞钱。他们表面声称这些财物是额外的收入，没有克扣财政预算里的钱物，但实际上都是千方百计从百姓身上聚敛而来，一分献给皇帝，进入自己腰包的则有三分。在这样的背景下，为了支撑削藩的财政，只要不搞出大事情，

元和中兴：朝廷的短暂振作

皇帝只能对官员的"理财"行为睁一只眼闭一只眼。元和六年（811）以后，随着削藩战争的推进，官员进奉的数额和频率也不断增加，在元和十年（815）以后更是达到了一个高潮。藩镇平定后，又要有各种庆贺胜利的贺礼，还有以资助朝廷赏赐功臣名义的，简直眼花缭乱，就怕你想象不出来。羊毛出在羊身上，受苦受难的还是老百姓。

另外，朝廷为了保证江淮地区的税赋，通过财政、军事改革，削弱了江淮藩镇的实力，朝廷对该区域的控制也得到了加强。但这也意味着，朝廷在该区域的剥削就不像在其他地方那样困难。所以，唐代后期的江淮地区一直是唐朝廷源源不断的金库，但江淮的油水是有底线的，榨得太多，老百姓要受不了的。安史之乱后江淮地区的叛乱多是由于唐朝廷的超强度剥削所引起的。唐懿宗咸通年间裘甫在浙东掀起了唐末农民大起义的序幕，就与江淮地区沉重赋税密切相关。

长期大规模的削藩战争除给老百姓带来沉重的苦难外，朝廷自身也陷入了恶性循环，最直接地表现在国家财政中。打了这么多年仗，前线花钱如流水，元和末年至长庆初年，就算是皇甫镈再怎么努力，朝廷的钱还是没办法多起来。史书就记载说，宪宗诛灭叛臣后，国家的财物就空虚耗竭了。如果李师道平定后，朝廷休养生息，学习太宗轻徭薄税，厉行节俭，财政状况也能够慢

结束语

慢恢复。可是，宪宗晚年就开始享受了，肆意兴土木，国库的钱不够，就叫官员来孝敬。不用说，财政状况只能是越来越困难。更倒霉的是，削藩胜利仅过了一年多，河朔又叛了。穆宗即位初期就面临公费不足的困境，再加上穆宗撒钱的劲儿比宪宗还疯狂，国库就更加捉襟见肘了。所有的矛盾，都在长庆年间平河朔的战争中爆发。朝廷府库没钱了，老百姓也没多少钱了，这仗还怎么打？

宪宗为了集中人力、物力、财力所施行的一系列政策，为长庆年间的败局埋下了伏笔。如果再放长到整个唐代后期的历史看，元和中兴所奠定的政治局面也没有进一步挽救朝廷日益衰落的局面。

安史之乱后的唐代政治主要有三个大问题：藩镇割据、牛李党争、宦官专权。元和中兴奠定的藩镇格局，基本上维系了元和以后半个世纪的稳定，这是元和中兴最大的功绩。但如果跳出藩镇来看，元和以后，朝政却越发紊乱，元和君臣所追求的理想政治，越发难以接近。这充分表现在牛李党争与宦官专权上。

关于牛李是否成党，目前还是有说法认为需要再考虑，尤其是李德裕似乎没有专门组成一个党派，甚至李党究竟是哪个李，还有不同的说法。但元和以后，朝臣间党同伐异，相互排斥，却是政治中非常突出的现象。认同牛李党争的，一般认为牛为牛僧

元和中兴：朝廷的短暂振作

孺，李为李德裕。这两位倒真是相爱相杀的一对冤家了。

牛僧孺与李德裕的恩怨要追溯到元和三年（808）的制举案。这一年的制举考试由翰林学士裴垍、王涯主持，牛僧孺、皇甫湜、李宗闵等直言政治的得失，毫无回避。这群读书人年少轻狂，同时也充满了参与政治的热情，再加上充满批判精神的策论，赢得了主考官的好感，被评为上等。可是当时的宰相李吉甫就不开心了，牛僧孺等人指责的权贵不就是宰相嘛。所以李吉甫就到宪宗面前哭冤，博取皇帝的同情，相关人员也受到了贬官或罢官处分。李吉甫这么一搞，一下子把自己弄到了风口浪尖，宪宗不得已只能把李吉甫调到淮南去当节度使。裴垍虽说被罢了翰林学士，但李吉甫还是推举他继任宰相。牛僧孺等人却因此事受到了打压，毕竟李吉甫的能力还是很大的。他们很久都得不到迁官，只能到藩镇里担任僚佐。李吉甫死后，牛僧孺才慢慢在官场上混出头。李德裕是李吉甫的儿子，牛僧孺对仇人的儿子肯定不会有什么好印象。

牛李二人在穆宗以后的政局中相互斗法，老李的意见，老牛肯定要反对的，管它是否有利于国家。这种搞法，朝廷怎么能安稳。比如文宗太和五年（831），吐蕃维州守将悉怛谋以维州城向大唐投降，并带着手下投靠到了成都，西川节度使李德裕派出手下大将进驻了维州城。李德裕本来是想以维州作为据点，再派出

结束语

羌兵三千，烧掉与吐蕃占领区相连的十三座桥，这样可插入吐蕃的腹心之地，有利于边防。因为德宗时期韦皋多次出兵攻打维州都没打下来，现在维州不战而得，这可是有重大意义的。经过商议，朝中百官也认同李德裕的意见。可是牛僧孺就来唱反调："吐蕃的地盘东南西北各有万里之广，小小一个维州无法撼动吐蕃的力量。而之前长庆会盟，我大唐已经与吐蕃修好，约定各自罢去戍守军队。我们对待戎狄，要以遵守信用为上。如果吐蕃因为此事来责难我们失信，搞不好吐蕃大军就要从河湟地区打到关中，那怎么办？维州在长安西南数千里外，得到维州有什么用呢？不讲信用，实在有害无利。这是匹夫都不愿意干的，更何况天子呢？"这一顿忽悠让文宗觉得非常有道理，于是文宗下诏李德裕把维州城还给吐蕃，悉怛谋及其随从都放回吐蕃。作为吐蕃的叛徒，悉怛谋的结局可想而知，死得非常惨。

因为此事，牛僧孺与李德裕之间的仇恨进一步加深。开成二年（837），李德裕担任淮南节度使，而前任正好是牛僧孺。照理两人应该当面交接，可牛僧孺直接把后续的事情交给副使张鹭后直接入朝，连李德裕的面都不想见。李德裕到了使府扬州后，又因为府库钱物的问题把状纸递到皇帝面前，与牛僧孺再次交锋。武宗即位后，李德裕再次入相，牛僧孺又被打压到东都去做了个闲散官。成为宰相后的李德裕还重提太和五年（831）维州一事，

293

元和中兴：朝廷的短暂振作

上书武宗追赠悉怛谋。尽管这行为没多少实质性意义，但显然是在否定牛僧孺。

牛僧孺与李德裕两人的相爱相杀还只是当时党争的一个缩影。要说牛僧孺、李德裕两人的能力和私德，未必如后人说得那么差，但他们为了反对而反对，就算是各自的论述都有一定道理，客观上确实让整个朝廷充满着钩心斗角。更何况围绕在他们身边的其他官员，相互间党同伐异。泽潞刘从谏要承袭刘悟的节度使，朝中就有一方同意，一方反对，哪一方占据中枢核心，自然就能够决定大局。这时候，决策是非对错和合理性反而要让位于立场了。元和以后，双方势力轮流主政，你方唱罢我登场，可以想见朝廷的政令有多么乱。这跟元和时期皇帝与宰臣共同、广泛商议，协调各方，做出较为正确的决策，显然是没法比的。

外朝大臣们党争斗得凶，内廷的宦官也权势滔天。宦官参与政治是玄宗以来，尤其是安史之乱后逐步发展的结果。到了宪宗时期，已经形成了枢密使和神策军中尉制度，枢密使参与内廷的决策，神策军中尉掌握神策禁军，枢密使和神策军中尉各有两名，因此称作"四贵"。枢密使和神策军之所以重要是因为枢密使掌握了皇帝内廷的决策，可以代表皇帝发声，神策军中尉掌握了禁军，有兵就有底气。这两者的结合就使得宦官在唐代后期的政治中拥有极大的话语权，甚至决定了皇位的归属。当然，宦官

结束语

参与政治还有一大堆"使"，什么监军使、宣徽使、庄宅使、宫苑使、内园使、洛苑使、军器使、弓箭库使、营幕使、闲厩使、飞龙使、小马坊使，统称"内诸司使"。这些内诸司使掌握或侵占了宫廷甚至外朝机构的军政权力，也是宦官专权的基础之一。

内廷的宦官跟外朝宰相的办公地点分别位于宫廷的南北面，北面为宦官，南门为宰相，故以南衙、北司代表宰相与宦官两种政治势力。外朝的大臣，包括宰相都有与宦官存在相互勾结和利用的情况。但一山不容二虎，尤其是本来应该归到宰相办事机构中书门下的所谓"有司"职权，逐步被北司的宦官给剥夺了，再加上宦官在道德评价上多有负面的形象，所以双方围绕着权力所展开的政治斗争也成为唐代后期政治的重要内容。南衙北司之争中，尽管宰相并不占优势，但有赖于南衙在政治舆论和道德上占据制高点，也让这种斗争能够一直延续在唐代后期的历史中。

宪宗晚年死于宦官之手，右神策军中尉梁守谦在消灭左军中尉吐突承璀后，拥立穆宗登基。此后敬宗、文宗、武宗、宣宗的上位，都离不开宦官的支持，而且除了宣宗外，皇位交替都经过了流血的政变，甚至敬宗还是死于宦官刘克明之手。文宗想利用郑注、李训来清除仇士良等宦官势力，结果甘露之变中反遭宦官反击。文宗消灭宦官不成，被仇士良等死死碾压，自叹不如周赧王、汉献帝，受制于家奴。到了宣宗时期，甚至有大臣说："只

元和中兴：朝廷的短暂振作

要是李氏子孙，皇位归属就由内廷宦官来定，外廷的大臣乖乖拥戴就是了。"

朝臣有相互内斗，宦官之间也有内斗。吐突承璀被梁守谦干掉，文宗时期神策中尉王守澄跟仇士良就有矛盾，王守澄还同韦元素、杨承和、王践言有矛盾。彼此斗争的表现除了争权夺利，就是党同伐异，再严重就喋血宫廷。某些官员为了保持权位，也多争取内廷的支持。就连发动甘露之变的郑注、李训都是通过巴结宦官王守澄才得以上位，后来利用仇士良与王守澄的矛盾，才把王守澄的势力打下去。

宪宗当然知道宦官专政的危害，东汉的历史他应该是读过的。但当时的局面是，皇帝要想执行自己的意志，尤其是在战争形势下，如果还是以前的三省六部体制，效率太低。要知道打仗就是要讲效率，前线的战况传进来，如果不迅速做出决策，那就要贻误战机了。所以，皇帝身边就形成了一帮秘书班底，翰林学士、宰相及部分大臣在某个地方决议，直接发布决策，然后迅速传递到前线。皇帝身边的班子成员最好使的自然就是宦官。再加上像宪宗这种权力欲比较强的君主，自然愿意使用自己的家奴吐突承璀这类人。所以，宦官参与政治到了宪宗时期多少还是适应了现实的需要。现实政治中，宪宗作为一个英武之主，也在朝臣与宦官中平衡权力关系。但宪宗一死，靠近皇帝的宦官，凭借手

结束语

上掌握的军队，自然有更多的话语权。于是，宦官专权就愈来愈烈了。

可以说，宪宗以后的宦官势力盘根错节，同样内斗不止，再加上手握禁军，靠近枢密，甚至掌控皇位继承的话语权。皇权无法有效行使，反而要受制于家奴。而内部宦官与朝臣利益交错，朝廷不断陷入政治内耗和流血政变的恶性循环。唐朝廷的政治权威也在这一系列的权力斗争中走向没落。

唐宪宗元和中兴，通过削平藩镇，改革弊政，振兴了朝廷的权威，它让这个经历了半个多世纪屈辱与荣耀尚在风雨飘摇中的大唐王朝，重见太平的希望。宪宗打开了太平的口子，长安朝廷的威望也达到了安史之乱后的顶峰，但随即又从高处跌落。元和中兴仿佛是黑暗中的一缕阳光，给渴望太平的有志者希望，但这个希望是如此短暂，很快又消失不见。

历史没有如果，但历史可以回味。晚年的裴度是否还在太原回味着淮西战场的意气风发，香山的白居易是否还在怀念那个风华正茂的直谏少年，李吉甫和武元衡墓前是否有人弔祭着那段中兴故事，《平淮西碑》前又有多少文人触景生情……

后 记

这是我的第一本书。硕士期间找学位论文的选题，当时脑袋一热就决定写唐宪宗元和时期的财政问题。由于比较喜欢看影视剧，边看剧边吐槽剧情，因此在硕士论文写完的时候，我也想着能写一部历史小说，梦想着万一哪天可以拍成影视剧呢。当然，只是随便想想，也没怎么当真。后来有一天耿元骊老师微信来问，是否有兴趣参写"唐朝往事系列"，我一看其中有元和中兴，不假思索就答应了。尽管这本小书讲的是历史，没有了"小说"二字，但也算是实现了当时的一个心愿。

硕士毕业后，我又在唐宪宗元和中兴的研究里折腾了几年，先后发表了几篇涉及元和中兴的文章，从财政到政治军事。本书

后 记

没有注释，也基本上没原文引用，但很多内容是我研究唐宪宗元和中兴的心得体会。在一定程度上说，本书算是我最近几年学习和研究历史的一个小的总结。当然，需要说明的是，本书没有注释，但本书的撰写参考了相关学者的研究。

写作的过程很开心，之所以开心，一是因为对这段历史比较熟悉，不用花太多时间去重新熟悉相关的材料，二是在表述上可以用自己喜欢的语言，以一种"讲段子"的心态去写作历史。本书完成后，还是得承认，书中文字仍然无法摆脱学术论文的语调，在活泼生动上还有努力的空间。当然，这也跟我自己的"纠结"有关。历史需要基于史料，要有几分史料说几分话，如果过度发挥就很可能变成戏说甚至胡说历史了。尽管每个人对历史会有自己的认识，但这些认识应该具有逻辑性和合理性。所以，在本书写作过程中，我一方面想要尽量使用通俗生动的语言来吸引读者，但又不敢发挥太多以至于变成戏说和胡说。

按照后记的套路，总是要感谢一堆人，毕竟没有他们的帮助，本书也无法顺利完成。首先要感谢张剑光、刘进宝、戴建国三位老师，正是他们的谆谆教导指引我走到现在，元和中兴的研究也是跨越了跟随三位老师求学的阶段。本书能够完成还要感谢主编耿元骊老师，作为本丛书主编，耿老师的日常督促，为本书顺利完成提供了外部激励。辽宁人民出版社蔡伟老师从本书选题到出版过程，提供了很多帮助。感谢上海师范大学古籍所的各位老师和同仁，他们在学习、工作和生活上给我提供了很多帮助。同时也要感谢上海师范大学博士生杨缙和硕士生丁晓蕗，杨缙通读了书稿，提供了很多意见，纠正了一些错误，丁晓蕗从读者角度对本书的框架结构提出了建议。

许超雄